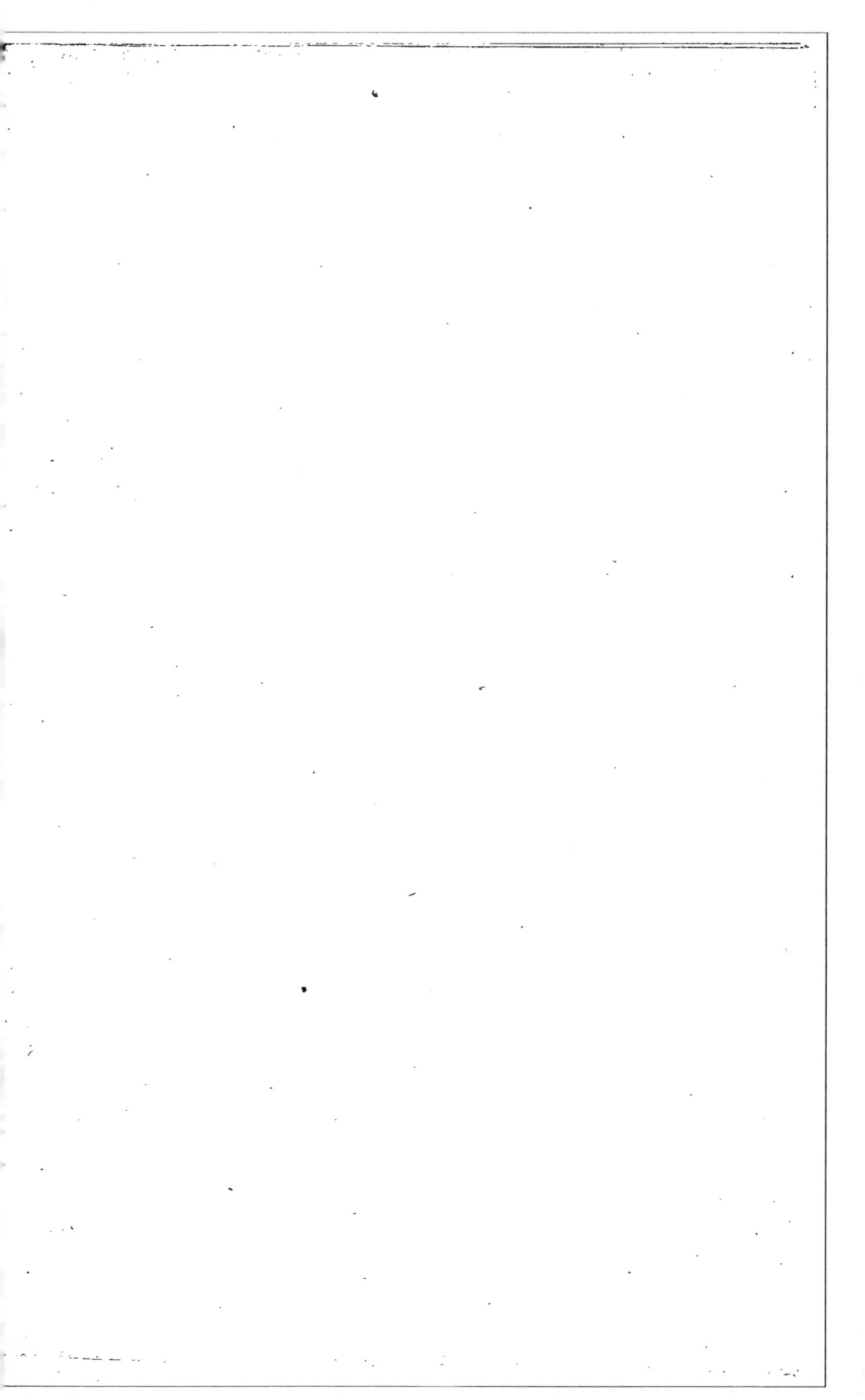

LÉGISLATION ET JURISPRUDENCE

CONCERNANT LA

PROPRIÉTÉ LITTÉRAIRE ET ARTISTIQUE

DÉPOSÉ

Imp. de Vᵉ Parent et Fils, à Bruxelles.

LÉGISLATION ET JURISPRUDENCE

CONCERNANT LA

PROPRIÉTÉ LITTÉRAIRE

ET ARTISTIQUE

PAR

Ch. FLINIAUX

AVOCAT

Ouvrage contenant :

Un résumé des opinions théoriques émises sur la question
L'examen de la nouvelle loi française du 14-19 juillet 1866,
Une étude comparative des législations étrangères,
Le texte des conventions internationales,
Et divers documents sur les Congrès les plus récents.

PARIS

ERNEST THORIN, LIBRAIRE-ÉDITEUR
58, Boulevard Saint-Michel, 58

BRUXELLES	GAND
AUG. DECQ, LIBRAIRE	H. HOSTE, LIBRAIRE
Rue de la Madeleine	Rue des Champs

1867

INTRODUCTION.

Depuis la fin du siècle dernier les œuvres littéraires et artistiques se sont tellement multipliées que les différentes nations de
l'Europe ont pensé avec raison qu'il était temps de définir et de
réglementer les droits de l'auteur et de ses héritiers; mais il y
avait là à résoudre toutes questions sur lesquelles les siècles
passés n'offraient aucun document; c'était une législation nouvelle à créer, à former tout entière, et non une législation
ancienne à imiter et à refondre; de là des tâtonnements inévi-
tables, des variations successives dans les solutions. Tant il est
vrai qu'en législation, comme en toute autre matière, l'homme ne
peut arriver que par le temps et le travail à résoudre les problèmes qui naissent sans cesse autour de lui !

Cependant les différents peuples de l'Europe ont maintenant,
presque tous, des lois qui ont abordé ces questions; des con-

ventions sont aussi intervenues pour faciliter les relations internationales sous le rapport intellectuel comme sous le rapport des
transactions matérielles; mais malgré cela ces législations, maintenant sorties de l'enfance, ne sont pas encore arrivées à l'état
de maturité complète; si l'on a beaucoup fait, il n'en reste pas
moins beaucoup à faire, car l'on discute encore sur le point de
savoir si en principe les œuvres de ce genre peuvent faire l'objet
d'un véritable droit de propriété.

Je n'ai point l'intention de traiter, dans cet ouvrage, de toutes
les œuvres qui sont le produit de l'intelligence; on sait que ces
œuvres ont été divisées en quatre classes et qu'on les nomme :

>   *Scientifiques*
>   *Industrielles*
>   *Littéraires*
>   *Ou artistiques.*

En ce qui concerne les œuvres scientifiques, on a coutume
de dire, sans creuser davantage la question, qu'elles tombent
dans le domaine public, et que l'auteur n'est en aucune façon
protégé par la loi; il n'en est pas cependant tout à fait ainsi. Sans
doute, il est vrai que la société s'empare de l'idée engendrée par
un de ses membres et la livre immédiatement à tous, afin qu'elle
serve de nouveau jalon dans la voie du progrès; mathématiciens,
physiciens, chimistes n'ont que la gloire d'avoir résolu de nouveaux problèmes, ils ne conservent point la propriété de leurs
solutions. Mais on néglige trop souvent de faire une distinction
importante; dans toute œuvre il faut distinguer trois choses : le
sujet que l'on a traité, l'*idée* que l'on a conçue sur ce sujet, et la
forme par laquelle on a exprimé cette idée; or, les hommes de
sciences livrent leurs découvertes, mais ils n'en conservent pas
moins la propriété de la forme dans laquelle ils les ont exprimées, et de l'arrangement qu'ils ont donné à leurs conceptions

pour les mettre en lumière; seulement c'est là une propriété
purement littéraire. En un mot, il n'y a point de différence à faire
entre le philosophe, qui livre à la société l'idée philosophique par
lui conçue mais conserve la propriété de la forme dans laquelle
il l'a développée, et le mathématicien qui, ayant résolu un problème, perd le bénéfice de sa solution et peut seulement s'approprier la manière dont il l'a énoncée dans son ouvrage.

La même distinction doit être faite en ce qui concerne les
œuvres industrielles; mais les lois ont accordé à l'inventeur
plus qu'elles ne donnaient au savant, au littérateur et à l'artiste;
l'idée qui a été conçue, l'invention en un mot, peut rester pendant un certain temps la propriété exclusive de celui qui l'a
trouvée, et en France ce dernier peut prendre un brevet de cinq,
dix ou quinze ans (1). A plus forte raison la forme parlée ou
écrite dans laquelle l'inventeur donnerait les détails de son
invention lui appartiendrait-elle exclusivement; ce serait alors
une question de propriété littéraire.

Je ne traiterai ni des œuvres scientifiques, ni des œuvres
industrielles, je ne m'occuperai que des œuvres littéraires et
artistiques; mais, comme je viens de le faire remarquer, les
savants et les industriels, en publiant leurs découvertes, produi-
ront une œuvre littéraire, qui sera régie par les règles ordinaires
en cette matière.

Le but, que je me suis proposé dans cet ouvrage, a été de
rapprocher les solutions données par les différentes législations
sur les questions les plus importantes à résoudre, afin d'arriver
par là à démontrer qu'une loi complète sur la propriété littéraire
et artistique est possible et nécessaire; cette étude m'a conduit à
rechercher si ce but était rempli par la loi nouvelle de 1866; on

---

(1) Les compositions pharmaceutiques ou remèdes, ainsi que les plans et combinai-
sons de crédit ou de finances, sont les seules conceptions industrielles pour lesquelles
on ne puisse prendre de brevets d'invention. (L. 5 juillet 1844. — L. 31 mai 1856.)

verra que j'ai critiqué cette loi dans certaines dispositions; j'espère que les raisons sur lesquelles j'appuie ces critiques les justifieront aux yeux des esprits les plus prévenus. Enfin j'ai présenté quelques solutions nouvelles que je livre à l'appréciation de mes lecteurs; on les trouvera exposées dans les deux dernières parties de ce travail.

LÉGISLATIONS COMPARÉES

DE LA FRANCE ET DES PAYS ÉTRANGERS

SUR LA

PROPRIÉTÉ LITTÉRAIRE ET ARTISTIQUE.

CHAPITRE PREMIER.

Des diverses opinions sur la nature des droits d'auteur.

—

Si l'on compare les législations des divers États européens, on voit que d'un côté elles ont toutes accordé aux auteurs un certain droit sur leurs œuvres, mais que d'un autre côté elles ont aussi unanimement refusé de laisser à perpétuité ce droit à leurs successeurs. C'est là l'application d'un système de transaction entre ces deux propositions théoriques contradictoires, à savoir : L'auteur a-t-il la propriété absolue de son œuvre, ou bien au contraire la société a-t-elle droit indistinctement à tout ce qui est produit par chacun de ses membres ?

Jamais question ne fut plus débattue depuis quelques années ; le système de transaction a réuni bien des partisans, mais celui de la perpétuité gagne du terrain et le temps concédé aux successeurs de l'auteur va s'augmentant de plus en plus ; l'Espagne leur accorde cinquante ans ; en France, le même délai vient d'être concédé par une loi nouvelle.

Voici en résumé les différents arguments présentés dans chacun des trois systèmes principaux :

Propriété de l'auteur — Perpétuité. — Dans le premier système on soutient que l'auteur a sur son œuvre un droit de propriété absolue et par conséquent transmissible à perpétuité à ses héritiers ou ayants-cause comme tout autre droit de propriété ordinaire.

Il n'est pas nécessaire, dit-on, de faire de grands efforts de dialectique pour résoudre ce problème; si en effet un auteur, s'adressant au simple bon sens d'un homme illettré, montrait à ce dernier l'ouvrage qu'il vient de composer, et lui demandait : « Cette œuvre est-elle à moi ! » la réponse serait sans nul doute affirmative ; c'est qu'il suffit souvent de poser les questions d'une façon simple et précise pour en trouver les solutions.

A cet argument tiré du simple bon sens, les partisans du droit de propriété absolue et perpétuelle en ajoutent un plus sérieux. Il est de principe, disent-ils, que tout homme ayant produit une œuvre à l'aide d'éléments, qui lui appartiennent, en est complétement le maître ; il est libre de la modifier, de l'anéantir ou de la mettre au jour ; il peut en jouir seul ou en faire jouir d'autres, il peut en un mot en disposer comme il l'entend. Il est donc propriétaire, car tous ces droits sont des attributs de la propriété ; et c'est une propriété d'autant moins contestable que c'est lui-même qui l'a formée, il ne la tient de personne, elle ne lui a point été transmise, elle ne relève que de lui-même. Enfin, on ajoute comme conséquence que la propriété est un droit perpétuel, et que par suite ceux, qui la tiendront de l'auteur, pourront la transmettre à leur tour indéfiniment.

D'ailleurs l'auteur, en employant utilement les dons intellectuels que Dieu lui a départis, rend à la société un service; en mettant au jour des éléments qui n'étaient en lui qu'à l'état latent, il accroît la somme des connaissances humaines, il augmente le fonds commun des produits de son intelligence, et, à ce titre, la société lui doit récompense et protection. Chercher à amoindrir son droit, ce serait méconnaître ces bienfaits, ce serait le payer d'ingratitude!

Nous verrons plus loin comment dans les autres systèmes on combat ces divers arguments.

On présente encore, mais avec plus de témérité, comme argument secondaire, une distinction entre l'utilité intellectuelle de l'œuvre et l'utilité pécuniaire ; et cela pour prévenir l'objection suivante présentée par les partisans de la non-perpétuité, à savoir que la société, au moment de la publication, reprend ses droits sur l'idée que l'auteur avait tirée du fonds commun déjà exploité par ses prédécesseurs. Voici comment on distingue la propriété intellectuelle de la propriété matérielle ; il peut être vrai, dit-on, que la société soit rentrée, au moment de la publication, en possession de l'idée qui était la propriété du fonds commun, mais l'auteur a conservé le droit de l'exploiter, qui est la propriété matérielle. Il n'est pas possible d'admettre cette appréciation subtile, tout à fait contraire aux principes généraux du droit ; l'objection reste et nous la retrouverons développée plus loin dans le système opposé ; on ne peut pas dire en effet qu'il peut y avoir sur une même chose deux droits de propriété ; car, lorsque plusieurs droits distincts existent, ce ne sont plus que des démembrements de la propriété ; prétendra-t-on alors que l'auteur ne cède à la société qu'un droit d'usage, mais ce droit serait viager ; il faudrait soutenir qu'il lui cède un droit d'usage perpétuel, et ce serait encore contraire aux principes du droit commun.

La question de propriété étant supposée résolue dans le sens de la perpétuité, une autre question naît immédiatement à la suite de cette solution. S'il y a un droit de propriété, sur quoi porte-t-il ? Est-ce seulement sur la forme de l'œuvre, c'est-à-dire sur l'arrangement, le style, l'expression ; ou bien est-ce également sur l'idée et sur le sujet de l'œuvre. Certains partisans exagérés du droit de propriété ont soutenu que l'auteur n'était pas seulement propriétaire de la forme, mais encore de l'idée et du sujet. Il suffit d'indiquer les conséquences de ce système pour montrer qu'il y a là une exagération ; si l'on admet que l'auteur soit propriétaire exclusif de son idée, personne ne pourra ni la lui emprunter, ni la reproduire sous une autre forme ; et cependant, selon l'expression vulgaire, il arrive souvent que les grands

esprits se rencontrent; on ne pourra donc plus énoncer une idée
avant de s'assurer que personne n'en ait encore émis de semblable! Cela est inadmissible; pourtant d'autres vont plus loin
encore, et soutiennent que l'auteur n'est pas seulement propriétaire de la forme et de l'idée, mais encore du sujet; c'est
tomber dans une exagération incroyable; en ce cas, l'histoire
n'aurait plus qu'un historien, les grands hommes qu'un bio-
graphe, les batailles qu'un seul peintre et ainsi de suite! Il
faut donc dire qu'il ne peut y avoir de question sérieuse en
ce qui concerne la propriété de l'idée et du sujet; l'auteur n'a
de droits que sur la forme qu'il a employée pour reproduire sa
pensée, et toute autre personne peut traiter le même sujet, exprimer les mêmes idées, du moment qu'elle le fait d'une manière
différente.

Comme on le voit par ce qui précède, les partisans du système
de la perpétuité ne distinguent pas l'œuvre non publiée, c'est-
à-dire de possession privée (comme le manuscrit, la statue, le
dessin fait à la main), de l'œuvre publiée, c'est-à-dire multipliée par l'imprimerie, le moulage, la gravure ou tout autre
procédé; ils font aussi abstraction de l'intérêt social et le sacri-
fient complétement à l'intérêt individuel.

Droits de la Société. — Dans le second système on prétend
que la société a sur l'œuvre un droit exclusif, et que l'auteur
doit la lui livrer sans indemnité. Un premier argument, que
Proudhon a longuement développé, est tiré d'un ordre d'idées
tout à fait philosophique; il consiste à dire que les œuvres littéraires et artistiques ne sont point vénales, que l'auteur ne doit
point avoir eu en vue la rémunération, mais qu'il a dû agir
par amour de ses semblables et pour le bien de l'humanité.
Il serait difficile de ne pas convenir que ce soit là une
pensée philosophique pleine de noblesse et de générosité; les
auteurs seraient mal venus de la dénier complétement, ils n'ont
point oublié que l'antiquité les mettait parfois au rang des demi-
dieux. Quoi de plus beau en effet que l'éloquence qui démontre,
qui persuade, qui éclaire, qui moralise le monde! Quoi de plus
élevé que l'art qui imite, qui transforme, qui anime, qui embellit

la nature ! Mais, d'un autre côté, peut-on dire qu'il y a déshonneur à recevoir le fruit de ses peines et à vivre du produit de son travail ? Faut-il écarter dédaigneusement le veau d'or et se dresser majestueusement sur un piédestal ? Non, le talent ne doit pas s'élever à ces hauteurs ; si les êtres pensants sont les messagers de Dieu, dont ils reçoivent la lumière, ce ne sont que des messagers terrestres, ils ne sont point faits pour planer dans les nuages.

Les droits de la société sont défendus à d'autres points de vue.

Celui, dit-on, qui croit avoir trouvé une idée nouvelle n'a fait que reproduire, perfectionner, embellir ou simplement présenter sous une autre forme une idée qui existait déjà ; il a profité de tout ce qui avait été fait avant lui, il n'a eu qu'à puiser dans le fonds commun le principe de son œuvre, qui n'est qu'un emprunt fait à ses devanciers ; donc, il n'est point propriétaire, il doit rendre à la société ce qu'il lui a pris.

On peut répondre que, s'il est bien vrai que l'écrivain et l'artiste ont profité des progrès de la civilisation, il n'en est pas moins certain que leur œuvre est empreinte de leur personnalité ; ce qu'ils ont emprunté à la Société, ils l'ont transformé et en ont fait une œuvre qui leur est propre. Il n'est point juste de croire que les grands génies ne sont que des compilateurs, et les chefs-d'œuvre, de sublimes plagiats. Du reste, en supposant que l'auteur n'ait fait qu'emprunter, il n'a certainement rien détruit, et, aurait-il même reproduit exactement ce qui existait déjà, la Société n'a point à s'en plaindre, car elle n'éprouve aucun préjudice.

Les défenseurs du droit absolu de la société présentent encore une fin de non-recevoir ainsi formulée :

La pensée, disent-ils, n'a rien de matériel ; or, comment pourrait-on être propriétaire d'une chose incorporelle ? La propriété ne peut s'exercer que sur un objet certain et déterminé. Pour repousser cette objection, il suffit de faire la remarque suivante : lorsqu'on parle des droits de l'auteur, on suppose toujours que celui-ci a traduit son idée dans un signe extérieur, qu'il l'a dans un certain sens matérialisée par l'écriture, la peinture, le marbre ou autres moyens ; il y a donc là quelque chose de fixe qui peut faire l'objet d'un droit.

Droit limité de l'auteur ; système mixte. — Dans le troisième système, on emprunte aux deux précédents leurs arguments principaux pour en tirer cette conclusion que, si l'auteur a des droits sur son œuvre, la société en a également, et que par conséquent il y a un partage à faire ; on l'effectuera en limitant la durée des droits de l'auteur et de ses successeurs.

On s'accorde d'abord à dire qu'avant toute publication l'auteur est maître de son manuscrit, qu'il est libre de le produire ou de le détruire à sa fantaisie ; c'est seulement lorsque son œuvre est par lui rendue publique que la société acquiert les droits qu'elle pourra, à un certain moment, faire valoir ; l'auteur ne s'est dessaisi de son œuvre qu'en la livrant à tous, la société ne pouvait s'en emparer avant de la connaître ; mais, du moment qu'elle la connaît, elle peut invoquer l'intérêt qu'elle a dans certains cas à la multiplier, afin de marcher plus rapidement dans la voie du progrès et de la civilisation. Le droit de l'auteur serait donc de faire au moins une édition de son œuvre ; mais bien peu de personnes le circonscrivent dans ces limites extrêmes, on admet généralement que le droit de la société reste à l'état latent pendant un temps plus long, à savoir pendant la vie de l'auteur et encore pendant un certain nombre d'années après sa mort.

Cet intérêt de la société n'est point nié par les partisans de la perpétuité ; mais ils soutiennent que l'auteur ne s'est pas dessaisi en publiant son œuvre ; il serait étrange, disent-ils, que l'exercice d'un droit en entraînât justement la perte ; il arrive ordinairement, au contraire, que l'exercice d'un droit le consolide au lieu de l'anéantir. Et puis l'intention de l'auteur est-elle bien de se dessaisir? En faisant vendre des exemplaires de son ouvrage, il a communiqué son idée, mais il ne l'a point cédée ; il en a fait jouir un certain nombre de personnes, mais il la conserve comme son bien propre dans la forme qu'il lui a donnée : Le propriétaire qui, au lieu de jouir de l'ombrage de ses forêts, les met en coupes réglées et aliène chaque année une portion des taillis, ne se dessaisit point du droit de laisser croître de nouveaux arbres sur le terrain qu'il a dépouillé.

D'autres considérations sont présentées pour justifier les restrictions apportées aux droits de l'auteur.

Le principe du droit de propriété, dit-on, c'est d'être susceptible de possession exclusive et individuelle ; le propriétaire a le droit de jouir et de disposer de sa chose, et ce droit il peut en user à l'exclusion de toute autre personne. Celui au contraire qui a mis au jour un écrit, en a livré au public la jouissance, et ce n'est plus lui seul qui en use, mais tout le monde avec lui ; chacun peut lire l'œuvre ou l'apprendre par cœur, comme s'il en était propriétaire ; c'est en un mot une propriété dont l'auteur ne peut tirer profit sans la participation d'autres personnes.

On répond, il est vrai, que la jouissance d'une propriété peut-être commune ; que si l'auteur l'a partagée avec d'autres, ce n'est pas une raison pour le dépouiller de son droit. Le propriétaire, qui ouvre ses jardins au public, moyennant un prix d'entrée, perd-il, par ce fait, son droit de propriété ? Cependant, malgré cette réfutation, il ne faut pas se dissimuler qu'il y a là un mode de jouissance *sui generis,* que cette jouissance a pour caractère de ne pouvoir être que commune, et qu'il ne peut pas y avoir en cette matière d'assimilation complète avec la propriété ordinaire.

Dans le même ordre d'idées, pour restreindre les droits de l'auteur, on dit encore qu'il les tient de la loi, que sans elle il ne pourrait les exercer efficacement, et qu'il est à ce point de vue redevable envers la société. Cette considération est sans doute assez peu solide ; car il n'est pas juste de dire que c'est de la loi que l'auteur tient tous ses droits ; il est créateur et maître de sa chose en dehors de toute réglementation ; la loi n'a fait que lui apporter aide et protection, elle n'a pas créé son droit, elle l'a reconnu comme elle a reconnu les droits des autres propriétaires. Il n'y a là rien de spécial à cette matière ; c'est aussi la loi qui protége le propriétaire foncier ; tous deux ont un droit préexistant aux réglementations qu'elle a établies.

Comme on le voit, dans chaque système les arguments ne

manquent point, en général, d'un certain fonds de vérité; c'est l'exagération qui souvent en rend facile la réfutation. Ce qu'il y a de certain, c'est qu'il est nécessaire de sauvegarder les droits de l'auteur, et qu'il est également utile de pourvoir à l'intérêt de la société. D'un côté l'auteur ne doit pas perdre le fruit de ses peines; la mise en œuvre de son idée lui a coûté du temps et du travail, il est juste qu'il en soit récompensé; il doit, en outre, pouvoir transmettre son droit, parce qu'il est dans son patrimoine et qu'il faut lui laisser la consolation de faire profiter ceux qu'il a connus, du fruit de son travail. Il y a, d'un autre côté, intérêt pour la société à ce que l'œuvre se perpétue, à ce qu'un successeur ne puisse par négligence, ignorance ou parti pris empêcher de propager les chefs-d'œuvre et.de les faire passer à la postérité.

Il s'agit donc de maintenir en équilibre deux intérêts opposés. Qu'on ne dise point qu'une pareille transaction est une spoliation communiste, que, du moment qu'on dépouille tôt ou tard les héritiers de l'auteur, il n'y a pas de raison pour ne pas, au bout d'un certain temps, dépouiller de son bien tout propriétaire foncier, au profit de la masse commune; les situations ne sont point les mêmes; il s'agit ici de l'intérêt de la société au point de vue du progrès de l'intelligence et des conceptions artistiques; au contraire le partage des terres ne pourrait donner aux membres de la société qu'un avantage matériel; or, le progrès social n'a rien à attendre du communisme des biens, mais il a beaucoup à retirer du communisme des idées.

Enfin, dans ce système de transaction, on se demande si le droit ainsi restreint peut prendre le nom de propriété? Ceux qui soutiennent la négative opposent qu'aux termes de l'art. 544 du Code Napoléon, « la propriété est le droit de jouir et de disposer des choses de la manière la plus absolue; » or, il n'y aurait point ici de droit absolu, mais un droit restreint; ce ne serait donc point un droit de propriété.

On répond avec raison qu'il faut entendre d'une façon plus large l'article précité; il énonce, il est vrai, que la propriété est un droit absolu, mais il ajoute « pourvu qu'on n'en fasse pas un usage prohibé par les lois ou par les règlements; » la loi peut donc le restreindre et, pour qu'on puisse dire qu'il y a propriété, il suffit que le droit soit absolu dans les limites tracées par la loi; dans tout État civilisé toute propriété est plus ou moins limitée au profit de la société, le mot de *propriété littéraire* n'a par conséquent rien de choquant, malgré les restrictions apportées par la loi.

J'ai essayé de reproduire le plus fidèlement possible les arguments présentés dans les différents systèmes et j'ai tenu à le faire avec impartialité afin de mieux préciser la question, me réservant d'exposer dans la sixième partie de ce travail la solution que je crois pouvoir proposer; je me borne à dire en ce moment qu'à mon avis les droits de l'auteur doivent être restreints au profit de la société, mais cependant qu'il y a là une véritable propriété, dont la durée doit être prolongée le plus possible; le délai de cinquante années ne me paraît pas encore assez large pour donner satisfaction aux partisans de la perpétuité, et pourtant il me paraît encore trop long pour ne pas porter préjudice à la société; on verra comment j'essaie de donner satisfaction à ces deux intérêts. Mais, auparavant, il est utile de rechercher comment la législation française et les législations étrangères ont résolu ces questions théoriques et quels systèmes elles ont adoptés.

CHAPITRE II.

Historique de la législation française.

—

Comment en France les lois ont-elles successivement résolu les questions relatives à la propriété des œuvres littéraires, dramatiques et artistiques ? Voilà ce que je me propose de passer rapidement en revue dans ce chapitre, afin de mieux juger des progrès introduits peu à peu dans la législation.

Pour plus de clarté, je traiterai successivement de ces trois sortes d'œuvres; mais, que le lecteur ne s'effraie point, je ne commencerai pas mon récit à la création du monde, je dois me borner à remonter au déluge des productions de l'esprit, c'est-à-dire à l'époque où les droits des auteurs commencèrent à prendre quelqu'importance à cause de la facilité plus grande qu'ils eurent de tirer profit de leurs œuvres; en ce qui concerne les œuvres littéraires il ne sera donc point nécessaire de se reporter au delà de l'année 1456, époque de la découverte de l'imprimerie; et, en ce qui concerne les représentations dramatiques et les œuvres artistiques, il ne sera même pas possible de remonter aussi haut.

OEuvres littéraires. — L'imprimerie ayant commencé vers 1469 à être exercée dans la capitale de la France, Louis XI en 1475 et Charles VIII en 1488 accordèrent, par lettres patentes, certains avantages aux imprimeurs; ce sont les deux plus anciens documents relatifs à cette matière. Il faut ensuite passer sans transition à l'ordonnance de Moulins, rendue sous Charles IX en 1566, laquelle accordait aux auteurs la jouissance exclusive de leurs œuvres, à la condition de demander une concession royale. Dès cette époque jusqu'en 1789 le régime du privilége prévalut comme en toute autre matière, et le roi devint pour ainsi dire le suzerain de la propriété intellectuelle, comme il était déjà celui de la propriété territoriale ; toutefois, outre les priviléges concédés par le roi, il y en eut qui furent accordés par les parlements, par les universités et même par le prévôt de Paris. Ces priviléges étaient, ou perpétuels, ou limités ; ils pouvaient être prolongés et accordés même pour des ouvrages anciens tombés dans le domaine public ; on en indiquait la nature en tête de l'ouvrage. Du reste, c'était ordinairement aux imprimeurs et aux libraires qu'ils étaient concédés ; quant à l'auteur, il vendait son manuscrit aux éditeurs et ne s'occupait pas ordinairement de la publication ; des priviléges furent même parfois accordés aux éditeurs sans le consentement de l'auteur.

Pendant deux siècles la question sommeilla dans le même ordre d'idées ; sans parler d'une déclaration de Charles IX en 1571 et des lettres patentes de Henri III en 1581, il n'y a à noter qu'un édit de Louis XIII de 1617, qui ordonne de faire à la bibliothèque le dépôt de deux exemplaires de toute publication. Mais, au commencement du règne de Louis XVI, furent rendus deux arrêts du Conseil du roi qui tranchèrent la question de propriété. Ces arrêts sont très-importants ; le premier du 30 août 1777 (1), décida que l'auteur avait sur son œuvre un droit de propriété perpétuelle, transmissible à ses héritiers ; mais, qu'en cas de cession, ce droit se réduirait à la durée de la vie de l'auteur ; le second, du 30 juillet 1778 (2), confirma et compléta ces dispositions.

(1) ARRÊT DU CONSEIL DU 30 AOUT 1777.

ART. 5. Tout auteur qui obtiendra en son nom le privilége de son ouvrage aura le droit de le vendre chez lui sans qu'il puisse sous aucun prétexte vendre ou négocier d'autres livres ; et jouira de son privilége pour lui et ses hoirs à perpétuité, pourvu qu'il ne le rétrocède à aucun libraire ; auquel cas la durée du privilége sera, par le seul fait de la cession, réduite à celle de la vie de l'auteur.

(2) ARRÊT DU CONSEIL DU 30 JUILLET 1778.

ART. 2. L'art. 5 de l'arrêt du conseil du 30 août 1777 sera exécuté selon sa forme et teneur ; en conséquence tout auteur, qui aura obtenu en son nom le privilége de son ouvrage, non seulement aura le droit de le vendre chez lui ; mais il pourra encore, autant de fois qu'il le voudra, faire imprimer pour son compte son ouvrage par tel imprimeur, et le faire imprimer par le libraire qu'il aura choisi, sans que les traités ou conventions qu'il fera, pour imprimer ou débiter une édition de son ouvrage, puissent être réputés cession de privilége.

En 1789, tous priviléges étant abolis, les auteurs purent publier librement ; le principe de la perpétuité continua à subsister à leur profit, mais on ne tarda pas à apporter des restrictions à la durée de leurs droits. L'assemblée constituante, par décret du 13 janvier 1791 (1), commença par régler le droit de représentation des œuvres dramatiques ; l'auteur put dès lors, pendant sa vie, empêcher d'exécuter ses œuvres sans son autorisation ; mais le droit des héritiers et celui des cessionnaires fut restreint à cinq ans après la mort de l'auteur. Quoique ce décret ne se soit occupé que du droit de représentation, il a eu une grande importance sur la réglementation du droit de publication des œuvres littéraires, car il présentait la question sous un jour nouveau en distinguant le droit de l'auteur de celui de ses héritiers ; deux ans après on s'inspira des mêmes idées pour promulguer la loi des 19-24 juillet 1793 relative à la publication ; cette loi donna à l'auteur un droit de propriété sur ses œuvres pendant sa vie, et le même droit, pendant dix ans après sa mort, à ses héritiers ou cessionnaires (2). Elle s'applique aux auteurs d'écrits en tous genres, aux compositeurs de musique, aux peintres et aux dessinateurs qui font graver des tableaux ou dessins ; elle règle en outre les poursuites, punit la contrefaçon et ordonne le dépôt. Quoiqu'en principe elle soit encore aujourd'hui en vigueur, elle a été successivement modifiée dans ses différentes parties, et l'on n'en a guères conservé que la

---

(1)   DÉCRET DES 13-19 JANVIER 1791
                        relatif aux spectacles.

ART. 1er. Tout citoyen pourra élever un théâtre public et faire représenter des pièces de tous les genres en faisant, préalablement à l'établissement de son théâtre, sa déclaration à la municipalité des lieux.

ART. 2. Les ouvrages des auteurs morts, depuis cinq ans et plus, sont une propriété publique et peuvent, nonobstant tous anciens priviléges qui sont abolis, être représentés sur tous les théâtres indistinctement.

ART. 3. Les ouvrages des auteurs vivants ne pourront être représentés sur aucun théâtre public, dans toute l'étendue de la France, sans le consentement formel et par écrit des auteurs, sous peine de confiscation du produit total des représentations au profit des auteurs.

ART. 5. Les héritiers ou cessionnaires des auteurs seront propriétaires de leurs ouvrages durant l'espace de cinq ans après la mort de l'auteur.

(2) Voir les tableaux des lois françaises annexés à ce chapitre, pages 18 et 20.

disposition qui accorde à l'auteur un droit exclusif pendant sa vie.

D'abord, en ce qui concerne le droit des successeurs, un décret du 3 février 1810 introduisit une première innovation ; il accordait à la veuve de l'auteur un droit exclusif pendant sa vie, au détriment des héritiers, si toutefois ses conventions matrimoniales lui en donnaient le droit ; la loi du 8 avril 1854 resta dans cet ordre d'idées ; le droit viager fut laissé à la femme dans les mêmes conditions ; celui des descendants ne commençait qu'à son décès. La nouvelle loi de 1866 modifie ce droit : 1° en ce qu'elle l'accorde non-seulement à la veuve mais à tout conjoint, prévoyant ainsi le cas où c'est la femme qui est auteur ; 2° en ce qu'elle le qualifie de simple jouissance ; 3° en ce qu'elle le déclare réductible s'il dépasse la quotité disponible dans le cas où il y a des héritiers réservataires ; 4° en ce que le conjoint survivant est appelé à jouir de ce droit viager quel que soit le régime qu'il ait adopté par son contrat de mariage (1). — On voit que ce sont là toutes dérogations apportées aux principes de droit commun ; j'examinerai plus loin (2) si elles sont suffisamment justifiées, je me borne en ce moment à une simple énonciation.

La durée du droit accordé aux héritiers de l'auteur s'est étendue de plus en plus depuis la loi de 1793 ; elle était, d'après cette loi, de 10 ans à partir du décès de l'auteur ; le décret du 5 février 1810 introduisit une distinction : pour les descendants la durée fut de 20 ans à partir de l'extinction des droits de la veuve, et pour les autres héritiers de 10 ans à compter du décès de l'auteur, comme antérieurement, mais avec cette différence cependant, que, par suite du droit viager accordé à la veuve, ils n'avaient plus rien à prétendre si ce droit s'était prolongé pendant 10 ans. La loi du 8 avril 1854, porta à 30 ans le droit des descendants, à partir du décès de la veuve, et laissa subsister pour les autres héritiers le délai de 10 ans à partir du décès de l'auteur. Enfin, la loi de 1866 ne fait plus, quant au délai, de distinction entre les descendants et les autres héritiers ; la durée

(1) Voir le tableau des lois françaises annexé à ce chapitre, p. 18 et 19.
(2) Voir le chapitre VI.

2

est de 50 ans à partir du décès de l'auteur pour tous les héritiers, successeurs irréguliers, donataires ou légataires; il s'en suit
que, si la jouissance du conjoint survivant se prolongeait pendant cinquante années, les successeurs n'auraient rien, quand
bien même ce seraient des descendants.

Quant aux cessionnaires, avant la loi de 1866 leurs droits
étaient aléatoires, la durée en étant réglée par la qualité des
héritiers; ils se prolongeaient d'abord pendant la vie de la veuve,
ensuite pendant trente ans s'il y avait des descendants; pendant dix
ans s'il n'y avait ni veuve ni descendants. Sous l'empire de la loi
actuelle, le délai étant toujours de cinquante années, les éditeurs
sauront que le droit qu'ils achètent ne pourra jamais se prolonger au delà, à partir du décès de l'auteur, quand même la vie du
conjoint survivant se prolongerait plus de cinquante ans.

En résumé, d'après la loi nouvelle, l'auteur conserve son droit
exclusif pendant toute sa vie, conformément au droit commun
en matière de propriété. Le conjoint survivant est ensuite pré-
féré à tous héritiers, par dérogation aux principes qui régissent
les contrats de mariage et les successions, puisque le Code
Napoléon ne lui accorde aucun droit viager sur les biens du conjoint décédé, et qu'il n'est habile à lui succéder que s'il n'y a aucun
héritier. Quant aux héritiers, leur droit dure cinquante ans à
partir du décès de l'auteur, et ce délai court pendant le droit de
survie accordé au conjoint survivant. (1)

Ajoutons, pour compléter cette exposition, que les constata-
tions de contraventions sont faites par les commissaires de
police; que les peines sont purement pécuniaires; et enfin qu'il
faut faire le dépôt de deux exemplaires de chaque ouvrage pour
la bibliothèque impériale et le ministère de l'intérieur; s'il contient
des estampes il faut présenter un troisième exemplaire pour l'autorisation de police.

OEuvres dramatiques. — Le droit des auteurs d'empécher
ou de permettre la représentation de leurs œuvres ne paraît
pas avoir été réglementé dans l'antiquité païenne; on sait cepen-

_____

(1) Voir le chapitre VI, relatif à la loi nouvelle.

dant combien dans la Grèce était cultivé l'art dramatique, combien à Rome étaient applaudies les œuvres de l'esprit avant que les jeux sanglants du cirque n'aient abaissé l'intelligence du peuple en le repaissant de jouissances matérielles.

En France les représentations des mystères ou scènes religieuses paraissent avoir été les premières œuvres scéniques ; mais en 1547 un arrêt du Parlement défendit avec raison de jouer sur le théâtre des sujets sacrés et en 1566 le concile de Tolède mit définitivement fin aux abus que ces représentations avaient introduits. Ce ne fut donc qu'à la fin du xvi⁰ siècle que l'art dramatique commença en France à prendre toutes les formes ; un grand nombre de théâtres furent alors construits en rotonde avec loges et gradins comme ceux de nos temps modernes ; puis survinrent, au siècle suivant, Corneille, Racine et Molière ; enfin, la société de la Comédie Française se fonda en 1680. Mais aucun règlement n'apparut en cette matière jusqu'à la révolution de 1789.

Nous avons déjà vu que le décret de l'Assemblée constituante du 19 janvier 1791 (1) déclarait que tout citoyen pouvait élever un théâtre ; il accordait en outre à l'auteur pendant sa vie le droit de permettre la représentation de ses œuvres, et à ses héritiers pendant 5 ans après sa mort. Quant au droit de publication, il a toujours été réglé de la même manière que pour les autres œuvres littéraires.

La loi du 3 août 1844 (2) donna à la veuve et aux descendants les mêmes droits que pour la publication, c'est-à-dire qu'elle accorda un droit viager à la première et un délai de 20 ans aux seconds ; la loi du 8 avril 1854 (3) porta le délai de 20 à 30 ans confirmant ainsi cette assimilation. Quant aux héritiers autres que les descendants, ils restèrent pendant tout ce temps sous l'empire du décret de 1791 qui leur accordait 5 ans à partir du décès de l'auteur ; toutefois un arrêt de cassation du 5 décembre 1843 leur accordait 10 ans conformément à la loi de 1793. En

(1) Voir page 12, note 1.
(2) Voir le tableau des lois françaises, page 18-19.
(3) Voir le tableau des lois françaises, page 18-19.

vertu de la loi nouvelle ce délai est de 50 ans pour tous héritiers, même autres que descendants, et le droit de représentation
est complétement assimilé au droit de publication.

Il faut ajouter que l'autorisation est nécessaire pour pouvoir
représenter les œuvres dramatiques ; elle doit émaner du ministère de la maison de l'Empereur pour Paris, et des préfets pour
les départements. (Décret du 8 juin 1806 (1). — Loi du 30 juillet
1850. — Loi du 31 juillet 1851. — Décret du 30 décembre 1852.
— Décret du 6 juillet 1853. — Décret du 6 janvier 1864) (2).

OEuvres d'art. — L'ancien droit ne nous fournit pas de
documents législatifs en ce qui concerne la reproduction des
œuvres d'art ; c'est seulement, en effet, après le perfectionnement
des procédés mécaniques que l'on put arriver à multiplier ces
œuvres. Or, quoique les anciens aient connu la gravure en creux,
l'art de tirer des épreuves des planches gravées sur métal ne
remonte pas au delà de l'année 1452 ; la gravure à l'eau forte
était connue des Chinois dès le xi⁰ siècle et des Indiens dès le
xiiiᵉ, mais elle ne fut introduite en Europe et perfectionnée que
vers l'an 1445. Quant à l'invention des procédés de moulage,
elle ne remonte pas au delà du xivᵉ siècle. Le mode de reproduction le plus ancien est celui de la fonderie, puisque les Égyp-
tiens et les Grecs le connaissaient, mais ce n'était pas un moyen
de multiplier une œuvre artistique ; il servait seulement à la
transformer en un métal plus solide.

Les premiers documents que nous trouvons sur la règlemen-
tation des reproductions artistiques sont : une sentence du
11 juillet 1702, qui défend aux fondeurs de se dessaisir des
ouvrages des sculpteurs, et aux sculpteurs des modèles faits
pour les fondeurs ; puis une ordonnance de police du 1ᵉʳ octobre
1737. Les règlements de 1730 des corporations de peintres et
sculpteurs, ceux des graveurs, des ciseleurs et ceux des fondeurs de 1766 contiennent aussi quelques dispositions prohi-
bitives. Deux arrêts du Conseil du 19 juin 1774 et du 14 juillet

_____

(1) Voir page 52, notes.
(2) Voir page 53, note.

1787 sont plus explicites; ils défendent expressément d'imiter les dessins des étoffes de soie et de les reproduire sans le consentement de l'auteur.

Nous avons vu que la loi de 1793 assimilait purement et simplement aux auteurs d'écrits les peintres et dessinateurs qui font graver des tableaux et dessins; les lois qui se sont succédé, ainsi que la loi de 1866, ont reproduit la même assimilation en ce qui concerne la gravure (1). Il n'est rien dit de la sculpture et des autres œuvres d'art; la jurisprudence a donc eu tout à faire dans ces questions, et elle a souvent dû procéder par voie d'assimilation comme nous le verrons à la fin du chapitre suivant.

En vertu de l'ordonnance de 1824, il faut faire le dépôt de trois épreuves des planches et estampes; il faut en outre présenter un quatrième exemplaire pour obtenir l'autorisation de police exigée par le décret organique de 1852.

(1) On trouvera classés en tableaux, à la suite de ce chapitre, les lois, décrets et ordonnances qui ont successivement modifié la loi des 19-24 juillet 1793 relativement à la durée du droit, à la constatation des contraventions, aux peines applicables au contrefacteur et au dépôt des exemplaires.

Quant aux lois, décrets et ordonnances relatifs aux autres points, on comprendra qu'il était impossible de les classer lorsqu'on en aura remarqué le nombre et la diversité; j'ai dû en effet en citer une quinzaine, en outre des quatorze compris dans les tableaux; on les trouvera, pour la plupart, dans les notes du chapitre III sur la jurisprudence française.

LOI
du 19-24 *juillet* 1793, *relative aux droits de propriété des auteurs, compositeurs de musique, peintres et dessinateurs.*

ART. 1er.
Les auteurs d'écrits en tous genres, les compositeurs de musique, les peintres et dessinateurs, qui feront graver des tableaux ou dessins, jouiront durant leur vie entière du droit exclusif de vendre, faire vendre, distribuer leurs ouvrages dans le territoire de la République et d'en céder la propriété en tout ou en partie.

ART. 2.
Leurs héritiers ou cessionnaires jouiront du même droit durant l'espace de dix ans après la mort des auteurs.

ART. 7.
Les héritiers de l'auteur d'un ouvrage de littérature ou de gravure ou de toute autre production de l'esprit ou du génie qui appartiennent aux beaux-arts, en auront la propriété exclusive pendant dix ans.

(Suite de la loi de 1795.)

ART. 5.
Les officiers de paix seront tenus de faire confisquer, à la réquisition et au profit des auteurs, compositeurs, peintres ou dessinateurs et autres, de leurs héritiers ou cessionnaires, tous les exemplaires des éditions imprimées ou gravées sans la permission formelle et par écrit des auteurs. (*Modifié.*)

DÉCRET
du 5 *février* 1810, *contenant règlement sur l'imprimerie et la librairie.*

ART. 39.
Le droit de propriété est garanti à l'auteur et à sa veuve pendant leur vie, si les conventions matrimoniales de celles-ci lui en donnent le droit, et à leurs enfants pendant 20 ans. (*Abrogé.*)

ART. 40.
Les auteurs, soit nationaux soit étrangers, de tout ouvrage imprimé ou gravé, peuvent céder leur droit à un imprimeur ou libraire ou à toute autre personne, qui est alors substituée en leur lieu et place pour eux et leurs ayants-cause, comme il est dit à l'article précédent.

LOI
du 23 *prairial an III* (13 juin 1795), *interprétative de celle du 19 juillet 1793 qui assure aux auteurs et artistes la propriété de leurs ouvrages.*

ART. 1er.
Les fonctions attribuées aux officiers de paix par l'art. 5 de la loi du 19 juillet 1793 seront à l'avenir exercées par les commissaires de police et par les juges de paix dans les lieux où il n'y a pas de commissaire de police.

LOI
du 3 *août* 1844, *relative de propriété des veuve enfants des auteurs d'dramatiques.*

ARTICLE UNIQUE.
Les veuves et les enf auteurs dramatiques auro venir le droit d'en autoris présentation et d'en co jouissance pendant 20 ans mément aux dispositions de et 40 du décret impérial vrier 1810. (*Al*

Constatation

DÉCRET
du 5 *février* 1810, *conte glement sur l'imprime librairie.*

ART. 45.
Les délits et contraven ront constatés par les ins de l'imprimerie et de la les officiers de police, et par les préposés aux doua les livres venant de l'étra

droit.

LOI
avril 1854 sur le droit de
~~été~~ garanti aux veuves et
~~nfants~~ des auteurs, des
~~siteurs~~ et des artistes.

ARTICLE UNIQUE.
~~euves~~ des auteurs, des
~~eurs~~ et des artistes joui-
~~ndant~~ toute leur vie des
~~arantis~~ par les lois des
~~er~~ 1791 et 19 juillet 1793,
~~t du~~ 5 février 1810, la loi
~~ût~~ 1844 et les autres lois
~~ts~~ sur la matière.
~~urée~~ de la jouissance ac-
~~ux~~ enfants par ces mêmes
~~écrets~~ est portée à 30 ans
~~soit~~ du décès de l'auteur,
~~teur~~ ou artiste, soit de
~~ion~~ des droits de la veuve.
(Abrogé.)

LOI
du 14-19 juillet 1866, relative aux droits des héritiers ou
ayants-cause des auteurs.

ART. 1er.
La durée des droits accordés par les lois antérieures aux héritiers, successeurs irréguliers, donataires ou légataires des auteurs, compositeurs ou artistes est portée à cinquante ans à partir du décès de l'auteur.

Pendant cette période de cinquante ans le conjoint survivant, quel que soit le régime matrimonial, et indépendamment des droits qui peuvent résulter en faveur de ce conjoint du régime de la communauté, a la simple jouissance des droits dont l'auteur prédécédé n'a pas disposé par acte entre vifs ou par testament.

Toutefois, si l'auteur laisse des héritiers à réserve, cette jouissance est réduite, au profit de ces héritiers, suivant les proportions et distinctions établies par les art. 913 et 915 du code Napoléon.

Cette jouissance n'a pas lieu lorsqu'il existe, au moment du décès, une séparation de corps prononcée contre ce conjoint ; elle cesse au cas où le conjoint contracte un nouveau mariage.

Les droits des héritiers à réserve et des autres héritiers ou successeurs, pendant cette période de cinquante ans, restent d'ailleurs réglés conformément aux prescriptions du code Napoléon.

Lorsque la succession est dévolue à l'État, le droit exclusif s'éteint, sans préjudice des droits des créanciers et de l'exécution des traités de cession qui ont pu être consentis par l'auteur ou par ses représentants.

ART. 2.
Toutes les dispositions des lois antérieures contraires à celles de la loi nouvelle sont et demeurent abrogées.

~~t~~raventions.

LOI
~~octobre~~ 1814, relative à la
~~liberté~~ de la presse.

ART. 20.
~~c~~ontraventions seront con-
par des inspecteurs de la
~~t~~ et des commissaires de

ORDONNANCE
du 24 octobre 1814, relative à
l'impression, au dépôt et à la
publication des ouvrages.

ART. 7.
En exécution de l'art. 20, les commissaires de police rechercheront et constateront d'office toutes les contraventions, et ils seront tenus aussi de déférer à toutes les réquisitions qui leur seront adressées à cet effet par les préfets, sous-préfets et maires et par les inspecteurs de la librairie. Ils enverront dans les 24 heures tous les procès-verbaux qu'ils auront dressés, à Paris au directeur général de la librairie, et dans les départements aux préfets, qui les feront passer sur-le-champ au directeur général seul chargé par l'art. 21 de dénoncer les contrevenants aux tribunaux. (Abrogé.)

ORDONNANCE
du 13 septembre 1829, qui supprime les quatre inspecteurs de la librairie.

ART. 1er.
Les quatre inspecteurs de la librairie actuellement existant à Paris sont supprimés.

ART. 2.
Les commissaires de police dans toute l'étendue du royaume sont et demeurent investis des attributions légales que les inspecteurs de la librairie avaient reçues de l'art. 45 du décret du 5 février 1810, de l'art. 20 de la loi du 21 octobre 1814 et de l'art. 7 de l'ordonnance du 24 octobre de la même année.

LÉGISLAT

(Suite de la loi de 1793.)

CODE PÉNAL DE 1810.

(Suite du code péna

Art. 4.

Tout contrefacteur sera tenu de payer au véritable propriétaire une somme équivalente au prix de 3,000 exemplaires de l'édition originale. *(Abrogé.)*

Art. 5.

Tout débitant d'édition contre-faite, s'il n'est pas reconnu contre-facteur, sera tenu de payer au véritable propriétaire une somme équivalente au prix de 500 exemplaires de l'édition originale.
(Abrogé.)

Art. 425.

Toute édition d'écrits, de composition musicale, de dessin, de peinture ou de toute autre production imprimée ou gravée en entier ou en partie, au mépris des lois et règlements relatifs à la propriété des auteurs, est une contrefaçon, et toute contrefaçon est un délit.

Art. 426.

Le débit d'ouvrages contrefaits, l'introduction sur le territoire français d'ouvrages qui, après avoir été imprimés en France, ont été contrefaits chez l'étranger, sont un délit de la même espèce.

Art. 427.

La peine contre le contrefacteur ou contre l'introducteur sera une amende de 100 fr. au moins et de 2,000 fr. au plus ; et contre le débitant une amende 25 fr. au moins et de 500 fr. au plus.

La confiscation de l'édition contrefaite sera prononcée tant contre le contrefacteur que contre l'introducteur et le débitant.

Les planches, moules ou matrices des objets contrefaits seront aussi confisqués.

Art. 428.

Tout directeur, tout a neur de spectacle, toute tion d'artistes, qui aura fa senter sur son théâtre des dramatiques au mépris d des auteurs, sera puni d'un de 50 fr. au moins, de 50 plus et de la confiscation cettes.

D

(Suite de la loi de 1793.)

Art. 6.

Tout citoyen qui mettra au jour un ouvrage ou de littérature ou de gravure, dans quelque genre que ce soit, sera obligé d'en déposer deux exemplaires à la bibliothèque nationale ou au cabinet des estampes de la République, dont il recevra un reçu signé par le bibliothécaire ; faute de quoi il ne pourra être admis en justice pour la poursuite des contrefacteurs.
(Modifié).

DÉCRET
du 5 février 1810 sur le droit des auteurs et leur responsabilité, ainsi que sur les règles prescrites aux imprimeurs et librairies.

Art. 48.

Chaque imprimeur sera tenu de déposer à la préfecture de son département et à Paris à la préfecture de police cinq exemplaires de chaque ouvrage savoir :

Un pour la bibliothèque impériale, un pour le ministère de l'intérieur, un pour la bibliothèque de notre conseil d'Etat, un pour le directeur général de la librairie.
(Abrogé.)

LOI
du 21 octobre 1814 rela liberté de la press

Art. 11.

Nul imprimeur ne pour mer un écrit avant d'a claré qu'il se propose de l'i ni le mettre en vente ou l de quelque manière que avant d'avoir déposé le prescrit d'exemplaires s Paris au secrétariat de la générale et dans les dép au secrétariat de la préfec

ontrefacteur.

ite du code pénal.)

—

Art. 429.

es cas prévus par les quatre
récédents, le produit des
ions, ou les recettes con-
seront remis au proprié-
ir l'indemniser d'autant du
e qu'il aura souffert ; le
de son indemnité, ou l'en-
emnité, s'il n'y a eu ni vente
confisqués, ni saisie de re-
era réglé par les voies or-

(Suite du code pénal.)

—

Art. 463, revisé en 1863.

..... Dans tous les cas où la
peine de l'emprisonnement et celle
de l'amende sont prononcées par le
code pénal, si les circonstances paraissent atténuantes, les tribunaux
correctionnels sont autorisés, même
en cas de récidive, à réduire ces
deux peines comme il suit :

Si la peine prononcée par la loi
soit à raison de la nature du délit,
soit à raison de l'état de récidive
du prevenu, est un emprisonnement, dont le minimum ne soit pas
inférieur à un an, ou une amende,
dont le minimum ne soit pas inférieur à 500 fr., les tribunaux pourront réduire l'emprisonnement jusqu'à six jours et l'amende jusqu'à
16 fr.

Dans tous les autres cas ils pourront réduire l'emprisonnement
même au-dessous de six jours et
l'amende même au-dessous de
16 fr. ; ils pourront aussi prononcer séparément l'une ou l'autre de
ces peines et même substituer l'a-
mende à l'emprisonnement, sans
qu'en aucun cas, elle puisse être
au-dessous des peines de simple
police.

DÉCRET
*du 28-31 mars 1852 sur la con-
trefaçon d'ouvrages étrangers.*

—

Art. 1er.

La contrefaçon sur le territoire
français d'ouvrages publiés à l'é-
tranger et mentionnés en l'art. 425
du code pénal, constitue un délit.

Art. 2.

Il en est de même du délit, de
l'exportation et de l'expédition des
ouvrages contrefaits. L'exportation
et l'expédition de ces ouvrages sont
un délit de la même espèce que
l'introduction sur le territoire français d'ouvrages qui, après avoir été
imprimés en France, ont été contrefaits chez l'étranger.

Art. 3.

Les délits prévus par les articles
précédents seront réprimés conformément aux art. 427 et 429 du
code pénal.

L'art. 463 du même code pourra
être appliqué.

Art. 4.

Néanmoins la poursuite ne sera
admise que sous l'accomplissement
des conditions exigées relativement
aux ouvrages publiés en France,
notamment par l'art. 6 de la loi du
19 juillet 1793.

xemplaires.

ORDONNANCE
*octobre 1814 relative à
ession au dépôt et à la
ation des ouvrages.*

—

Art. 4.

ombre d'exemplaires qui
ètre déposés, ainsi qu'il est
t. 14 de la loi du 21 oc-
814, reste fixé à cinq, les-
eront répartis ainsi qu'il
a pour notre bibliothèque,
notre amé et féal chevalier
celier de France, un pour
inistre secrétaire d'État au
ment de l'intérieur, un pour
teur général de la librairie
inquième pour le censeur
a été ou qui sera chargé
ner l'ouvrage.

(Abrogé.)

ORDONNANCE
*du 9 janvier 1828 qui modifie
celle du 24 octobre 1814 et relative au dépôt des exemplaires,
des écrits, imprimés et des
épreuves des planches et estampes.*

—

Art. 1er.

Le nombre des exemplaires, des
écrits, imprimés et des épreuves
des planches et estampes, dont le
dépôt est exigé par la loi et qui
avait été fixé à cinq par les art. 4 et
8 de l'ordonnance royale du 24 octobre 1814, est réduit, outre l'exemplaire, et les deux épreuves destinées à notre bibliothèque conformément à la même ordonnance, à
un seul exemplaire et une seule
épreuve pour la bibliothèque du
ministère de l'intérieur.

DÉCRET
*du 17-23 février 1852 organique
sur la presse.*

—

Art. 22.

Aucuns dessins, aucunes gravures. lithographies, médailles, estampes ou emblèmes, de quelque
nature ou espèce qu'ils soient, ne
pourront être publiés, exposés ou
mis en vente sans l'autorisation
préalable du ministre de la police à
Paris ou des préfets dans les départements. — En cas de contravention les dessins, gravures,
lithographies, médailles, estampes
ou emblèmes pourront être confisqués, et ceux qui les auront publiés seront condamnés à un emprisonnement d'un mois à un an et à
une amende de 100 à 1,000 fr.

CHAPITRE III.

Etat de la Jurisprudence française.

—

Le droit des auteurs a été indiqué plutôt que réglé par les lois qui se sont succédé, de sorte que c'est dans la jurisprudence qu'il faut chercher la solution d'un grand nombre de questions importantes ; voici les principales décisions rendues en cette matière concernant les œuvres littéraires, les œuvres dramatiques et les œuvres d'art.

ŒUVRES LITTÉRAIRES.

Nature du droit. — Le sujet de l'œuvre n'appartient à personne, le style seul, l'ordre des pensées appartiennent à l'auteur ; aussi peut-on emprunter à un roman le sujet d'un drame. (Paris, 26 mars 1854.)

Une compilation de documents appartenant au domaine public ne saurait constituer une propriété privée lorsqu'elle n'a exigé pour son exécution ni le discernement du goût, ni le choix de la science, ni le travail de l'esprit (Colmar, 17 août 1858). Cependant l'arrangement de certaines matières constitue dans certains cas un droit exclusif ; ainsi, le catalogue d'un musée publié par le conservateur peut, à raison de son importance, des recherches qu'il a nécessitées, des appréciations qu'il contient sur les œuvres artistiques et sur le talent de leur auteur, à raison aussi des détails historiques et biographiques qui y abondent, constituer un ouvrage littéraire susceptible de propriété privée. (Bordeaux, 24 août 1863.)

Celui qui a abrégé, refondu, annoté un ouvrage tombé dans le domaine public est propriétaire de son œuvre, mais non de l'ouvrage ancien, à propos duquel un travail semblable peut être fait par une autre personne.(Paris, 7 nov. 1854.—Cass. 27 fév. 1845.)

Il en est de même des traductions; elles appartiennent à celui qui les a faites, sans que cependant il soit défendu à quiconque de faire une autre traduction, du moment bien entendu que l'ouvrage est tombé dans le domaine public. (Cass. 23 juill. 1824.)

Les articles de journaux et de feuilles périodiques constituent une propriété littéraire, lorsque le dépôt a eu lieu conformément à la loi; et la reproduction peut être poursuivie. (Cass. 29 oct. 1850.— Rouen, 13 déc. 1859.) Mais les dépêches télégraphiques portant à la connaissance du public des nouvelles politiques, scientifiques ou littéraires ne doivent pas être considérées comme des œuvres de l'esprit garanties par la loi de 1793 sur la propriété littéraire ; elles peuvent être reproduites textuellement par tout journal, du moment qu'on n'en a pas, par une concurrence déloyale, avancé ou retardé le tirage afin de profiter gratuitement de ces dépêches. Il en est de même des prix-courants livrés par les courtiers à la publicité par la voie de la presse. (Cass. 12 août 1843. — 8 août 1861.)

Le titre d'un ouvrage ne constitue une propriété qu'autant qu'il ne peut s'appliquer par sa spécialité qu'à l'ouvrage pour lequel il a été adopté; mais un titre général, tel qu'encyclopédie, bibliographie universelle, peut être repris par tout le monde. (Paris, 8 oct. 1855.) — Au contraire, le titre d'un journal politique ou littéraire est une propriété quelle que soit la généralité de la désignation : *la Mode, les Petites Affiches, la Gazette médicale.* (Paris, 1er février 1854.)

Les lois, décrets et règlements, peuvent être publiés par tout le monde; une ordonnance du 12 janvier 1820 a abrogé celle du 28 décembre 1814, qui donnait à l'imprimerie impériale un droit exclusif. Toutefois, ils ne sont dans le domaine public qu'à partir de la publication dans le bulletin des lois; un décret du 6 juillet 1810, qu'on considère généralement comme étant encore en vigueur, défend de les imprimer et débiter avant cette époque.— Les décisions judiciaires peuvent être publiées librement.

La constitution ne peut plus être discutée, depuis le sénatus-consulte du 18 juillet 1866 que dans des ouvrages non périodiques ayant au moins dix feuilles d'impression (1).

Lorsque les œuvres littéraires n'ont pas été publiées par l'auteur, plusieurs distinctions sont nécessaires relativement à son droit de propriété.

D'abord en ce qui concerne les discours prononcés aux Chambres législatives, le sénatus-consulte du 2 février 1861 en règle la publication par les journaux; ils ne peuvent publier une partie seulement des séances lorsqu'elles portent sur un même projet ou une même pétition (2); le décret du 5 février suivant ne

(1)   SÉNATUS-CONSULTE DU 18 JUILLET 1866
                    qui modifie la Constitution.

ART. 1er. La Constitution ne peut être discutée par aucun pouvoir public autre que le Sénat, procédant dans les formes qu'elle détermine.

Une pétition ayant pour objet une modification quelconque ou une interprétation de la Constitution ne peut être rapportée en séance générale que si l'examen en a été autorisé par trois au moins des cinq bureaux du Sénat.

ART. 2. Est interdite toute discussion ayant pour objet la critique sur la modification de la Constitution, et publiée ou reproduite soit par la presse périodique, soit par des affiches, soit par des écrits non périodiques des dimensions déterminées par le paragraphe 1er de l'article 9 du décret du 17 février 1852.

Les pétitions ayant pour objet une modification ou une interprétation de la Constitution ne peuvent être rendues publiques que par la publication du compte rendu officiel de la séance dans laquelle elles ont été rapportées.

Toute infraction aux prescriptions du présent article constitue une contravention punie d'une amende de 500 à 10,000 fr...

(2)   SÉNATUS CONSULTE DU 2 FÉVRIER 1861
                    qui modifie l'art. 42 de la Constitution.

ARTICLE UNIQUE. — L'art. 42 de la Constitution est modifié ainsi qu'il suit : Les débats des séances du Sénat et du Corps législatif sont reproduits par la sténographie et insérés *in-extenso* dans le journal officiel du lendemain. — En outre les *comptes-rendus* de ces séances, rédigés par des secrétaires-rédacteurs placés sous l'autorité du président de chaque assemblée, sont mis chaque soir à la disposition de tous les journaux.

Le compte-rendu des séances du Sénat et du Corps législatif par les journaux ou tout autre moyen de publication ne consistera que dans la reproduction des débats insérés *in-extenso* dans le journal officiel ou du compte-rendu rédigé sous l'autorité du président conformément aux paragraphes précédents. — Néanmoins lorsque plusieurs projets ou pétitions auront été discutés dans une séance, il sera permis de ne reproduire que les débats relatifs à un seul de ces projets ou à une seule de ces pétitions. Dans ce cas si la discussion se prolonge pendant plusieurs séances la publication devra être continuée jusqu'au vote et y compris le vote.

Le Sénat sur la demande de cinq membres pourra décider qu'il se forme en comité secret.

L'art. 13 du Sénatus-consulte du 25 décembre 1852 est abrogé en ce qu'il a de contraire au présent Sénatus-consulte.

permet qu'aux auteurs de ces discours de les imprimer séparément, et après autorisation de la Chambre ; ils en conservent donc la propriété, et des tiers ne pourraient les publier sans tomber sous l'application de l'art. 89 de ce décret (1).

Les autres discours et les sermons, quoique prononcés dans un lieu public, ne peuvent être publiés sans le consentement de l'auteur, ils restent sa propriété. (Lyon, 17 juillet 1845.) Un professeur, bien que rétribué par l'État, a un droit de propriété sur les leçons publiques qu'il fait ; en conséquence il peut s'opposer à ce que son cours soit imprimé par un tiers ; mais s'il ne s'est pas opposé à la publication de la première partie du cours, il ne peut empêcher que l'ouvrage ne soit continué. (Paris, 18 juin 1840). En ce qui concerne les plaidoyers, la question n'a pas encore été soulevée devant les tribunaux ; il ne manque cependant pas de Cicerons qui pourraient faire de beaux recueils de leurs plaidoiries ; je crois du reste que le plaidoyer devrait appartenir à la partie et non à l'avocat.

L'auteur d'un discours ou d'un sermon non publié n'est pas obligé d'en déposer le manuscrit pour pouvoir poursuivre ceux qui le publient sans son autorisation. (Lyon, 17 juillet 1845.)

Aux termes du décret du 1ᵉʳ germinal an XIII (2), les propriétaires de manuscrits non publiés par l'auteur avant son décès

---

(1) DÉCRET IMPÉRIAL DU 3 FÉVRIER 1864,

portant règlement des rapports du Sénat et du Corps législatif avec l'Empereur et le conseil d'État, et établissant les conditions organiques de leurs travaux.

Art. 89. — Tout membre peut faire imprimer et distribuer à ses frais le discours qu'il aura prononcé et qui aura été reproduit par la sténographie officielle, après en avoir obtenu l'autorisation d'une commission composée du président du Corps législatif et des présidents de chaque bureau. Cette autorisation doit être approuvée par le Corps législatif. — L'impression et la distribution, faites en contravention des dispositions qui précèdent, seront punies d'une amende de 500 fr. à 5,000 fr. contre les imprimeurs et de 5 fr. à 500 fr. contre les distributeurs.

(2) DÉCRET DU 1ᵉʳ GERMINAL AN XIII (22 MARS 1805),

concernant les droits des propriétaires d'ouvrages posthumes.

ARTICLE UNIQUE. Les propriétaires par succession, ou à autres titres, d'un ouvrage posthume ont les mêmes droits que l'auteur ; et les dispositions sur la propriété exclusive des auteurs et sur la durée leur sont applicables ; toutefois à la charge d'imprimer séparément les œuvres posthumes et sans les joindre à une nouvelle édition des ouvrages déjà publiés et devenus propriété publique.

peuvent les faire imprimer, et en sont propriétaires, comme le
serait l'auteur lui-même ; mais si d'autres ouvrages de l'auteur
décédé sont déjà tombés dans le domaine public, ils doivent, à
peine de déchéance, ne pas réunir à ces derniers la publication
posthume. Si toutefois la publication posthume n'était possible
qu'en y comprenant d'autres œuvres tombées dans le domaine
public, la déchéance ne serait pas encourue ; si donc une œuvre
avait été publiée par fragments, il est utile que l'œuvre posthume
ne soit pas mutilée par le retranchement des fragments antérieurement publiés. (Cass., 31 mars 1858.) Le décret du 1er germinal an XIII ne peut être invoqué que par ceux qui sont propriétaires du manuscrit par succession ou à tout autre titre. La
possession d'une simple copie du manuscrit ne saurait être assimilée à une propriété. (Trib. Seine, 10 décembre 1862.)

Quant aux manuscrits existant aux archives ou dans les
bibliothèques publiques, le décret du 20 février 1809 (1) en
attribue la propriété à l'État et on ne peut les publier sans autorisation ministérielle : ce décret parle aussi des bibliothèques
communales, mais cette disposition doit être considérée comme
abrogée.

Les lettres missives de correspondance intime ne sont pas la
propriété de celui qui les a reçues, en ce sens qu'il ne peut les
publier sans le consentement de l'auteur, et, après la mort de ce
dernier, sans le consentement de ses héritiers ; quand bien

---

(1)   DÉCRET DU 20 FÉVRIER 1809,

concernant les manuscrits des bibliothèques et autres établissements publics.

ART. 1er. Les manuscrits des archives de notre ministère des relations extérieures et
ceux des bibliothèques impériales départementales et communales, ou des établissements
de notre empire, soit que ces manuscrits existent dans les dépôts auxquels ils appartiennent, soit qu'ils en aient été soustraits, ou que leurs minutes n'y aient pas été déposées aux termes des anciens règlements, sont la propriété de l'État et ne peuvent être
imprimés et publiés sans autorisation.

ART. 2. Cette autorisation sera donnée par notre ministre des relations extérieures
pour la publication des ouvrages dans lesquels se trouveront des copies, extraits ou citations des manuscrits qui appartiennent aux archives de son ministère, et par notre ministre de l'intérieur pour celle des ouvrages dans lesquels se trouveront des copies,
extraits ou citations de manuscrits qui appartiennent à l'un des autres établissements
publics mentionnés dans l'article précédent.

même l'intérêt littéraire ou historique en justifierait la publication. (Paris, 10 décembre 1850.)

Les articles insérés dans un journal ne sont pas considérés comme cédés par l'auteur, qui conserve seul le droit de les recueillir en un corps d'ouvrage. (Trib. Seine, 2 janv. 1834.)

La propriété littéraire n'est pas soumise à l'expropriation pour cause d'utilité publique; ainsi un ouvrage ne peut pas être réimprimé sans le consentement de l'auteur, sous prétexte que l'État aurait autorisé la nouvelle publication dans un but d'utilité publique. (Cass., 3 mars 1826.) Mais l'État peut traiter avec les auteurs en ce qui concerne les livres élémentaires conformément à la loi du 10 fructidor an IV (1).

La publication des livres d'église est régie par un décret spécial du 7 germinal an XIII (2); l'impression ne peut avoir lieu qu'avec permission de l'évêque diocésain, et cette autorisation doit être reproduite en tête du livre ; on a pensé qu'il était utile de ne point permettre d'exposer les doctrines d'une religion sans qu'on pût les contrôler. Cette nécessité de l'autorisation ne doit pas être restreinte aux ouvrages composés par l'évêque,

(1)   LOI DU 10 FRUCTIDOR AN IV (27 AOUT 1795)
Concernant l'impression des ouvrages adoptés comme livres élémentaires.

ART. 1er. — Les auteurs des ouvrages adoptés comme livres élémentaires, et leurs héritiers ou cessionnaires, sont maintenus dans le droit exclusif que tout auteur d'écrits a de les faire imprimer, vendre, distribuer conformément aux dispositions de la loi du 19 juillet 1793.

ART. 2. — Le directoire exécutif est autorisé à traiter pour le nombre de mille exemplaires avec lesdits auteurs, leurs héritiers ou cessionnaires qui auront fait imprimer leurs ouvrages.

ART. 3. — Les ouvrages élémentaires, dont les auteurs ou leurs cessionnaires auront déclaré qu'ils ne veulent ou ne peuvent en faire l'édition, seront imprimés aux frais et à l'imprimerie de la République.

(2)   DÉCRET DU 7 GERM. AN XIII (28 MARS 1803)
Sur l'impression des livres d'église.

ART. 1. — Les livres d'église, les heures et prières ne pourront être imprimés ou réimprimés que d'après la permission donnée par les évêques diocésains; laquelle permission sera textuellement rapportée et réimprimée en tête de chaque exemplaire.

ART. 2. — Les imprimeurs-libraires qui feraient imprimer, réimprimer des livres d'église, des heures ou prières sans avoir obtenu cette permission seront poursuivis conformément à la loi du 19 juillet 1793.

tels que catéchismes, mandements, etc., elle doit s'étendre à tout ouvrage de doctrine : paroissiens, eucologes, sainte-quarantaine. (Cass., 9 juin 1845.) Elle doit être donnée pour chaque édition, et, de ce qu'un éditeur a reçu une autorisation, il ne s'ensuit pas qu'un autre puisse publier le même ouvrage sans nouvelle permission. (Cass., 5 juin 1847.)

La propriété littéraire existe en France pour les auteurs étrangers aussi bien que pour les auteurs français depuis le décret du 28 mars 1852; (1) les veuves et les ayants-cause de l'étranger peuvent également l'invoquer. (Cass., 20 août 1852.)

Cession. — La cession, même sans réserve, d'un ouvrage sur lequel l'auteur a apposé son nom ne donne pas au cessionnaire le droit d'en disposer de la manière la plus absolue, par exemple d'y faire des changements, additions ou suppressions susceptibles d'en altérer la forme et la valeur. (Paris, 14 août 1860. — Bordeaux, 1864.)

L'auteur, qui a cédé le droit de publier une édition d'un de ses ouvrages, ne peut en publier une nouvelle avant que la première ne soit épuisée. (Cass. 22 février 1847.)

Si l'auteur d'un ouvrage littéraire en a cédé la propriété à un tiers, la durée du droit du cessionnaire est réglée par la législation existant au moment de la cession sur la durée des droits de l'auteur et de ses héritiers. Si donc, pendant la jouissance du cessionnaire, une loi nouvelle vient prolonger la durée du privilège des héritiers de l'auteur, ces héritiers profiteront seuls de cette augmentation à l'exclusion du cessionnaire. (Paris, 12 juillet 1852.)

Contrefaçon. — La contrefaçon est un délit, et non une contravention ; l'amende ne peut donc être appliquée que si l'intention de nuire existe ; le délinquant peut arguer de sa bonne foi (Colmar, 26 fév. 1840.), mais c'est à lui à la prouver. (Cass. 24 mai 1855.)

On peut, dans un ouvrage, faire des citations de passages d'autres auteurs; pour que les emprunts aient le caractère de contrefaçon, il faut qu'ils soient importants et notables; c'est

---

(1) Voir le tableau des lois françaises, page 21.

aux juges à apprécier. (Cass. 24 mai 1855.) Ainsi un dictionnaire constitue une propriété privée lorsque la définition des
mots, qui le composent, est accompagnée de développements
spéciaux, et c'est commettre le délit de contrefaçon que d'en
emprunter une partie notable. (Trib. Seine, 16 août 1864.)

On commet le délit de contrefaçon lorsqu'on publie un abrégé
d'un ouvrage, à moins que cet abrégé ne contienne des idées nouvelles et de nombreuses observations, propres à l'abréviateur.
(Trib. Seine, 4 janv. 1826.)

La traduction d'un ouvrage en langue étrangère est un délit
de contrefaçon (Paris, 17 juillet 1847); la plupart des traités
internationaux règlent cette question d'une façon spéciale pour
les cas où la traduction est publiée dans un autre pays que
l'œuvre originale (1).

Le délit de contrefaçon en matière d'œuvres littéraires se prescrit par trois ans, alors même que le contrefacteur n'a pas effectué le dépôt préalable voulu par la loi (Cass. 12 mars 1858);
cette prescription ne court qu'à partir de la publication de l'ouvrage contrefait. Le débit d'ouvrages contrefaits constitue un
délit distinct de celui résultant de la contrefaçon même. (Cass.,
11 août 1862.)

Le détenteur d'un manuscrit, du moment qu'il le possède légi-
timement, peut poursuivre les contrefacteurs, et on n'est pas
recevable à lui opposer qu'il n'est pas le représentant de l'auteur.
(Paris, 3 février 1857.)

C'est à l'éditeur, qui se plaint de la contrefaçon, à prouver son
droit exclusif. (Trib. Seine, 4 décembre 1863.) Mais il n'a point
besoin, pour poursuivre, de justifier par écrit de la cession ; en
conséquence il peut agir en vertu d'un titre sous seing-privé non
enregistré. (Cass. 27 mars 1855.)

Le ministère public peut poursuivre d'office sans plainte de la
partie lésée, contrairement à ce qui a lieu en matière de brevet
d'invention ; il peut même requérir la peine après que le plai-
gnant s'est désisté. (Trib. Seine, 18 nov. 1851.)

_____

(1) Voir le chapitre V et l'appendice.

Dépôt. — Les modifications apportées à l'art. 6 de la loi de 1793 par le décret de 1810, les lois de 1814 et de 1828 (1), ont fait naître la question de savoir si, pour pouvoir poursuivre les contrefacteurs, les auteurs sont obligés de faire encore, conformément à la loi de 1793, le dépôt de deux exemplaires en sus de celui fait par l'imprimeur conformément à l'ordonnance de 1828. On décide généralement que le dépôt fait par l'imprimeur de deux exemplaires est suffisant. L'imprimeur est censé être l'intermédiaire de l'auteur et déposer en son lieu et place. (Cassation 1ᵉʳ mars 1834.)

Les journaux, revues, écrits périodiques ou non périodiques, traitant de matières politiques ou d'économie sociale, sont en outre soumis à un droit de timbre par chaque feuille d'impression de chaque exemplaire; la contravention est punie d'une amende prononcée par les tribunaux correctionnels. (Décrets de 1852) (2).

(1) Voir le tableau des lois françaises, pages 20 et 21.

(2)   DÉCRET DU 17 FÉVRIER 1852
organique sur la presse.

ART. 6. — Les journaux ou écrits périodiques et les recueils périodiques de gravures ou lithographies politiques de moins de dix feuilles de vingt-cinq à trente-deux décimètres carrés, ou de moins de cinq feuilles de cinquante à soixante-douze centimètres carrés, seront soumis au droit de timbre...

ART. 9. — Les écrits non périodiques, traitant de matières politiques ou d'économie sociale, qui ne sont pas actuellement en cours de publication, ou qui, antérieurement à la présente loi, ne sont pas tombés dans le domaine public, s'ils sont publiés en une ou plusieurs livraisons ayant moins de dix feuilles d'impression de vingt-cinq à trente-deux décimètres carrés, seront soumis à un droit de timbre de cinq centimes par feuille. — Il sera perçu un centime et demi par chaque fraction en sus de dix décimètres carrés et au-dessous.

Cette disposition est applicable aux écrits non périodiques publiés à l'étranger. Ils seront à l'importation soumis aux droits de timbre fixés pour ceux publiés en France.

DÉCRET DU 28 MARS — 2 AVRIL 1852
qui exempte du droit de timbre certains écrits.

ART. 1ᵉʳ. — Sont exempts du droit de timbre les journaux et écrits, périodiques et non périodiques, exclusivement relatifs aux lettres, aux sciences, aux arts et à l'agriculture.

ART. 2. — Ceux de ces journaux qui, même accidentellement, s'occuperaient de matières politiques ou d'économie sociale, seront considérés comme étant en contravention aux dispositions du décret du 17 février 1852, et seront passibles des peines établies par les articles 5 et 11 de ce décret.

Mais, pour que l'auteur puisse poursuivre en contrefaçon ceux qui ont reproduit son ouvrage, il faut que le dépôt en ait été fait par l'imprimeur, ou par lui, avant cette reproduction ; il est trop tard de ne le faire qu'avant la plainte. (Paris, 1er mars 1834.)

Il en est ainsi même lorsqu'il s'agit d'un feuilleton publié dans un journal ; le dépôt du journal au Parquet, exigé pour les écrits périodiques, n'est pas suffisant ; ce n'est qu'une mesure de police ; pour que la propriété du feuilleton soit conservée il faut que le dépôt de deux exemplaires à la bibliothèque impériale soit en outre effectué. (Paris, 27 août 1842.)

Quant à la prescription de l'action, puisqu'il s'agit d'une peine correctionnelle, elle est de trois ans conformément à l'article 638 du Code d'instruction criminelle ; mais le point de départ du délai n'est point indiqué ; ce doit être le dépôt, et non la mise en vente, car l'ouvrage déposé est censé publié.

ŒUVRES DRAMATIQUES ET MUSICALES.

Nature du droit. — Il faut distinguer la représentation de la publication.

La publication n'emporte point déchéance du droit de représentation ; la réciproque est vraie depuis que la loi du 1er septembre 1793 a abrogé celle du 19 juillet-30 août 1792, qui exigeait réserve expresse du droit de publication de la part des auteurs qui vendaient le droit de représentation.

Les œuvres dramatiques ne sont plus régies, quant à la durée du droit, par la loi des 13 janv.-19 juillet 1791, mais par les lois de 1793 et de 1866 (1), tant en ce qui concerne le droit de publication qu'en ce qui concerne le droit de représentation.

En ce qui concerne la publication :

Les œuvres dramatiques ou musicales sont assimilées aux œuvres littéraires. Les œuvres dramatiques posthumes ne

_____
(1) Voir le tableau des lois françaises, pages 18 et 19.

peuvent, aux termes du décret du 8 juin 1806, art. 12 (1), être réunies aux autres œuvres de l'auteur tombées dans le domaine public, à peine de déchéance, conformément au décret du 1er germinal an XIII cité plus haut.

Il faut décider de même pour les manuscrits de compositions musicales non publiés par le compositeur pendant sa vie; le décret du 1er germinal an XIII doit encore recevoir ici son application, car il parle des ouvrages en général; il faut donc publier à part sous peine de déchéance.

Les exercices de musique, combinés par un auteur de méthode pour préparer les élèves et leur faciliter cette étude, sont susceptibles d'une propriété privative, comme toute autre œuvre de l'esprit, sans qu'on puisse objecter que les principes de l'art musical appartiennent au domaine public. (Cass., 11 juillet 1862.)

En ce qui concerne le droit de représentation :

Ce droit porte sur la mise en scène et l'exécution des œuvres composées surtout pour être entendues : pièces de théâtre, opéras, compositions musicales de chant ou d'instrument. Les auteurs peuvent exiger le prix qu'ils jugent convenable. (Déc. 8 juin 1806) (2).

Pour le théâtre français le montant en est réglé par un décret daté de Moscou du 15 octobre 1812 (art. 72).

L'autorisation de l'auteur est nécessaire alors même qu'il s'agit de romances ou chansonnettes. (Lyon 7 janv. 1832.) Elle l'est également quand bien même on n'exécuterait que des fragments de l'œuvre musicale arrangés pour la circonstance. (Paris,

---

(1)   DÉCRET DU 8 JUIN 1806,
                       concernant les théâtres.

ART. 12. Les propriétaires d'ouvrages dramatiques posthumes ont les mêmes droits que les auteurs, et les dispositions sur la propriété des auteurs et sa durée leur sont applicables, ainsi qu'il est dit au décret du 1er germinal an XIII. (Voir p. 25.)

(2)   DÉCRET DU 8 JUIN 1806,
                       concernant les théâtres.

Art. 10. — Les auteurs et les entrepreneurs seront libres de déterminer entre eux, par des conventions mutuelles, les rétributions dues aux premiers par somme fixe ou autrement.

12 juillet 1855.) L'exécution dans un café-concert des œuvres musicales d'un auteur vivant, sans le consentement par écrit de ce dernier, constitue le délit de contrefaçon puni par l'art. 3 de la loi des 15-19 janvier 1791 et l'art. 428 du Code pénal, encore bien que le contrevenant ait offert préalablement d'acquitter les droits dus à l'auteur; il ne peut être suppléé au consentement exigé par la loi, quand surtout l'auteur a déclaré s'opposer à toute exécution. (Toulouse, 17 nov. 1862. — Cassation, 11 mai 1860.) Il en est de même des concerts organisés dans un établissement d'eaux thermales. (Cassation, 19 mai 1859.) Aussi les directeurs de concerts publics sont-ils tenus d'indiquer dans leurs affiches les noms des compositeurs, concernant les morceaux de musique qu'ils annoncent. (Paris, 16 fév. 1836.)

Mais il n'y a pas représentation publique s'il s'agit d'un concert donné par une société chorale ou philharmonique en présence de quelques personnes nominativement invitées et ne payant aucune rétribution. (Cass., 7 août 1863.) La question de savoir s'il y a eu publicité est laissée à l'appréciation des juges.

La cour de cassation décidait que l'auteur pouvait empêcher l'audition de son œuvre, quoique pour la faire entendre les instruments employés fussent des orgues mécaniques; l'article 425 du Code pénal, qui punit la contrefaçon de toute édition imprimée ou gravée, était considéré comme n'étant qu'énonciatif. (Cassation, 13 février 1863.) Mais une loi nouvelle du 16 mai 1866 a tranché la question en sens contraire (1).

Les auteurs de toutes compositions musicales sont fondés à s'opposer à ce que les airs par eux composés (romances, chansonnettes, mélodies), soient appliqués à des couplets de vaudeville et autres pièces de théâtre. (Paris, 11 avril 1853.)

L'œuvre, qui se compose de paroles et de musique (opéras,

(1)   LOI DU 16 MAI 1866
relative aux instruments de musique mécaniques.

ARTICLE UNIQUE. — La fabrication et la vente des instruments servant à reproduire mécaniquement des airs de musique, qui sont du domaine privé, ne constituent pas le fait de contrefaçon musicale prévu et puni par la loi du 19 juillet 1793 combinée avec les articles 425 et suivants du Code pénal.

romances) d'auteurs différents, constitue une œuvre commune, et, en cas de décès de l'un des auteurs, le consentement de l'autre est nécessaire pour l'exécution. (Paris, 12 juillet 1855.)

Un pas de ballet composé de diverses danses nationales de différents pays, mais combinés de manière à faire une composition particulière et distincte, constitue une propriété artistique. (Trib. Seine, 11 juillet 1862.)

Cession. — L'auteur, qui cède à un entrepreneur de théâtre le droit exclusif de représenter sa pièce, ne perd pas celui de la publier; de même la cession à un éditeur du droit de publication ne prive pas l'auteur des droits relatifs à la représentation.

Contrefaçon. — La représentation d'un opéra français, dont les paroles ont été traduites en langue étrangère, ne peut avoir lieu en France, sans l'autorisation de l'auteur des paroles et de l'auteur de la musique (Cassation, 12 janv. 1855.) Mais il n'en est pas de même s'il s'agit d'un ouvrage étranger; le décret du 28 mars 1852 (1), qui interdit la contrefaçon en France des ouvrages publiés à l'étranger, ne s'applique pas à la représentation des œuvres théâtrales; et l'auteur dramatique étranger, dont les œuvres ont été publiées à l'étranger, ne peut en interdire la représentation en France. (Cass. 14 décembre 1857.)

Dépôt. — Les œuvres dramatiques publiées sont soumises au dépôt comme les œuvres littéraires; il en est de même des œuvres musicales avec texte. (Trib. de la Seine, 10 mars 1840.) Quant à la musique sans texte, la jurisprudence n'a point encore eu à résoudre la question, le dépôt étant effectué dans la pratique.

Le dépôt n'est exigé que pour la publication, et non pour la représentation; aussi les auteurs ou compositeurs d'œuvres musicales peuvent empêcher la représentation ou l'exécution de leurs ouvrages, sans en avoir préalablement opéré le dépôt prescrit par l'art. 6 de la loi de 1793; ce dépôt n'est nécessaire qu'en cas de poursuite en contrefaçon par voie d'impression. (Cassation 24 juin 1852.)

---

(1) Voir le tableau des lois françaises, page 21.

Avant d'être représentées, les œuvres dramatiques sont examinées par la censure. (Décret du 6 janvier 1864, art. 3.) (1) Quel sera l'effet de la prescription de l'action, qui, comme on le sait, est de trois ans aux termes des articles 637 et 638 du Code d'inst. crim.? Il a été jugé qu'elle n'avait pas seulement pour effet de couvrir le passé, mais qu'elle protégeait les représentations futures qui auraient lieu après les trois années (Paris, 24 février 1855), que même le contrefacteur non poursuivi pouvait céder à un autre directeur de théâtre le droit qu'il aurait ainsi acquis par prescription (Paris, 13 nov. 1855); il vaut mieux décider que chaque représentation constitue un délit distinct; et que le contrefacteur ne prescrit pas le droit de repré-

---

(1)   DÉCRET IMPÉRIAL DES 6-18 JANVIER 1864

relatif à la liberté des théâtres.

ARTICLE PREMIER. — Tout individu peut faire construire et exploiter un théâtre, à la charge de faire une déclaration au ministère de notre Maison et des Beaux-Arts, et à la préfecture dans les départements. — Les théâtres qui paraîtront plus spécialement dignes d'encouragements pourront être subventionnés soit par l'État, soit par les communes.

ART. 2. — Les entrepreneurs de théâtre devront se conformer aux ordonnances, décrets et règlements pour tout ce qui concerne l'ordre, la sécurité et la salubrité publics. — Continueront d'être exécutées les lois existantes sur la police et la fermeture des théâtres, ainsi que sur la redevance établie au profit des pauvres et des hospices.

ART. 3. — Toute œuvre dramatique, avant d'être représentée, devra, aux termes du décret du 30 décembre 1852, être examinée et autorisée par le ministère de notre Maison et des Beaux-Arts pour les théâtres de Paris, par les préfets pour les théâtres des départements. — Cette autorisation pourra toujours être retirée pour des motifs d'ordre public.

ART. 4. — Les ouvrages dramatiques de tous les genres, y compris les pièces entrées dans le domaine public, pourront être représentés sur tous les théâtres.

ART. 5. — Les théâtres d'acteurs enfants continueront d'être interdits.

ART. 6. — Les spectacles de curiosités, de marionnettes, les cafés dits cafés-chantants, cafés-concerts et autres établissements du même genre, restent soumis aux règlements présentement en vigueur. — Toutefois ces divers établissements seront désormais affranchis de la redevance établie par l'article 11 de l'ordonnance du 8 décembre 1824 en faveur des directeurs des départements, et ils n'auront à supporter aucun prélèvement autre que la redevance au profit des pauvres ou des hospices.

ART. 7. — Les directeurs actuels des théâtres, autres que les théâtres subventionnés, sont et demeurent affranchis envers l'administration de toutes les clauses et conditions de leurs cahiers des charges en tant qu'elles sont contraires au présent décret.

ART. 8. — Sont abrogées toutes les dispositions des décrets, ordonnances et règlements antérieurs, dans ce qu'elles ont de contraire au présent décret.

senter, mais le droit de ne pas être poursuivi, pour un fait
accompli ; c'est du reste en ce sens qu'a jugé la Cour de Paris
le 30 janvier 1863 relativement à la *Sonnambula,* à *l'Elisire
d'amore* et au *Ballo in Maschera.*

OEUVRES D'ART (PEINTURE, SCULPTURE, GRAVURE, PHOTOGRAPHIE).

Nature du droit. — Une gravure constitue une propriété
privée indépendante de celle du tableau d'après lequel elle a été
faite, et elle ne peut être reproduite par des procédés photo-
graphiques tant qu'elle n'est pas tombée dans le domaine public.
(Paris, 21 mars 1863.)

Les architectes ont la propriété des dessins des bâtiments
qu'ils ont construits ; ils peuvent, non seulement en prohiber la
copie, mais empêcher dans certains cas qu'un bâtiment, semblable à celui qu'ils ont fait, ne soit construit postérieurement.
C'est aux juges à apprécier l'importance de la construction et
la similitude des deux édifices. (Paris, 5 juin 1855.)

On peut reproduire par la photographie les œuvres tombées
dans le domaine public. (Trib. Seine, 4 déc. 1865.)

Si la photographie ne constitue pas absolument une œuvre
d'art, cependant un dessin photographique peut avoir ce caractère et constituer ainsi une propriété artistique, protégée contre
la contrefaçon, lorsqu'on y voit un produit de la pensée, de
l'esprit, du goût et de l'intelligence de l'opérateur ; c'est aux
juges à apprécier. (Paris, 6 mai 1864.) En tous cas les portraits
photographiés appartiennent à celui dont on a reproduit l'image
et non au photographe. (Cass. 28 nov. 1862.) Toutefois le silence
du premier fait présumer une renonciation de sa part, et le photographe peut alors empêcher les tiers de faire toute reproduction. (Cass. 15 janv. 1864.)

Cession. — Celui qui a acheté un tableau a le droit de le
faire graver et le peintre ne peut revendiquer ce droit de reproduction (Cass. ch. réun. 27 mai 1842) ; en un mot l'artiste, qui
aliène le fruit de son travail, cède en même temps à l'acquéreur
le droit accessoire de reproduction de la chose aliénée. (Paris,

5 juin 1855.) La question n'a pas encore été jugée en ce qui concerne la sculpture, mais il faudrait la résoudre de la même façon.

Contrefaçon. — La reproduction soit par la sculpture, soit par la peinture sur porcelaine, soit en bronze, soit sur canevas à l'aiguille, d'un tableau ou d'une gravure appartenant à autrui constitue le délit de contrefaçon (Paris, 20 avril et 2 mars 1843. Cass. 21 juillet 1865.), à moins que l'on n'ait fait les copies que pour son propre usage sans intention de les vendre.

On peut copier ou reproduire les modèles de pendules tombés dans le domaine public, mais nul n'a le droit de surmouler les copies exécutées par d'autres fabricants, alors surtout que ces copies ont reçu certaines modifications qui en font, jusqu'à un certain point, une œuvre particulière. (Trib. Seine, 22 mars 1864.)

Il y a contrefaçon dans le fait de reproduire sur porcelaine des peintures constituant une propriété privée, alors même qu'on n'en reproduirait que le dessin sans les couleurs. (Paris, 3 mars 1865.)

Il appartient également aux juges du fait de décider souverainement s'il y a œuvre d'art dans le sens de la loi de 1793, en ce qui concerne la reproduction par certains appareils d'un ouvrage de sculpture. (Cassation 16 mai 1862.)

La reproduction par le moyen de la photographie d'objets d'art ou œuvres de sculpture dans le but de vendre les épreuves constitue le délit de contrefaçon. (Paris, 16 février 1854.)

Les éditeurs d'objets de sculpture ne sont pas tenus, pour la conservation de leur droit de propriété, d'inscrire le nom de l'auteur, ou d'apposer leur cachet sur les exemplaires qu'ils livrent au commerce. (Orléans, 1er avril 1857.)

Dépôt. — Un dépôt de trois épreuves des gravures et lithographies est exigé en vertu des lois de 1793 et 1828; il faut en outre, pour obtenir l'autorisation de la police conformément au décret du 17-23 février 1852 (1), présenter une quatrième épreuve à la préfecture de police pour Paris et à la préfecture pour les départements.

(1) Voir pages 20 et 21.

Pour être investis du droit de poursuivre les contrefacteurs des œuvres de sculpture, les artistes ne sont pas obligés de faire le dépôt d'exemplaires à la bibliothèque impériale (Cassation 21 juillet 1855) ce dépôt n'étant exigé que pour les ouvrages de littérature et de gravure. (Paris, 6 juin 1861.)

Il en est de même de tous autres ouvrages d'art exécutés sur métaux, marbre, ivoire, bois. (Paris, 9 fév. 1832.)

CHAPITRE IV.

Des législations étrangères.

—

C'est seulement depuis environ cinquante ans que la plupart des nations civilisées ont commencé à régler le droit de reproduction des œuvres littéraires et des œuvres artistiques; elles se sont aussi occupées des œuvres dramatiques ou musicales, tant au point de vue de la publication qu'au point de vue de la représentation. Les solutions, auxquelles ces questions ont donné lieu, sont diverses, et parfois opposées entre elles; il est non seulement curieux, mais encore utile, de les grouper et de les comparer, afin de pouvoir mieux apprécier les différents points de vue sous lesquels on peut se placer relativement à une même question.

Les lois les plus nouvelles sont celles de Bavière du 28 juin 1865, d'Italie du 25 juin 1865, de Danemark du 31 mars 1864 et du 23 février 1866; plusieurs autres lois, quoique plus anciennes, sont également importantes, ce sont celles d'Espagne, d'Angleterre, d'Autriche, de Prusse, de Portugal et de Russie, et il faut avouer qu'elles sont plus complètes que la loi française, qui, comme nous l'avons vu, laisse à la jurisprudence le soin de résoudre presque toutes les questions.

La plupart des législations emploient le nom de *propriété littéraire et artistique* pour désigner les droits dont il s'agit; l'Angleterre les désigne sous le nom de *droits de copie* et la Hollande sous celui de *droits de reproduction;* en France l'ancienne formule vient d'être abandonnée pour adopter celle de *droits d'auteur* (1).

Œuvres littéraires. — Il faut noter d'abord qu'aucune

1) Voir loi de 1866, page 19.

nation n'a adopté le système de la perpétuité; et ensuite que
toutes en Europe ont laissé à l'auteur un droit exclusif pendant
sa vie; la cession du droit n'est prohibée nulle part, elle est
même souvent expressément accordée.

Pour les héritiers le délai varie dans des proportions assez notables, mais on ne distingue guères, pour en régler la durée, entre
les diverses classes d'héritiers, descendants, ascendants ou collatéraux. Du reste dans aucun pays on ne sort en cette matière
du droit commun tel qu'il est établi relativement aux successions et aux droits des conjoints; ainsi le conjoint survivant n'a
pas de droit de survie au détriment des autres héritiers, si la loi
du pays ne lui en accorde pas en toute autre matière. C'est un
point qu'il est bon de remarquer puisque la loi française de 1866
accorde au conjoint survivant un droit viager ou de préférence,
et déroge au droit commun dans ce cas spécial.

Le délai pour les héritiers est en Espagne et en Russie,
comme en France, de 50 ans à partir du décès de l'auteur; —
en Italie de 40 ans; — en Autriche, en Allemagne, à Bade, en
Hollande, en Prusse, en Portugal, en Wurtemberg, en Saxe, en
Hanovre, en Bavière, en Suisse de 30 ans; — en Belgique, en
Danemark, en Suède de 20 ans; — en Grèce de 15 ans; — à
Venezuéla de 14 ans; — à Rome de 12 ans; — au Mexique de
10 ans; — au Chili de 5 ans; — en Turquie le droit s'éteint
avec la mort de l'auteur.

L'Angleterre, l'Italie, la Russie, la Suède, les États-Unis et la
Suisse méritent sur ce point une mention particulière, parce que
ces États ont inauguré des systèmes spéciaux. — La législation
anglaise accorde 7 ans aux héritiers; mais si, à la fin de cette
période de 7 ans, il n'y a pas 42 ans écoulés depuis la première
publication, les héritiers conservent le droit jusqu'à ce que
cette période soit terminée; ils ont donc 7 ans au moins, 42 ans
au plus, suivant les circonstances. — En Italie deux périodes
sont également distinguées mais avec plus de complications. Si
l'auteur a vécu moins de 40 ans depuis la première publication,
les héritiers conservent le droit jusqu'à la fin de cette période;
puis ils ont encore pendant 40 autres années, quoique l'ouvrage

soit tombé dans le domaine public, un droit de 5 %, sur le prix fort de chaque exemplaire. Si au contraire l'auteur a vécu plus de 40 ans, l'ouvrage tombe à sa mort dans le domaine public, mais la redevance de 5 % est due aux héritiers pendant 40 ans à partir du décès de l'auteur. — La Russie avait précédemment adopté un autre système : les héritiers n'avaient que 25 ans ; mais ce délai était augmenté de dix ans s'ils publiaient une nouvelle édition dans les cinq dernières années ; l'intérêt de la société était ainsi sauvegardé ; maintenant depuis l'ukase de 1857 le délai est de 50 ans. — La Suède, suivant le même ordre d'idées, n'a accordé 20 ans aux successeurs de l'auteur que s'ils faisaient une nouvelle édition ; et on peut les mettre en demeure de l'exécuter. — En Danemark il existe une règle analogue ; si depuis cinq ans l'éditeur n'a plus aucun exemplaire de l'œuvre, tout le monde peut publier. — Aux États-Unis le délai n'est pour les héritiers que de 28 ans à partir non du décès de l'auteur, mais de la première publication ; il est de 14 ans en plus s'il y a une veuve et des enfants. — En Suisse il est aussi réduit à 30 ans à partir de la première publication et non du décès de l'auteur.

Il faut ajouter que dans certains pays en Angleterre, en Autriche, en Bavière, en Saxe, en Grèce le gouvernement peut accorder un privilége plus étendu.

Les sociétés savantes, les académies, les universités, l'État, s'ils publient un ouvrage, ont en Portugal, en Prusse, en Russie, en Espagne, en Bavière, en Wurtemberg, en Allemagne un droit égal à celui qui est accordé aux héritiers ; en Angleterre il est perpétuel, en Autriche de 50 ans au lieu de 30, en Italie de 20 ans au lieu de 40.

Les ouvrages posthumes, c'est-à-dire publiés après la mort de l'auteur, sont également la propriété des héritiers en Angleterre, en Autriche, en Prusse, en Bavière, en Saxe, en Portugal, en Belgique, en Russie, pendant le temps qui leur est accordé pour les autres ouvrages, mais à partir de la première publication ; en Espagne et en Danemark à partir du décès de l'auteur, il faut donc se hâter de publier.

En France le décret du 1er germinal an XIII (1) a appliqué, quant aux œuvres posthumes, la même protection aux héritiers qu'à l'auteur lui-même, à condition de ne pas joindre le nouvel ouvrage aux œuvres complètes; cette disposition est encore en vigueur en Belgique.

Les éditeurs de chants nationaux, proverbes, fables, contes ou de tous autres monuments de l'antiquité nationale, conservés par tradition orale, ont reçu dans plusieurs législations une mention spéciale, afin d'encourager les recherches de ce genre; le Portugal leur accorde trente ans, la Russie les protège pour une édition; en France la jurisprudence s'est prononcée dans un sens opposé et à défaut de disposition législative, on n'a pas cru pouvoir accorder aux amateurs de l'antiquité la protection due à leurs travaux.

Une autre classe d'œuvres, qui méritait une mention spéciale, c'étaient les discours, sermons, cours publics; plusieurs législations l'Espagne, la Russie, l'Italie, le Portugal, l'Angleterre, l'Autriche, la Prusse, la Bavière, la Saxe, le Danemark, se sont prononcées pour l'assimilation aux autres œuvres littéraires, mais la Prusse n'empêche les tiers de publier que pendant la vie de l'auteur; l'Angleterre a fait une exception pour les cours des professeurs rétribués, et l'Italie pour les discours prononcés dans les Chambres législatives, ou dans des réunions publiques sur un sujet d'intérêt politique ou administratif.

La Russie seule a réglé la question des lettres intimes, et elle a déclaré qu'elles étaient à la fois la propriété de celui qui les avait envoyées et de celui qui les avait reçues, de sorte qu'elles ne pouvaient être publiées sans leur consentement mutuel; le Portugal a seulement refusé protection aux éditeurs. Nous savons que la Jurisprudence française ne s'est pas encore aussi nettement prononcée sur la question.

Quant aux traductions des œuvres littéraires, peu de législations s'en sont occupées; l'Italie concède à l'auteur le droit exclusif de faire traduire son œuvre pendant dix ans à partir de la

---

(1) Voir page 25.

première publication ; s'il ne l'a point exercé, tout le monde peut traduire, et acquérir sur la traduction des droits d'auteur dans les limites ordinaires. L'Autriche ne donne qu'un an pour publier. Les conventions internationales se sont du reste occupées de cette question, sur laquelle il était indispensable d'être fixé, les traductions se faisant le plus souvent dans les pays étrangers et non dans le pays où l'ouvrage a paru (1).

La loi italienne a introduit une innovation assez singulière, c'est l'expropriation pour cause d'utilité publique, prononcée dans les formes ordinaires, le Conseil d'État entendu, au profit de l'État, des provinces et des communes ; l'indemnité est réglée par trois experts. L'Espagne avait déjà, il est vrai, adopté une disposition à peu près analogue, mais seulement en ce qui concerne les annotations faites d'un ouvrage ; si elles sont utiles à la science, l'auteur peut reproduire l'ouvrage moyennant indemnité réglée par experts. En France rien de semblable n'existe encore ; la loi du 10 fructidor an IV permet seulement à l'État de traiter à l'amiable avec les auteurs pour les ouvrages d'instruction publique (2).

Avant les traités internationaux, le droit des étrangers était le plus souvent méconnu ; nous savons cependant qu'en France, le décret du 28 mars 1852 (3) leur a accordé sans conditions la même protection qu'aux Français ; le Chili et la république de Venezuéla ont seuls une disposition semblable. Le Portugal, l'Autriche, la Bavière, la Saxe, le Danemark, la Suède, la Grèce ont établi un droit de réciprocité. En Espagne on ne pouvait, avant les traités, introduire d'ouvrages étrangers sans une autorisation, qui n'était pas donnée pour plus de cinq cents exemplaires.

Comme en France, le dépôt est exigé en Espagne, en Italie, en Portugal, en Belgique, en Hollande, dans les États-Romains, aux États-Unis, au Chili ; en Saxe et en Bavière, s'il n'est pas effectué, il n'y a pas pour cela déchéance du droit de poursuivre en contrefaçon ; il n'a pas lieu en Danemark, en Suède, et en

(1) Voir le chapitre V et l'Appendice.
(2) Voir page 28.
(3) Voir page 21.

Autriche. En Angleterre, en Russie, et en Prusse il est remplacé par un enregistrement de l'œuvre sur un registre spécial.

La contrefaçon est en général un délit qui ne peut être poursuivi d'office sans qu'il y ait plainte de la partie lésée; la contestation est portée devant les tribunaux civils ou correctionnels. En Russie les tribunaux peuvent consulter l'Académie des Beaux-Arts, en Autriche des experts littérateurs ou artistes. — En Angleterre la cour de la chancellerie peut rendre, préalablement au jugement, une *injonction* pour faire cesser de suite la vente et le préjudice causé.

La contrefaçon est en général punie simplement de peines pécuniaires, sauf en Autriche où il y a emprisonnement en cas d'insolvabilité, en Portugal en cas de récidive, et en Russie où la peine du fouet et celle de la déportation peuvent être appliquées.

Œuvres dramatiques. — En ce qui concerne la reproduction des œuvres dramatiques, il suffit de dire qu'elle est partout assimilée expressément ou tacitement à la reproduction des autres œuvres littéraires.

Quant au droit de représentation il a été souvent réglementé d'une autre façon. Il est, il est vrai, concédé à l'auteur pendant sa vie dans toutes les législations qui ont parlé des œuvres dramatiques; mais le délai accordé à ses héritiers est parfois moindre que pour la reproduction; ainsi la Belgique ne leur donne que 10 ans au lieu de 20, l'Autriche 10 ans au lieu de 30, la Prusse et la Bavière également, la Saxe 7 ans au lieu de 30, l'Espagne 25 ans au lieu de 50.

De plus la Prusse, l'Autriche et la Saxe distinguent si l'œuvre dramatique a été ou non publiée; si l'auteur l'a publiée, ses héritiers n'ont plus aucun droit sur la représentation. La législation italienne va même plus loin; l'auteur lui-même est déchu du droit de pouvoir défendre la représentation de son œuvre s'il l'a publiée; mais en ce cas lui et ses héritiers ont droit à 10 p. c. sur le produit des représentations pendant le temps qui reste à courir pour éteindre leurs droits renfermés, comme nous l'avons vu, dans la limite de deux périodes de 40 ans. Ces solutions dérivent de l'application de cette idée que l'auteur en publiant s'est dessaisi de son œuvre et que chacun dès lors peut en faire usage ; nous avons vu que ce principe est avec raison contesté (1).

Il existe en Danemark une disposition particulière en cas de cession, c'est que si le concessionnaire a laissé passer cinq ans sans représenter l'œuvre, l'auteur en reprend possession ; c'est une sorte de libération de servitude par le non-usage.

OEuvres d'art. — En ce qui concerne les œuvres d'art, plusieurs législations les assimilent sans grands détails aux œuvres littéraires. Il n'y a à noter que quelques dispositions particulières.

L'Angleterre accorde aux graveurs, peintres, dessinateurs, photographes vingt-huit ans à partir de la première publication; quant aux héritiers, ils ne font que continuer chaque période de quatorze ans; l'œuvre originale doit être enregistrée au bureau des libraires et chaque exemplaire de gravure doit porter le nom du propriétaire et la date de la première publication.

La Russie suit le même système que pour les œuvres littéraires. Elle s'occupe aussi du droit, que l'on peut avoir, d'imiter ou de copier une œuvre originale pour en faire une autre œuvre originale; ce droit est restreint quand il s'agit d'œuvres de même nature, mais on peut reproduire par la sculpture un sujet de peinture et réciproquement.

L'Italie accorde aux artistes et à leurs héritiers les mêmes délais que pour les œuvres littéraires en ce qui concerne la reproduction faite sur ébauche de l'auteur. Il faut noter que l'auteur peut seul, pendant dix ans, faire de son œuvre une œuvre d'espèce différente, d'un tableau une statue et réciproquement; après dix ans ce droit ne lui appartient plus exclusivement; cette transformation est assimilée à la traduction d'un ouvrage en langue étrangère.

Le Danemark concède aux héritiers des artistes trente années, comme pour les œuvres littéraires; la photographie et le moulage sont considérés comme œuvres d'art originales; on applique

(1) Voir page 14.

4

encore cette règle déjà signalée, à savoir que l'œuvre tombe dans le domaine public si l'éditeur ne possède plus depuis cinq ans un seul exemplaire de la dernière édition.

L'Autriche ne laisse à l'auteur le droit exclusif de reproduire son œuvre que s'il le fait dans les deux années qui en suivent la confection ; et il faut qu'il se soit réservé ce droit.

L'Espagne ne protège pas les dessins pour tissus, meubles et autres objets d'un usage commun. En Danemark il existe une disposition analogue, mais le fabricant peut obtenir un privilége de dix ans relativement à sa reproduction.

Les cartes géographiques et les plans sont spécialement protégés en Angleterre, en Espagne, en Danemark et aux États-Unis.

Les œuvres d'architecture sont assimilées en Russie et en Portugal aux autres œuvres d'art ; la reproduction n'est donc point permise ; la jurisprudence française semble aussi se prononcer en ce sens au profit des architectes (1). En Bavière le contraire a été décidé par la loi de 1865. La loi de Danemark de 1864 distingue s'il s'agit d'une façade extérieure ou d'une construction qui n'est pas livrée aux regards du public ; la reproduction n'est permise que dans le premier cas.

La cession de l'œuvre dessaisit-elle l'auteur du droit de la reproduire par la gravure, le moulage ou autrement ? La Bavière s'est prononcée pour la négative, la Prusse pour l'affirmative ; la Russie fait une distinction ; l'artiste n'a cédé le droit de reproduction que si la chose n'a pas été faite sur commande ou pour l'État. Nous avons vu que la jurisprudence française s'était prononcée dans le sens de la cession complète de la part de l'artiste.

Le dépôt n'est pas ordinairement exigé sauf en Portugal pour toutes œuvres d'art, et en Belgique pour la gravure ; en Angleterre il faut faire enregistrer au bureau des libraires.

Telles sont les solutions données par les lois étrangères sur les **différentes** questions que soulève l'exercice des droits de l'auteur.

_____

(1) Voir page 56.

On voit qu'elles se sont prononcées sur la plupart des cas qui peuvent se présenter, et qu'on peut y trouver de précieux documents (1).

(1) J'ai mis en tableau à la suite de ce chapitre un résumé des douze lois étrangères les plus importantes, afin que la comparaison en fût plus facile. Je n'ai pas cru devoir en reproduire les textes complets dans la crainte de grossir outre mesure cet ouvrage ; toutefois j'ai fait exception pour les deux lois les plus nouvelles et les plus complètes sur la matière, celles de Bavière et d'Italie, qui sont de 1865 ; on les trouvera à la suite de l'appendice relatif aux conventions internationales.

Espagne.

Russie.

OEU

Propriété de l'auteur pendant sa vie ; droit cessible entre-vifs par écrit, transmissible par testament.
50 ans pour ses successeurs.
Les héritiers des traducteurs n'ont que 25 ans si la traduction est en prose, 50 ans si elle est en vers
Si l'ouvrage est posthume, 50 ans à partir du décès de l'auteur.

Propriété de l'auteur pendant sa vie ; dr sibles par écrit.
50 ans pour les héritiers.
Les éditeurs de proverbes, contes, cha tionaux, ont les mêmes droits ; la réimpres manuscrits anciens est protégée pour une é
L'auteur ne conserve pas le droit de tra

L'État publie seul les livres d'Église et les almanachs.
50 ans pour les corps scientifiques.

50 ans pour les sociétés savantes.

Les discours, sermons, plaidoyers, leçons publiques appartiennent à l'auteur comme toute autre œuvre littéraire ; de même les articles publiés dans des journaux. Ce droit dure 50 ans pour les héritiers si ces œuvres sont collectionnées, 25 ans si elles ne le sont pas.
Si l'extrait d'un ouvrage est reconnu être d'une utilité générale, le gouvernement peut en ordonner l'impression.

Les discours, leçons orales sont la propr professeur. — L'auteur conserve la propr son ouvrage publié dans un recueil. — C copier les deux tiers d'une traduction mo mot. — Un recueil périodique ne peut en un autre ; de même pour un dictionnaire.— tres particulières ne peuvent être imprimée le consentement des deux parties. — Les scrits de l'auteur sont insaisissables.

Dépôt de deux exemplaires à la bibliothèque et au ministère de l'instruction publique.

Enregistrement à l'académie des beaux-art déclaration au tabellion du district.

OEUVRES DRAMATIC

Publication — Comme pour les œuvres littéraires.

Publication. — On ne peut faire des ar ments de thèmes pour instruments différe ceux pour lesquels ils ont été composés.

Représentation. — Droit de l'auteur pendant sa vie ; 25 ans après sa mort pour tous successeurs.

OEUV

La reproduction des œuvres d'art, de sculpture, peinture, gravure et dessins autres que ceux pour tissus, donne à l'artiste les mêmes droits que les œuvres littéraires.

Les peintres, sculpteurs, architectes, gr peuvent empêcher de reproduire leurs œuvr gravure, lithographie, moulage, etc., leurs h ou cessionnaires conservent ce droit 50 ans leur mort.
La vente de l'original emporte cession d de reproduction si la chose a été faite sur com ou vendue à l'État.
On ne peut pas copier en partie un édific tableau, une statue, etc., pour en faire une œuvre du même genre, mais on peut imite statue dans un tableau et réciproquement.

(Loi du 10 juin 1847.)

(Registre des lois civiles. — Code pénal de Ukase du 26 janvier 1846 ; ukase du 7 mai

Angleterre.

—

Italie.

—

RAIRES.

été de l'auteur pendant la vie; droit mo-
ssible par vente, donation, testament.

es héritiers, 42 ans à partir de la première
on; 7 ans si l'auteur a vécu plus de 42 ans
publication.

vrage est posthume, 42 ans à partir de la
on.

opriété du manuscrit non publié est per-

uvernement peut seul publier à perpétuité
du Parlement et les livres d'Église.

été perpétuelle pour quatre universités;
elles cèdent leurs droits.

seil privé peut dans tous les cas accorder
ége plus étendu.

scours publiés et les leçons orales appar-
à l'auteur; mais, par exception, le profes-
ribué pour parler publiquement, ne peut
r de reproduire son cours.

a point de dépôt prescrit mais enregistre-
bureau de la Compagnie des libraires.

JSICALES.

ation. — Comme pour les autres œuvres
s.

sentation. — Mêmes délais que pour la
on: les 42 ans commencent du jour de la
représentation.

production par la gravure des œuvres de
, de dessin, de photographie, donne à l'au-
ropriété pendant la vie et à ses successeurs
7 ans à partir de son décès.

production par la sculpture donne à l'auteur
successeurs la propriété pendant 14 ans
de la première publication, si l'auteur meurt
s 14 ans; 28 ans, s'il survit à la période de

eur doit indiquer sur son œuvre, avant de
er, son nom et la date de la première pu-
, et reproduire sur chaque exemplaire
es indications.

gistrement nécessaire de l'œuvre à la corpo-
es libraires.

s des règnes de Georges III, de Georges IV
ictoria (1er juillet 1842; 29 juillet 1862).

Propriété de l'auteur pendant sa vie; droits cessibles.

Si l'auteur n'a pas vécu 40 ans, ses héritiers ont
la propriété pour la fin de cette période et de plus,
pendant 40 ans, 50 % sur le prix fort indiqué sur
chacun des exemplaires postérieurement publiés.

L'auteur a seul le droit de traduction pendant
10 ans à partir de la première publication; la traduction confère des droits d'auteur.

20 ans à partir de la première publication pour
l'État, les communes, les académies et les sociétés.

Les discours, improvisations, leçons, appartiennent à l'auteur. Mais les discours des Chambres ne
peuvent être publiés que dans le compte-rendu.

Les droits sont insaisissables s'ils sont entre les
mains de l'auteur, mais non entre celles de ses
successeurs.

L'expropriation pour cause d'utilité publique peut
être prononcée contre les successeurs de l'auteur
dans les formes ordinaires au profit de l'État, des
provinces et des communes.

Dépôt de trois exemplaires à la préfecture.

Publication. — Les pièces de théâtre sont assimilées aux œuvres littéraires.

L'auteur peut défendre de publier les arrangements et variations.

Représentation. — Mêmes délais que pour les
œuvres littéraires si l'ouvrage n'est pas publié; s'il
est publié, 10 à 15 % par représentation pendant
40 ans; le délai compte à partir de la publication
si elle a précédé la première représentation; sinon
à partir de la première représentation.

Mêmes droits que pour les œuvres littéraires
pour la reproduction des dessins, tableaux, statues.
L'auteur peut seul, pendant 10 ans, à partir de la
confection de l'original en tirer une œuvre d'espèce différente, faire d'un tableau une statue et
réciproquement. Ce cas est assimilé à celui des
traductions d'œuvres littéraires.

(Loi du 25 juin 1865.)

Autriche.

—

LÉGISLATI

Prusse.

—

ŒU

Autriche	Prusse
Propriété de l'auteur pendant sa vie ; droits cessibles.	Propriété de l'auteur pendant sa vie ; dr sibles.
30 ans après sa mort pour tous successeurs ; l'année de la mort de l'auteur ne compte pas.	30 ans après sa mort pour tous success
Si l'ouvrage est posthume, anonyme, pseudonyme, 30 ans à partir de la première publication.	Si l'ouvrage est posthume, 30 ans à pa mort de l'auteur ; s'il est anonyme ou pseu
L'auteur peut seul faire traduire s'il s'est réservé ce droit et l'a exercé dans l'année de la première publication.	15 ans à partir de la première représentati
30 ans pour les académies, universités, etc. ; 30 ans pour les sociétés particulières non artistiques ou scientifiques.	30 ans pour les universités et sociétés s
Le gouvernement peut étendre la durée du privilége.	
Les discours ou leçons d'agrément et d'instruction appartiennent à l'auteur.	Les cours publics ne peuvent être pub par l'auteur pendant sa vie. La publication cours religieux doit être autorisée.
Les articles d'un journal politique peuvent être copiés en indiquant la source.	Les citations ne constituent pas le délit d façon.
Le dépôt n'est pas exigé.	Enregistrement de l'œuvre au ministère térieur.

ŒUVRES DRAMATI

Autriche	Prusse
Publication.—Comme pour les œuvres littéraires.	*Publication.*—Comme pour les œuvres lit
Le compositeur d'œuvres musicales doit s'être réservé expressément le droit de faire des arrangements, variations sur thèmes isolés, et les avoir faits dans le délai d'un an à peine de déchéance.	Le privilége du compositeur et de ses seurs s'étend aux arrangements d'œuvres m pour instrument seul.
Représentation. — Droit de l'auteur pendant sa vie ; pour ses successeurs 10 ans à partir de sa mort si toutefois l'œuvre n'a été ni gravée ni publiée.	*Représentation.* — Droit de l'auteur pe vie, pour ses successeurs ; 10 ans à part mort, si toutefois l'œuvre n'a pas été pub

ŒU

Autriche	Prusse
On peut copier toute œuvre d'art par des moyens différents de ceux employés par l'auteur ; ainsi, la sculpture d'un dessin ou le dessin d'une sculpture sont permis et considérés comme des productions originales.	Les œuvres d'art sont assimilées aux œu téraires.
On peut également faire toute copie par tous moyens si l'auteur ne s'est réservé expressément ce droit et ne l'a pas exercé dans les deux ans à partir de l'expiration de l'année de la publication.	La cession de l'original enlève à l'auteur de reproduction s'il n'y a stipulation contra statée par acte authentique.
(Loi du 19 octobre 1846.) (Code civil du 1er juin 1811).	(Loi du 11 juin 1837.) (Ord. du 3 juillet 1844.)

Bavière. —   Saxe.

RAIRES.

Bavière	Saxe
té de l'auteur pendant sa vie ; droits ces-	Propriété de l'auteur pendant sa vie ; droits ces-sibles.
s après sa mort pour tous successeurs ; e la mort de l'auteur ne compte pas.	30 ans pour ses successeurs à partir du 1er jan-vier de l'année qui suit sa mort.
vrage est posthume, anonyme ou pseudo- ans à partir de la première publication.	Si l'œuvre est posthume ou anonyme, 30 ans à partir de la première publication.
ur peut seul faire traduire s'il s'est réservé et l'a exercé dans l'année de la première on : son droit ne dure que 5 ans. s pour les académies, universités et so-torisés.	
uvernement peut étendre la durée du pri-	Le gouvernement peut prolonger le délai dans certains cas.
çons publiques et discours sont la propriété ur. ticles politiques d'un journal peuvent être es autres peuvent l'être si on ne l'a dé-pressément. ouvrage a plusieurs auteurs, le délai de e court qu'à partir du dernier décès. au ministère de l'intérieur.	Les leçons orales sont la propriété de l'auteur. La cession faite par l'auteur n'est autre que de 1,000 exemplaires, sauf convention contraire. Le dépôt à la direction du Cercle à Leipsick, sert à constater le droit ; mais il n'est pas exigé.

JSICALES.

Bavière	Saxe
ation. — Comme pour les œuvres litté-	Publication. — Comme pour les œuvres litté-raires.
qui on a cédé le droit de représentation e imprimer pour les besoins de la repré- èmes ou variations sont des contrefaçons, ils sont reproduits par des instruments ues.	
sentation. — Droit de l'auteur pendant sa r ses successeurs 10 ans à partir de sa	Représentation. — Droit de l'auteur pendant sa vie ; de 7 ans pour ses héritiers si l'œuvre n'a pas encore été imprimée ; n'est pas comptée l'impres-sion qui aurait pu être faite pour les nécessités de l'exécution.
uvres d'art sont simplement assimilées res littéraires. oit de la multiplier appartient à l'auteur, ème la multiplication serait faite dans une nension. ssion de l'original n'enlève pas à l'auteur le reproduction, à moins qu'il ne s'agisse de faits sur commande. nonuments d'architecture peuvent être re-sans contrefaçon.	Les œuvres d'art sont assimilées aux œuvres lit-téraires.
(Loi du 27 avril 1840.) (Loi du 28 juin 1865.)	(Loi du 22 février 1844.) (Loi du 27 juillet 1846).

Danemark.
—

Portugal.
—

Propriété de l'auteur pendant sa vie; droits cessibles.

30 ans pour tous successeurs à partir du décès de l'auteur; si l'éditeur ne possède plus depuis 5 ans aucun exemplaire de la dernière édition, la reproduction est permise.

Si l'ouvrage est posthume, 30 ans à partir du décès de l'auteur; s'il est anonyme ou pseudonyme, 30 ans à partir de la 1re publication.

La traduction confère les droits d'auteur.

La femme succède à son mari conformément au droit commun.

Les discours, leçons, sermons appartiennent à l'orateur comme ses écrits.

Les articles de journaux peuvent être reproduits en indiquant la source.

Le dépôt n'est pas exigé.

Propriété de l'auteur pendant sa vie; dr sibles.

30 ans après sa mort pour tous success

Si l'ouvrage posthume est antérieur au x cle, l'éditeur a un privilége de 30 ans; d pour le premier éditeur de chants anciens verbes, fables, contes, monuments de l' nationale conservés par tradition orale.

30 ans pour les ouvrages publiés par l'É

30 ans pour les académies et corps littér

Les harangues et cours professés appar à l'auteur et à ses successeurs.

La publication des discours religieux autorisée.

Les lettres particulières imprimées san sentement de la personne à laquelle elles écrites, ne donnent aucune propriété aux

Le dépôt ordonné par la loi est de 6 exer

ŒUVRES DRAMATI

Publication. — Les œuvres dramatiques et les compositions musicales sont assimilées aux œuvres littéraires.

Représentation. —Mêmes droits que pour la reproduction des œuvres littéraires; en cas de cession à un tiers, l'auteur reprend son droit si le tiers a laissé écouler 5 ans sans faire jouer la pièce.

Les concerts ne sont pas assimilés aux spectacles; on peut y exécuter des morceaux qui sont encore dans le domaine privé.

Publication. — Comme pour les œuvr raires.

Représentation. — Consentement de nécessaire pendant sa vie; indemnité successeurs pendant 30 ans; mais ils ne empêcher de représenter.

Si l'ouvrage est posthume, 30 ans à par première représentation.

Les peintres et statuaires ou leurs successeurs peuvent empêcher de reproduire leurs œuvres par gravure, lithographie pendant un délai de 30 ans, mais non par un procédé industriel; le fabricant peut même obtenir un privilége de 10 ans.

Les dessins de construction ne peuvent être reproduits que s'il s'agit d'une façade extérieure.

(Loi du 29 décembre 1857.)
(Loi du 31 mars 1864.)
(Loi du 23 février 1866.)

Si les peintres, sculpteurs, architectes enregistrer leur œuvre, ils peuvent pend vie, et leurs successeurs pendant 30 ans ap mort, empêcher la reproduction par gravure moulage, etc. S'ils publient, ils doivent dépôt de 6 exemplaires.

(Loi du 8 juillet 1851.)

Suède.   Belgique.

AIRES.

Suède	Belgique
té de l'auteur pendant sa vie.	Propriété de l'auteur pendant sa vie; droits cessibles.
après le décès de l'auteur pour ses suc- s'ils publient une nouvelle édition aussitôt nière est épuisée, à peine de déchéance.	20 ans après le décès de l'auteur pour ses successeurs.
nicole peut acheter un ouvrage étranger du roi la protection accordée aux auteurs. ductions confèrent les droits d'auteur.	Si l'ouvrage est posthume, il ne faut pas l'éditer avec la collection, à peine de déchéance.
ôt n'est pas exigé.	Dépôt de 3 exemplaires à l'administration communale du domicile de l'auteur.

SICALES.

Suède	Belgique
tion. — Les compositions musicales ilées aux œuvres littéraires.	*Publication.* — Les œuvres dramatiques et musicales sont assimilées aux œuvres littéraires.
	Représentation. — Droit de l'auteur pendant sa vie; 10 ans pour les descendants seulement et à leur défaut pour la veuve.
istes et dessinateurs peuvent empêcher de e leurs œuvres.	La durée du droit accordé aux successeurs en ce qui concerne la reproduction des œuvres d'art est de 20 ans s'il s'agit d'une reproduction par gravure, de 10 ans s'il s'agit d'une reproduction par la sculpture. Le dépôt est exigé pour la gravure.
(Loi du 16 juillet 1812.)	(Lois du 25 septembre 1814 et du 25 janvier 1817. — Arrêté du 21 octobre 1830. — Pour la sculpture, loi française du 19 juillet 1793.)

CHAPITRE V.

Des conventions internationales intervenues entre la France et les pays étrangers (1).

—

Il n'y a que 25 ans qu'a été conclue en Europe la première convention internationale pour la garantie des œuvres littéraires et artistiques; elle était en effet du 28 août 1843 et intervint entre la France et les États Sardes; elle fut suivie de la loi du 9 juin 1845 punissant la contrefaçon opérée en France, d'ouvrages publiés en Sardaigne, loi remplacée maintenant par le décret du 28 mars 1852 (2) qui est général et s'applique à tous les états étrangers, qu'il y ait ou non réciprocité.

Jusqu'en 1851 aucune autre convention ne fut conclue; mais à partir de cette époque elles commencèrent à se multiplier; et aujourd'hui 38 grands et petits États ont réglé avec la France des conditions de garantie réciproque.

Depuis 1843 le nombre des conventions, additions, et adhésions s'est élevé à 65, dont 25 sont abrogées; il en reste donc en vigueur 40 dont on trouvera les textes dans l'appendice; on verra qu'un grand nombre d'entre elles sont récentes et datent de 1865. On en trouvera beaucoup avec l'Allemagne qui, en cette circonstance, n'a point failli à son antique réputation littéraire.

Il résulte de cette statistique qu'aucune convention semblable n'existe avec l'Autriche, le Danemark, les États romains, la Grèce, le Portugal (3), la Suède et la Turquie : mais les droits des étrangers sont sauvegardés en Autriche, en Danemark, en Suède, en Grèce et en Portugal, par les lois de ces pays qui ont établi le système de réciprocité. Quant aux clauses des conventions, en voici les points les plus saillants :

Durée du droit. — La durée du droit accordé aux auteurs et

(1) Voir à l'appendice le texte des diverses conventions.
(2) Voir page 21.
(3) Il a existé du 12 avril 1851 au 24 août 1857 une convention avec le Portugal.

à leurs ayants cause est ordinairement celle du pays d'origine si
elle est moindre que dans l'autre État. Toutefois, avec l'Espagne
et la Russie, la durée est fixée à vingt ans pour les descendants
et à dix ans pour les autres héritiers.

Objet. — La plupart des conventions protégent toutes les productions du domaine littéraire et artistique comme livres, brochures et autres écrits, compositions musicales, arrangements
de musique, dessin, peinture, sculpture, gravure, lithographie,
photographie, etc. ; elles concernent aussi l'exécution ou
représentation d'œuvres dramatiques ou musicales. Elles ont
un effet rétroactif et s'appliquent, sauf en Angleterre, aux œuvres
parues même avant les conventions.

Traduction. — Un auteur a-t-il seul le droit de traduire son
ouvrage? Les conventions avec la Russie et la Hollande ne le lui
accordent pas. Celle avec l'Italie le lui concède sans limite; toutes
les autres pour cinq ans seulement; mais, pour cela, il faut que
l'auteur ait fait une réserve expresse dans son ouvrage et qu'il
ait effectué la traduction dans un certain délai à partir de la
publication primitive. Ce délai est réglé comme il suit :

S'il s'agit d'œuvres non dramatiques : avec l'Espagne, la traduction doit être publiée dans les six mois, quand il n'y a qu'un
volume, et de six mois en six mois pour chaque autre volume ;
avec l'Italie, elle doit être terminée dans l'année, quel que soit le
nombre des volumes ; avec Brême, Hambourg et Lubeck, il suffit
qu'elle soit commencée dans l'année ; avec tous les autres États
ayant des conventions, il faut qu'elle soit commencée dans l'année
et terminée dans les trois ans.

S'il s'agit d'ouvrages dramatiques : avec Genève et le Luxembourg, la traduction doit être commencée dans l'année et terminée dans les trois ans; avec Brême, Hambourg et Lubeck, il
suffit qu'elle soit commencée dans l'année ; avec Bade, la Bavière,
Francfort, Hesse-Darmstadt, l'Italie, Nassau, Wurtemberg, il
faut qu'elle soit publiée dans les six mois; avec tous les autres
États dans les trois mois.

Journaux. — Quant aux articles de journaux ou d'autres
écrits périodiques, les conventions avec Hesse-Darmstadt,

Brême, Hambourg et Lubeck n'en parlent point. Celle conclue avec l'Espagne se réfère à la législation des deux pays en ajoutant en tout cas l'obligation d'indiquer le nom de l'auteur. Toutes les autres permettent la reproduction des articles politiques, à condition d'en indiquer la source; les articles non-politiques ne peuvent être reproduits que si l'auteur n'a pas fait réserve expresse de son droit; il faut de plus, en reproduisant, indiquer le nom de l'auteur.

Enregistrement et dépôt. — Les conventions avec le Hanovre, la Saxe, la Suisse, la Prusse et les États ayant adhéré à la convention prussienne (1) exigent que, dans les trois mois de la publication dans un État des ouvrages et des traductions, l'enregistrement soit effectué dans l'autre. Avec l'Angleterre, la Belgique et l'Espagne il est stipulé qu'il y aura, non-seulement enregistrement, mais encore dépôt dans le même délai de trois mois.

Quand il n'y a pas de certificat de dépôt ou d'enregistrement, le droit de l'auteur est constaté par un certificat d'origine; en France, ce certificat est délivré au ministère de l'intérieur par la direction de l'imprimerie et de la librairie.

Transit.—Les œuvres sont presque partout importées en franchise de droits, mais chaque état se réserve la faculté d'en interdire à l'intérieur la circulation, l'exposition ou la représentation.

Disposition spéciale. — Il est stipulé avec la ·Belgique et l'Italie que tout privilège ou avantage accordé à un autre pays par l'un des États contractants profitera de plein droit à l'autre; disposition difficile à appliquer par la raison qu'elle demande une étude approfondie et simultanée de tous les traités conclus respectivement par les deux États contractants.

Enfin, la plupart de ces conventions ne sont faites que pour un certain temps, quatre, six, dix, douze ans; mais elles doivent continuer à rester en vigueur jusqu'à ce que l'une des parties contractantes ait signifié à l'avance qu'elle entend y renoncer.

---

(1) Seize États allemands ont adhéré à la convention faite avec la Prusse, savoir : Anhalt, Brunswick, Hesse-Cassel, Hesse-Hombourg, Lippe, Oldenbourg, Reuss-Greitz, Reuss-Géra, Saxe-Altenbourg, Saxe-Cobourg-Gotha, Saxe-Meiningen, Saxe-Weimar, Schaumbourg-Lippe, Schwarzbourg-Rudolstadt, Schwarzbourg-Sondershausen, Waldeck.

CHAPITRE VI.

Examen de la loi du 14-19 juillet 1866.

—

Après avoir retracé les idées théoriques émises sur la question des droits d'auteur, passé en revue la législation et la jurisprudence françaises, comparé les différentes législations et indiqué le but et la portée des nouvelles conventions internationales, il me reste à rechercher quelles sont les innovations introduites par la loi de 1866, et à examiner ensuite si c'est là une loi suffisante.

I. — La première question est celle de savoir combien de temps l'auteur et ses successeurs doivent conserver leurs droits. Nous savons que si on laisse de côté l'opinion purement théorique qui n'accorde rien ni à l'auteur ni à ses successeurs, deux grandes opinions se disputent la victoire.

La première, qui a prévalu dans toutes les législations de l'Europe, accorde à l'auteur un droit exclusif pendant toute sa vie et à ses héritiers un temps plus ou moins limité après sa mort.

La seconde, celle de la perpétuité, est repoussée par toutes les législations; mais elle n'est point vaincue et relève à tous moments son drapeau; les débats de la Chambre française sur le projet de loi de 1841 (1), le congrès tenu à Bruxelles en septembre 1858 (2), et les discours prononcés au Corps législatif à l'occasion de la nouvelle loi (3), montrent assez que le débat n'est pas encore clos sur ce sujet. Il ne faut même pas se dissimuler

(1) Voir *Moniteur* du 25 au 27 mars, du 30 mars au 2 avril 1841.
(2) Voir l'appendice.
(3) Voir *Moniteur* des 2, 3, 5, 6 juin 1866.

que, jusqu'à un certain point, cette opinion gagne du terrain, car le délai accordé aux héritiers va s'augmentant de plus en plus; l'Espagne et la Russie leur ont déjà concédé cinquante ans, l'Italie près de quatre-vingts ans en deux périodes si l'auteur meurt peu après avoir publié son œuvre; enfin la France après avoir successivement adopté le délai de dix, de vingt et de trente ans vient de l'augmenter encore et de le porter à cinquante par la dernière loi.

Voici, en effet, comment sont conçus les deux premiers paragraphes de l'article premier :

« La durée des droits accordés par les lois antérieures aux » héritiers, successeurs irréguliers, donataires ou légataires des » auteurs, compositeurs ou artistes est portée à cinquante ans à » partir du décès de l'auteur.

» Pendant cette période de cinquante ans le conjoint survi- » vant, quel que soit le régime matrimonial, et indépendamment » des droits qui peuvent résulter en faveur de ce conjoint du » régime de la communauté, a la simple jouissance des droits » dont l'auteur prédécédé n'a pas disposé par acte entre vifs ou » par testament. »

Ce délai de cinquante ans est-il suffisant pour donner satisfaction aux deux systèmes? Je ne le crois pas, et je vais essayer d'en donner les raisons. D'abord c'est un délai qui est pris au hasard comme les délais précédemment adoptés et qui ne s'appuie sur aucune considération sérieuse; on dit bien pour le justifier que, de cette façon, l'auteur et ses héritiers jouiront de leurs droits pendant un siècle et que cette durée est suffisante parce qu'après un siècle les œuvres doivent appartenir à l'histoire comme les événements. L'idée est juste, malheureusement l'argument manque en fait; car, dans le système de la loi, il arrivera bien rarement que l'auteur et ses héritiers jouissent des droits pendant cent ans; pour que cela se réalise il faudra que l'auteur, s'il meurt à soixante-dix ans, ait composé son ouvrage à vingt ans; il en jouira alors cinquante ans et ses héritiers cinquante ans ; mais ce ne sera là qu'une exception ; les auteurs ne composent guères à vingt ans et la durée de la vie ne se prolonge en moyenne que

jusqu'à quarante ans au plus. D'ailleurs, comme on accorde
dans la loi un droit de jouissance à la veuve, il arrivera que, si
elle survit cinquante ans à son mari, les héritiers n'auront absolument rien. On peut ajouter une troisième considération, c'est
que dans les dix dernières années les propriétaires, quels qu'ils
soient, n'oseront point souvent faire une nouvelle édition,
surtout s'il s'agit d'un ouvrage d'une certaine valeur; car, si à
l'expiration du délai toute l'édition n'est point vendue, la concurrence fera baisser le prix et ils seront exposés à perdre; de telle
façon qu'en réalité ce délai de cinquante ans se trouve encore
sensiblement amoindri.

On ajoute de plus, pour justifier ce délai, que c'est le plus long
qui ait été adopté par les peuples de l'Europe. Cela n'est point tout
à fait exact; d'abord j'ai déjà fait remarquer que, depuis 1865, en
Italie le droit des héritiers peut dans certains cas se prolonger
jusqu'à près de quatre-vingts ans; ce ne sera, il est vrai, qu'un
droit de redevance dans la seconde période de quarante années,
mais il n'en subsistera pas moins; ensuite on oublie que certains
gouvernements, l'Angleterre, la Bavière, la Grèce, l'Autriche, la
Saxe, se sont réservé le droit de prolonger la durée, et cela sans
qu'un maximum ait été spécifié.

Mais ce n'est point tout; la loi nouvelle a, dans le cas où l'auteur laisse une veuve, diminué considérablement le délai; ainsi
d'après la loi de 1854, il pouvait se faire que les droits d'auteur,
fussent exercés cent trente ans, car, en supposant que l'auteur ait
joui cinquante ans de son œuvre, que sa veuve lui ait survécu
cinquante autres années, il fallait encore ajouter trente ans pour
les descendants; ce délai, en effet, ne commençait à courir qu'à
partir du décès de la veuve, et il n'y avait pas, par suite de
l'existence de celle-ci, diminution de leurs droits, mais seulement suspension. Aujourd'hui, il n'en est plus ainsi; en prenant
la même proportion, c'est-à-dire en supposant que, par exception,
l'auteur ait survécu cinquante ans à son œuvre, le droit ne se pro-
longera jamais au-delà de cent ans, c'est le temps le plus long,
tandis qu'autrefois la période la plus longue pouvait être dans
les mêmes circonstances de cent trente ans.

Je sais bien que l'on a eu un motif pour établir une période fixe et pour la faire commencer dans tous les cas à partir de la mort de l'auteur. Il arrivait en effet que la durée des droits acquis par l'éditeur était éventuelle ; elle était réglée sur le droit des héritiers, plus long s'il y avait des descendants que s'il n'existait que d'autres successeurs, et elle dépendait surtout du temps pendant lequel la femme aurait survécu à son mari ; l'éditeur devait donc non-seulement s'enquérir de l'état de santé de l'auteur, mais encore rechercher s'il était marié et quel était l'âge de sa femme, voire même exiger l'acte de naissance de celle-ci ; c'était une nécessité qui certainement pouvait parfois avoir quelque désagrément ; de plus l'auteur arrivé à la vieillesse avait intérêt à se marier, ou à se remarier, avec une femme jeune, devant selon toutes les apparences lui survivre longtemps, afin de céder ses œuvres aux éditeurs pour un prix plus élevé. Mais si c'étaient là les seuls motifs pour proposer un droit d'une durée fixe, on pouvait faire disparaître directement l'inconvénient en disant qu'en cas de cession le droit ne durerait que cinquante ans ; il n'était point besoin d'amoindrir le droit des descendants fort innocents de tout ceci, et de les en priver complétement si le conjoint survivait cinquante ans à l'auteur.

Il est donc certain que la loi nouvelle est loin d'avoir donné satisfaction aux partisans de la perpétuité, puisque dans certains cas elle a diminué la durée ; mais fallait-il donner à ceux-ci entière satisfaction ? Je ne le crois pas ; il y aurait en pratique un inconvénient à ce que les droits de l'auteur fussent perpétuels, il serait impossible de les garder infiniment dans la famille, et il arriverait certainement un moment où ils seraient cédés à un éditeur qui les conserverait dans son fonds jusqu'aux temps les plus reculés ; il y aurait dans mille ans à établir des généalogies impossibles, ou à prouver des cessions à l'aide de parchemins en lambeaux. Ce n'est pas, du reste, le seul droit dont la loi ait dû empêcher la perpétuité ; l'article 530 du Code Napoléon a déclaré que la rente perpétuelle serait essentiellement rachetable ; l'article 619 a restreint à trente années l'usufruit des corporations ; la loi du 18-29 décembre 1790 a réduit à quatre-vingt-dix-neuf ans les baux emphytéotiques concédés à perpétuité. Il faut donc une limite, mais une limite qui soit telle qu'on puisse dire que c'est une sorte de perpétuité. Or, on l'a énoncé avec raison, les œuvres se classent par siècles, c'est après cent ans que la postérité commence, que l'histoire et par conséquent la société reprennent leurs droits; cent ans, c'est la limite à laquelle commencent les temps, que ceux qui vivent n'ont point vus, et dont on a seulement entendu parler; tous ceux qui vivaient il y a un siècle ont successivement disparu de la face du monde, tout est renouvelé, il ne reste plus qu'un souvenir. C'est ainsi que les légistes l'ont toujours compris, et lorsque dans le droit ancien la possession dépassait cent années, il n'y avait plus, pour prescrire, de terme fixe spécialement déterminé; alors commençait la prescription de temps immémorial (1). C'est aussi le terme auquel les Romains réduisaient l'usufruit accordé aux personnes morales, telles que les cités, parce que c'est là le terme le plus long de la vie humaine, *quia is finis vitæ longævi hominis est* (2).

Le terme de cent ans à partir de la mort de l'auteur me paraîtrait donc, au point de vue historique et juridique, reposer sur des bases plus sérieuses que celui de cinquante. Au point de vue des affections de la famille il a également sa justification ; supposons que l'auteur soit parvenu au déclin de la vie, qu'il ait un fils d'environ vingt-cinq à trente ans et un petit-fils en bas-âge ; les affections du vieillard ne vont-elles pas se porter sur ce dernier rejeton de sa race, et sa joie ne sera-t-elle pas mêlée d'un sentiment d'amertume, lorsqu'il songera que cet enfant ne jouira probablement point, pendant toute sa vie, des fruits du travail de son grand-père? en effet, si l'auteur vient à mourir peu après, le petit-fils n'aura que cinquante et quelques années quand il sera dépouillé de son droit. Il y a des héritiers qu'il ne faut point priver, ce sont ceux que l'auteur a connus et sur lesquels il a dû reporter toute son affection.

Toutefois les partisans du système opposé à la perpétuité pourront objecter que ce temps est un peu long, que la société

_____

(1) Voir Merlin, Répertoire vᵒ Prescription, section II, § 24.
(2) Digeste, Gaius, l. 55 *de usufructu*, VII, 1.

va peut-être se trouver privée d'œuvres utiles, si les héritiers pour diverses raisons ne les publient pas? L'objection a son importance; aussi en proposant le délai de cent ans j'y ajoute une restriction.

Quand il s'agit du droit commun, si quelqu'un ne se sert pas de sa propriété, il est exposé à se voir déposséder par un tiers, et la prescription de trente ans n'exige même pas la bonne foi du nouveau possesseur. Or, dans l'espèce, la société se sert à sa volonté de l'œuvre depuis sa publication; pourquoi ne pas établir une prescription à son profit? Il suffirait de dire que, si après un certain temps à partir de la dernière publication, les héritiers ou les cessionnaires n'avaient point usé de leur bien et n'avaient point fait une nouvelle édition d'un certain nombre d'exemplaires déterminé, l'œuvre tomberait dans le domaine public; il y aurait une sorte de prescription au profit de la société par suite de l'usage qu'elle a fait de l'œuvre. Ce temps pourrait être, par exemple, de dix ans; de telle façon que les héritiers ou cessionnaires, pour ne pas perdre leurs droits pendant cent ans, devraient faire neuf éditions, en supposant que l'auteur en ait fait une peu de temps avant sa mort; le nombre d'exemplaires, que devrait avoir chaque édition, pourrait être de cent à cinq cents exemplaires suivant le nombre de volumes que formerait l'ouvrage.

Mais, dira-t-on, si les successeurs n'ont pas en dix ans vendu toute l'édition, les forcer en ce cas à en faire une nouvelle, c'est leur imposer une charge onéreuse; certainement, mais si elle est réellement onéreuse, ils sont libres de ne pas se l'imposer; du reste, si l'ouvrage ne se vend pas, il n'y aura point grande perte pour eux, et aucun éditeur ne sera tenté de faire une nouvelle édition pour leur faire concurrence; ou bien alors c'est qu'ils avaient voulu vendre trop cher, et en ce cas l'intérêt de la société aura été avec raison sauvegardé.

Il est bien entendu que l'auteur lui-même ne serait point assujetti pendant sa vie à cette obligation; il faut qu'il puisse à loisir revoir et corriger son œuvre, quoiqu'il n'ait plus la faculté de l'anéantir complétement, et que publiée, elle appartienne à l'histoire comme les autres événements qui se sont passés au grand jour.

Les législations étrangères n'ont encore fait qu'entrevoir cette solution; ainsi la législation russe, comme nous l'avons vu, accordait autrefois aux héritiers une prolongation de délai de dix ans, si dans les cinq dernières des vingt-cinq années ils avaient fait une nouvelle édition; on supposait une sorte de prescription acquisitive au profit des héritiers, de sorte que c'était la société qui était considérée comme propriétaire, les héritiers n'ayant qu'un privilége; ce n'est point là le système que je viens de développer; pour moi les successeurs de l'auteur sont propriétaires, et c'est la société qui prescrit contre eux. — En Espagne, en ce qui concerne la représentation des œuvres dramatiques, il y a également une sorte de prescription au profit de l'auteur si le directeur du théâtre, auquel la pièce a été cédée, laisse s'écouler cinq années sans l'avoir représentée; mais c'est une prescription libératoire, et elle est au profit de l'auteur et non de la société. — En Suède, les héritiers ou cessionnaires doivent publier de nouvelles éditions, quand les premières sont épuisées, à peine de déchéance; mais d'un côté il est bien difficile de prouver qu'une édition est épuisée; il suffira que l'éditeur en conserve toujours sur les rayons un exemplaire pour empêcher l'application de cette disposition; d'un autre côté, le droit des héritiers n'étant en Suède que de vingt ans, cette restriction n'était peut-être pas d'une extrême urgence. — En Danemark, où le délai est de trente ans, nous avons vu que tout le monde pouvait publier si l'éditeur n'avait plus depuis cinq ans aucun exemplaire de l'œuvre; ce n'est point là un système pratique; il suffira encore, comme je viens de le dire, qu'il conserve un exemplaire.

Qu'on ne dise pas que ce retrait au profit de la société serait une sorte d'expropriation pour cause d'utilité publique; il n'y a aucune assimilation possible; l'expropriation, on ne peut ni la prévoir ni l'empêcher; ici, au contraire, si le propriétaire perdait son droit, ce serait par sa faute, parce qu'il aurait cessé de publier.

Une restriction se rapprochant de celle que je propose avait été formulée par un amendement dans le projet de 1841, qui, comme on le sait, a échoué au moment du vote sur l'ensemble de la loi (1) ; cette restriction consistait à autoriser, comme je le propose, les éditeurs à publier, si les héritiers avaient laissé passer dix ans sans faire une édition ; mais on ajoutait qu'ils devaient préalablement prouver que l'édition était épuisée et payer aux propriétaires une indemnité. Or, les seules objections présentées à cette époque contre cette proposition, c'est que, d'un côté, il n'y avait pas lieu de restreindre le droit des héritiers, puisqu'il ne s'étendait qu'à trente ans ; que, d'un autre côté, l'évaluation de l'indemnité serait difficile à effectuer, aucune base n'étant proposée. On comprend que ces deux objections ne peuvent plus être faites au système que je propose, puisque d'abord le délai serait de cent ans au lieu de trente, et qu'ensuite il n'y aurait aucune indemnité à régler au profit du propriétaire dépossédé.

En résumé, pour moi l'auteur et ses successeurs ont un véritable droit de propriété ; mais, s'il y a de graves inconvénients à le rendre perpétuel, il n'y a aucune raison sérieuse pour le restreindre à un délai de vingt, trente ou cinquante ans ; cette durée est arbitraire, tandis que le délai de cent ans à partir de la mort de l'auteur, s'appuierait sur des considérations que je crois sérieuses ; et il ne serait point nuisible à la société si l'on obligeait les successeurs à faire une nouvelle édition tous les dix ans pour pouvoir conserver leurs droits. Ainsi se trouveraient conciliés l'intérêt des successeurs et celui de la société.

II. — Une autre question naît de la disposition de la loi nouvelle qui accorde au conjoint survivant, préférablement aux autres héritiers, un droit viager ou de survie. Nous avons vu que le second paragraphe était ainsi conçu :

« Pendant cette période de cinquante ans, le conjoint survi-
» vant, quel que soit le régime matrimonial, et indépendamment
» des droits qui peuvent résulter en faveur de ce conjoint du
» régime de la communauté, a la simple jouissance des droits

(1) *Moniteur* du 2 avril 1841.

» dont l'auteur prédécédé n'a pas disposé par acte entre-vifs ou
» par testament.

En droit commun, le conjoint survivant ne vient en France
à la succession de son conjoint décédé qu'à défaut d'héritiers de
celui-ci au douzième degré ; quand il prend la totalité de la communauté ou une part des biens propres du *de cujus*, c'est qu'il y
a droit en vertu de contrat de mariage ou de donation ; la règle,
c'est la communauté légale comprenant tous les biens mobiliers,
et se partageant en deux parts égales à la dissolution du
mariage ; quant aux immeubles, ils restent propres. Bref, il n'y
a point légalement de droit de survie au profit des époux ; pourquoi en accorde-t-on un quand il s'agit des droits d'auteur?

L'exposé des motifs croit trouver, en ce qui concerne la
femme, la justification de cette exception dans la quasi-collabo-
ration de celle-ci « qui, faisant régner l'ordre et ayant peut-
» être apporté l'aisance au foyer, épargne au mari les préoccu-
» pations qui le détourneraient du travail littéraire et artistique ; »
dans ces présomptions à savoir que la « femme a partagé les
» triomphes de l'auteur, a consolé ses espérances déçues, est la
» première dépositaire de sa pensée relative à la publication
» nouvelle, à la correction de ses œuvres, etc., (1) » Ces raisons
sont loin d'être suffisantes ; sans doute il peut se faire que la
femme ait donné quelques conseils à son mari, qu'elle ait bien
voulu se prêter à l'aider dans la confection de son œuvre ;
j'admets qu'elle l'ait consolé dans ses déceptions, et qu'elle n'ait
pas refusé de partager ses triomphes ; je concède encore qu'elle
lui ait épargné les préoccupations du ménage, et, si l'on veut,
qu'elle ait montré des talents culinaires, très-louables sans doute,
et peut-être fort appréciés de son mari ; je consens même à
pousser l'illusion jusqu'à me persuader que l'histoire nous a

---

(1) Il est intéressant de remarquer que ces raisons sont justement celles, que donnait M. Troplong sous l'empire de la loi de 1810, pour soutenir que les droits d'auteur
devaient faire partie de la communauté et non rester propres à l'auteur, ainsi que le
prétendait M. Toullier, pour le cas où ils n'avaient pas été cédés pendant le mariage.
En d'autres termes, M. Troplong invoquait alors ces raisons pour justifier l'application
du droit commun, on les invoque maintenant pour en sortir. (Voir Troplong, contrat
de mariage, tome 1 n° 433.)

trompés sur le caractère de madame Molière; que la femme de
Socrate, la fameuse Xantippe n'est, à vrai dire, qu'un mythe
de l'antiquité; et que les femmes d'auteur ont toutes été jusqu'à
ce jour des anges du foyer domestique. Mais alors il m'est permis
de demander s'il n'y a de femmes dévouées que celles des artistes
et des littérateurs; si ce sont les seules bonnes ménagères que
la terre ait portées; si d'autres n'ont pas, comme elles, partagé
les triomphes et les déceptions de leurs maris! La femme du
commerçant n'a-t-elle pas aidé à la prospérité des affaires?
assise au bureau ou au comptoir, souvent pendant des jour-
nées entières, n'a-t-elle pas directement participé à l'œuvre de
son mari, et acquis des droits légitimes à la rémunération? Et
la femme du laboureur, occupée dès l'aurore à diriger l'intérieur
de la ferme, à surveiller la basse-cour et la cuisine, à régler
les dépenses et à multiplier les profits, n'a-t-elle pas mérité
aussi une semblable récompense?

On pourrait certainement accorder à la veuve un usufruit
légal sur la moitié des biens de communauté dont elle n'a pas la
propriété; mais c'est au Code Napoléon qu'il faudrait placer
cette disposition en l'étendant à toutes les veuves, puisque les
raisons données sont applicables à toutes. Si le régime en communauté, tel qu'il est établi par le Code, est une momie qui a
fait son temps, il faut la remplacer; mais il y a autre chose à
faire que de se borner à en mutiler les contours; ou bien alors,
ce ne sera plus qu'une œuvre informe et sans art.

Le droit de survie, dont il est question, n'appartient pas
seulement à la veuve; il appartient aussi, en vertu de la nouvelle loi, au mari survivant, dans le cas bien entendu où c'était
la femme qui était auteur. Quelles raisons peut-on donner pour
justifier cette préférence accordée au mari au détriment des héritiers de la femme? on les cherche en vain. Serait-ce parce que le
mari a bien voulu permettre à sa femme, non-seulement d'avoir
de l'esprit, mais de le faire savoir au public? ou bien parce qu'il
a été assez complaisant pour l'autoriser à s'abstenir des soins du
ménage et à s'enivrer des vaines fumées de la gloire? Il reste-
rait à rechercher si la femme ne pourrait pas se passer de

l'autorisation de son mari, et si d'ailleurs les travaux littéraires ou artistiques la détournent toujours des occupations intérieures.

Tout ceci semblerait sans doute bien peu en harmonie avec un sujet aussi grave, si la faute n'en était à ces raisons quelque peu vaporeuses que, depuis la loi de 1810, on a de père en fils stéréotypées de confiance pour justifier le droit spécial accordé à la veuve; c'est en glissant sur cette pente que l'on a été conduit à établir un droit de réciprocité en faveur du mari; voilà pourquoi cette préférence ne trouve aucune justification.

Mais, si au lieu d'enchaîner la question dans un cadre aussi étroit, on l'étend à toutes les situations; si, au lieu de chercher des raisons spéciales pour le cas où il s'agit d'un auteur, on parle du droit de tout conjoint survivant, auteur, artisan, laboureur, militaire, professeur ou magistrat, sur une portion des biens de la communauté acquis pendant le mariage, ou sur la pension attribuée au prédécédé par l'État en récompense des services rendus à la patrie, aussitôt la question s'ennoblit en proportion même de son étendue, et les raisons que l'on peut dès lors invoquer, de futiles qu'elles étaient, s'élèvent aux plus hautes conceptions de la philosophie et du droit. Si l'on accorde au conjoint survivant un droit de survie sur la moitié des biens de communauté dont il n'a pas la propriété, ce sera parce que, les époux ayant tout mis en commun, leurs affections, leurs travaux, leur jeunesse et leur avenir, il est naturel que cette communauté se continue, pour ainsi dire en effigie, après le décès de l'un d'eux; n'est-il pas juste que le survivant ne voie pas passer, pendant sa vie, à d'avides héritiers les biens acquis pendant le mariage par l'être aimé que la mort a ravi? n'est-il pas moral que les droits de ceux qui ont constitué la famille ne soient pas méconnus par la loi, que les liens du mariage semblent se perpétuer au-delà de la tombe, et que l'absent ne laisse pas seulement un vain souvenir creusé dans les replis de la pensée, souvenir que le temps se charge trop souvent d'effacer, comme le vent aplanit les sillons tracés sur les sables mouvants du désert?

III. — Pour compléter cette question théorique, il n'est pas hors de propos d'examiner quelle aurait été la situation, si la loi n'avait pas accordé au conjoint survivant ce droit exceptionnel, et à qui auraient appartenu les droits de l'auteur après sa mort ; on verra que le conjoint survivant n'aurait pas été complétement dépourvu, comme on semble le supposer.

On ne peut nier que ce ne soit là un droit mobilier par l'objet auquel il s'applique, conformément à l'article 529 du Code Napoléon : or, ce droit tomberait en communauté, d'après cette règle que tout ce qui provient du travail et des économies des époux y tombe, comme les autres revenus, aux termes de l'article 1401 du même code (1) ; de telle façon, qu'à la dissolution du mariage, il y aurait eu partage, moitié pour les héritiers de l'auteur prédécédé, moitié pour l'héritier survivant ; ce dernier n'aurait donc pas été complétement sans ressources si on lui avait simplement appliqué le droit commun. Au lieu de cela on lui a d'un côté accordé un droit de survie sur le tout, mais d'un autre côté on a fait disparaître son droit exclusif de propriété sur la moitié, et ses héritiers en sont complétement privés ; c'est donc en réalité un bien qui va se comporter comme un propre, un bien mobilier qui est immobilisé par la loi. Il eût été beaucoup plus rationnel de ne rien faire de semblable et de donner simplement au conjoint survivant l'usufruit de la moitié qui ne lui revenait pas en pleine propriété ; il est certain que c'est de cette façon que l'on procéderait si l'on voulait introduire dans le Code, en faveur du conjoint survivant, un droit d'usufruit sur les biens de communauté ; c'est là du reste une clause usuelle dans les contrats de mariage faits par devant notaire (2) et il n'est jamais venu à l'idée de personne de compenser cet usufruit par la perte de la moitié en nu-propriété.

Il faut remarquer d'ailleurs que la loi nouvelle n'applique le droit de survie qu'au cas où l'auteur n'a pas cédé son œuvre pendant sa vie ; s'il l'a cédée, le prix en tombera en communauté suivant les règles ordinaires et le conjoint survivant n'en aura pas l'usufruit, mais la moitié en pleine propriété. De telle façon que le

_____

(1) « L'ouvrage est un meuble, disait M. Troplong sous l'empire de la loi de 1810, et à ce titre il se communique de plein droit à la communauté. » (Loc. cit. n° 433).

(2) Voir Formulaire pour contrats de mariage par M. de Madre, 5ᵉ édition, formule 22.

mari d'une femme auteur, s'il est jeune, a intérêt à ne pas lui permettre de céder son droit à un éditeur, parce qu'il perdrait son
droit de survie; s'il est âgé, il vaut mieux, dans l'intérêt de ses
héritiers, que la vente ait lieu.

IV. — Quoi qu'il en soit, la loi nouvelle, comme les lois
de 1810 et de 1854, accorde au conjoint survivant un droit spécial; quelle est la nature de ce droit, comment faut-il le qualifier?

On comprend que la question soit autre que sous les lois précitées; car auparavant le droit des descendants ne commençait qu'à la mort de la veuve, tandis que maintenant il coexiste
avec celui du conjoint survivant. Est-ce une substitution? mais
les substitutions sont prohibées, sauf les exceptions indiquées
articles 1048 et suivants du Code Napoléon. Est-ce un droit de
succession? mais, aux termes de l'article 752 du même Code, la
loi ordinairement ne considère pas la nature des biens pour en
régler la succession.

La loi l'appelle un droit de *simple jouissance*; on conçoit qu'il
ait été difficile de trouver une qualification juste pour un droit
sans précédent; mais il résulte de la discussion qu'on l'a appelé *jouissance*, parce qu'on a voulu indiquer que c'était un usufruit, et non un droit d'usage, et qu'on a ajouté le mot *simple*
dans la rédaction définitive, afin de mieux caractériser cette idée;
ne pourrait-on pas dire avec plus de raison, afin d'arriver à mieux
l'embrouiller? Ce qu'il y a de bizarre, c'est que cette expression
qualifierait très-justement le droit dont il s'agit, si on ne la pre-
nait comme synonyme d'usufruit; en effet, en décomposant
juridiquement le droit de propriété, on voit qu'il comprend le
droit de disposer de la chose (*jus abutendi*), le droit d'en percevoir les fruits ou d'en jouir (*jus fruendi*), et le droit d'en user
(*jus utendi*); or, ici il s'agit justement d'une propriété dont on ne
peut percevoir les fruits ou jouir qu'en en livrant l'usage au public;
le conjoint survivant a donc véritablement la *simple jouissance*
(*jus fruendi*), et non l'usufruit, car il manque le droit d'usage.

Si l'on a voulu désigner l'usufruit, on se demande pourquoi on
a semblé craindre de l'exprimer? En droit, il faut, sans périphra-
ses, appeler les choses par leur nom et ne point poser volontaire-

ment des énigmes dont on est ensuite obligé d'aller chercher la solution dans un rapport ou dans une discussion.

Ce qu'il y a de certain, quoi qu'on en dise, c'est que, si c'est un usufruit, ce n'est pas un usufruit ordinaire, car d'une part le produit n'est pas périodique, et d'autre part il peut absorber la nu-propriété, puisqu'il consiste, comme elle, dans le droit de faire des éditions; cela est d'autant plus vrai qu'il peut arriver en fait, qu'il dure plus de cinquante ans et dépasse la durée du droit de propriété.

Certains auteurs, sous la loi précédente, avaient pensé à l'assimiler au droit de rente viagère, mais il en diffère sous deux points de vue, c'est qu'une rente peut être représentée par un capital et que le revenu en est périodique; sauf les mêmes différences, l'assimilation me paraîtrait être plus grande encore avec l'usufruit de la rente viagère, qui, aux termes de l'article 588 du Code Napoléon, donne à l'usufruitier le droit d'en percevoir les arrérages sans qu'il soit tenu à aucune restitution. Ces assimilations ne sont pas inutiles à rechercher, ce sont des points de repère pour la solution des questions pratiques qui peuvent se présenter, surtout en matière de partage (1).

V. — Ce droit de survie est accordé au conjoint, quel que soit le régime sous lequel il s'est marié; ainsi quand bien même les époux se seraient mariés sous le régime dotal, sous le régime sans communauté, ou sous le régime de séparation de biens, ils y auront droit, s'il n'y a pas dans le contrat une clause formelle en sens contraire. C'est là encore un bouleversement complet des règles fondamentales en matière de contrats de mariage; et pour ne prendre que la séparation de biens, les époux, en adoptant ce régime, qu'ont-ils voulu exprimer? ils sont convenus, que les revenus des biens qui leur adviendraient, de quelque manière que ce pût être, resteraient à chacun d'eux pendant le mariage; à plus forte raison doit-il en être ainsi après le mariage; la loi nouvelle dit cependant le contraire.

_____

(1) Il est évident que les héritiers pourront demander à sortir d'indivision en vertu de l'article 815 du Code Napoléon; le partage pourra se faire en nature s'il y a plusieurs ouvrages; il y aura lieu à licitation dans le cas contraire. — Il faudra également, selon moi, payer les droits de succession comme pour les autres biens.

Une question, qui se rattache à cette décision, est celle de savoir si la femme qui, aux termes de l'article 1453 du Code Napoléon, renoncera à la communauté, pourra conserver son droit de survie. Si l'on appliquait les règles du Code Napoléon, aux termes des articles 1492 à 1496, il est certain qu'elle n'y aurait plus droit; mais, puisqu'on s'écarte de toutes règles, je crois qu'ici ces articles ne seront pas applicables; en effet, si la loi nouvelle n'examine pas sous quel régime on est marié, pourquoi rechercher si la femme a ou non renoncé à la communauté? en renonçant, elle est à peu près dans la même position que si elle s'était mariée sous le régime sans communauté, cas dans lequel la loi lui accorde le droit de survie. C'est là, il est vrai, une véritable cacophonie légale, mais ce me paraît être une conséquence forcée du système qu'on a adopté.

VI. — Plusieurs restrictions sont apportées par la loi à l'exercice de ce droit du conjoint survivant; elles ont trait à la réserve des enfants et ascendants, à la séparation de corps et au convol en secondes noces.

En ce qui concerne la réserve, le troisième alinéa de l'article premier est ainsi conçu : « Toutefois, si l'auteur laisse des héri- » tiers à réserve, cette jouissance est réduite, au profit de ces » héritiers, suivant les proportions et distinctions établies par » les art. 913 et 915 du Code Napoléon. »

C'est encore là une disposition bien anormale sous plusieurs rapports, et, pour s'en convaincre, il suffit d'examiner dans quels cas a lieu ordinairement la réserve légale établie par le Code Napoléon au profit des descendants et des ascendants.

Aux termes des articles 913 et 915 (1), la réserve ne s'applique

_____

(1) ART. 913.—Les libéralités, soit par actes entre-vifs, soit par testament, ne pourront excéder la moitié des biens du disposant, s'il ne laisse à son décès qu'un enfant légitime ; le tiers, s'il laisse deux enfants ; le quart, s'il en laisse trois ou un plus grand nombre.

ART. 915. — Les libéralités, par actes entre-vifs ou par testament, ne pourront excéder la moitié des biens, si, à défaut d'enfant, le défunt laisse un ou plusieurs ascendants dans chacune des lignes paternelle et maternelle ; et les trois quarts, s'il ne laisse d'ascendants que dans une ligne.

Les biens ainsi réservés, au profit des ascendants, seront par eux recueillis dans l'ordre où la loi les appelle à succéder ; ils auront seuls droit à cette réserve, dans tous les cas où un partage en concurrence avec des collatéraux ne leur donnerait pas la quotité de biens à laquelle elle est fixée.

qu'aux cas où il s'agit de « libéralités, soit par actes entre vifs, soit par testaments. » Est-ce ici la situation? S'agit-il d'une donation ou d'un testament? En aucune façon; il n'est même pas question de libéralités, il n'y a point de disposant, c'est de par la loi que l'attribution est faite; on peut donc dire, que c'est la loi qui se réduit elle-même après avoir ordonné.

Sous un autre point de vue l'anomalie est tout aussi grande. Il s'agit d'un bien qui, sous le régime en communauté légale, tomberait dans la communauté; (il n'est pas possible de soutenir que ce soit essentiellement un bien propre, puisque s'il est vendu par l'auteur pendant le mariage, il ne lui est point dû récompense à la dissolution); or, les époux peuvent, par contrat de mariage, faire toutes conventions relatives aux biens de communauté sans qu'elles soient soumises à réserve; ainsi les articles 1520 et 1525 du Code Napoléon (1) leur permettent de stipuler que les parts de chacun d'eux seront inégales, que tel d'entre eux prendra la communauté tout entière, ou à plus forte raison que le survivant en aura tout l'usufruit. Cela posé, voyons ce que fait la loi nouvelle; elle établit pour ainsi dire une clause légale de contrat de mariage; de ce droit de survie, que les futurs époux pouvaient stipuler par convention spéciale, elle fait une règle applicable à tous les cas; où trouver là matière à réduction? Si cette donation de survie était faite par les époux eux-mêmes elle ne serait pas réductible, quoique les donations le soient ordinairement; pourquoi l'est-elle, lorsque c'est la loi qui l'établit? N'y a-t-il pas lieu d'appliquer *a fortiori* la disposition de l'article 1520.

En résumé, il y aurait deux raisons pour qu'il n'y eût pas lieu

(1) ART. 1520. — Les époux peuvent déroger au partage égal établi par la loi, soit en ne donnant à l'époux survivant ou à ses héritiers dans la communauté qu'une part moindre que la moitié, soit en ne lui donnant qu'une somme fixe pour tout droit de communauté, soit en stipulant que la communauté entière, en certains cas, appartiendra à l'époux survivant ou à l'un d'eux seulement.

ART. 1525. — Il est permis aux époux de stipuler que la totalité de la communauté appartiendra au survivant ou à l'un d'eux seulement, sauf aux héritiers de l'autre à faire la reprise des apports et capitaux tombés dans la communauté du chef de leur auteur.

Cette stipulation n'est point réputée un avantage sujet aux règles relatives aux donations, soit quant au fond, soit quant à la forme, mais simplement une convention de mariage et entre associés.

à réduction; la première c'est qu'il n'y a pas de donation, la seconde c'est qu'en supposant qu'il y en ait une, ce serait une convention matrimoniale non soumise à réduction dans le cas de communauté légale.

Voilà pour la question théorique; mais ce ne sont pas les seules critiques que l'on puisse adresser à cette disposition relative à la réserve. En pratique lorsqu'il s'agira d'opérer la réduction, à quelle date va-t-on classer cette sorte de donation légale? on sait qu'aux termes de l'article 925. « Lorsqu'il y a lieu à
» réduction, elle se fait en commençant par la dernière donation,
» et ainsi de suite en remontant des dernières aux plus an-
» ciennes. » Lui donnera-t-on pour date fictive le jour du décès, ou celui du mariage? Ou bien pourrait-on considérer ce droit de survie comme une disposition testamentaire et opérer la réduction au marc le franc, conformément à l'article 926? cette dernière solution ne me paraît pas possible; il ne peut y avoir là d'assimilation avec le legs, c'est une sorte de convention matrimoniale. Je crois que la date préférable sera celle du mariage; il faudra l'assimiler à la donation des biens à venir, qui date du jour du contrat de mariage (1). Toutefois, qu'on le remarque bien, l'analogie n'est point complète; car ici c'est la date de l'acte de mariage, et non celle du contrat, que je propose d'adopter, par la raison qu'il peut ne pas y avoir de contrat de mariage.

J'ai encore à signaler, en ce qui concerne la réserve, une erreur, que l'on ne peut point, comme dans les cas précédents, mettre sur le compte d'une appréciation fantaisiste.

En établissant que la réserve s'appliquerait à la jouissance du conjoint survivant, on paraît avoir voulu, quant à la quotité, se référer au droit commun, puisque l'on a été persuadé que l'application à ce cas des principes de la réserve n'était pas une dérogation aux règles ordinaires. Mais, s'il en est ainsi, ce n'étaient pas les articles 913 et 915 qui devaient être cités; ces articles ne pourront jamais être appliqués par la raison qu'ils n'indiquent la quotité disponible, que pour les cas où la libéralité est faite à

(1) Troplong, *Donations et Testaments*, tome IV, n° 2506 sur l'article 1090.

tout autre qu'à un conjoint, quotité qui varie suivant le nombre des ascendants ou des descendants. Quand il s'agit d'une libéralité faite à un conjoint, il y a une quotité disponible qui est différente, et qui est réglée par l'article 1094 (1); s'il y a des ascendants, le conjoint peut recevoir, en outre de la portion déterminée par l'article 915, l'usufruit de la réserve indiquée par cet article; s'il y a des descendants il peut recevoir, quel qu'en soit le nombre, un quart en propriété et un quart en usufruit, ou la moitié en usufruit seulement. C'est là la quotité disponible qu'il faudra appliquer, c'est la seule possible puisqu'il s'agira toujours d'un conjoint; pourquoi en effet le revêtir d'une quotité disponible qui n'a point été faite pour lui, quand il en a une spéciale que le Code a mesurée à sa taille?

On aurait pu imputer simplement à un oubli l'absence de citation de cet article 1094 dans le paragraphe précité, si la discussion de la loi au corps législatif ne révélait qu'on l'a omis avec intention; pourquoi? J'ai essayé en vain de m'en rendre compte, et je me borne à citer les paroles du rapporteur sans les expliquer; répondant à l'objection présentée relativement à cette réserve spéciale de l'article 1094 : « Nous n'avons pas, dit-il à » prémunir les enfants des auteurs de celle-la, puisque la Chambre » nous avait recommandé uniquement de conserver la réserve » au profit des enfants. Il est donc évident que c'était là sa pensée » principale et la commission y a donné satisfaction par un rap- » pel du droit commun établi par les articles 915 et 913 (2). » Il semblerait vraiment, en lisant ce passage, que la réserve indiquée par l'article 1094 n'est pas établie au profit des enfants! Qu'on se persuade bien que c'est toujours au profit des descendants ou des ascendants que la réserve est réglée, soit dans l'article 1094,

___

(1) ART. 1094. — L'époux pourra, soit par contrat de mariage, soit pendant le mariage, pour le cas où il ne laisserait point d'enfants ni descendants, disposer en faveur de l'autre époux, en propriété, de tout ce dont il pourrait disposer en faveur d'un étranger, et en outre de l'usufruit de la totalité de la portion dont la loi prohibe la disposition au préjudice des héritiers.

Et pour le cas où l'époux donateur laisserait des enfants ou descendants, il pourra donner à l'autre époux, ou un quart en propriété et un autre quart en usufruit, ou la moitié de tous ses biens en usufruit seulement.

(2) Voir *Moniteur* du 28 juin 1866. (Séance du 27 juin 1866).

soit dans les articles 913 et 915; il n'y a de différence entre ces
articles que par rapport à la quotité, laquelle n'est point la même
si le donataire est un conjoint ou si c'est une autre personne.

Malgré le texte de la loi et la déclaration du rapporteur, je n'en
persiste donc pas moins à penser qu'il faudra quand même appliquer l'article 1094, puisqu'on a voulu s'en référer au droit commun. Autrement voici en fait à quel résultat on arriverait :
supposons que le conjoint décédé laisse trois enfants et sa femme
à laquelle il a fait une donation de 25,000 fr.; sa fortune mobilière et immobilière est de 80,000 fr., les droits d'auteur qu'il laisse
sont évalués à 10,000 fr., total 90,000 fr. Il faudrait calculer
séparément les deux quotités disponibles comme s'il y avait deux
successions : l'une de 80,000 fr. avec une donation de 25,000 fr.
et une quotité disponible d'un quart en propriété et d'un quart en
usufruit aux termes de l'article 1094; l'autre de 10,000 fr. avec
une donation réductible au quart d'après l'article 913. La
veuve aurait donc 20,000 fr. en propriété, 20,000 fr. en usufruit
dans la succession mobilière et immobilière, et 2,500 fr. pour
les droits d'auteur. Si, au contraire, on avait fait tout le calcul
conformément à l'article 1094 la veuve aurait eu 22,500 fr. en
propriété et 22,500 fr. en usufruit; différence en plus, 2,500 fr.;
c'est ce dernier calcul qui est conforme au droit commun, je
l'ai déjà dit; « la loi (article 732), ne considère ni la nature
ni l'origine des biens pour en régler la succession; » le *de cujus*
ne laisse pas deux successions, deux masses de biens distinctes,
il n'en laisse qu'une, et s'il y a à ce principe quelques exceptions
dans les articles 351, 747 et 766 relativement à l'origine des biens,
et non à leur nature, elles ont été établies formellement en connaissance de cause, et non indirectement par voie de conséquence.

VII. — En ce qui concerne les deux autres restrictions apportées par la loi à l'exercice du droit accordé au conjoint survivant, le quatrième paragraphe s'exprime ainsi :

« Cette jouissance n'a pas lieu lorsqu'il existe, au moment du
» décès, une séparation de corps prononcée contre ce conjoint;
» elle cesse au cas où le conjoint contracte un nouveau
» mariage. »

En premier lieu, le conjoint survivant perd ses droits si la séparation de corps a été prononcée contre lui; c'est une sorte d'application de l'art. 299 du Code Napoléon, qui prive le conjoint, contre lequel la séparation a été prononcée, des avantages que l'autre époux lui avait faits soit par contrat de mariage, soit depuis le mariage contracté ; la loi assimile le droit, qu'elle concède elle-même, à une donation faite par les époux entre eux.

En second lieu ce droit de survie cesse s'il y a convol en secondes noces; on sait que c'est là une clause de style dans les contrats de mariage faits par devant notaires en ce qui concerne tout usufruit laissé au survivant. Mais une question va se présenter pour le cas où le conjoint survivant a cédé son droit entier à un éditeur et se remarie quelque temps après; le second mariage éteindra-t-il le droit malgré la cession? L'affirmative me paraît être la solution à adopter par la raison que le conjoint n'a pu céder plus de droits qu'il n'en avait et que l'éditeur a fait un contrat aléatoire ; il faut ajouter que ce dernier ne pourra même pas réclamer au cédant une indemnité; c'était à lui à faire insérer dans le contrat de cession une clause pénale pour le cas de convol du cédant. Il faut avouer que, dans ces conditions, la cession sera bien difficile et peu lucrative pour le conjoint survivant; mais il ne me paraît pas possible de décider la question d'une autre façon et de permettre au conjoint d'éluder la loi par le moyen de la cession.

Je termine ce qui concerne les droits du conjoint survivant en faisant remarquer que l'auteur peut l'en priver, en cédant ses droits pendant sa vie ou en en disposant par donation ou testament. Ce n'est pas encore de cette façon que l'on procède en droit commun; le conjoint n'a point à priver son conjoint d'un avantage, il peut seulement lui en concéder; le Code suppose ordinairement qu'il ne sera que trop disposé à donner, et lui laisse sur ce point l'initiative, tandis qu'ici on lui prête des sentiments tout opposés.

VIII. — Le cinquième paragraphe de l'article premier règle la succession en ce qui concerne la nu-propriété: il est ainsi conçu :

« Les droits des héritiers à réserve et des autres héritiers ou
» successeurs, pendant cette période de cinquante ans, restent
» d'ailleurs réglés conformément aux prescriptions du code
» Napoléon. »

Il faut entendre cette disposition en ce sens que les droits de
l'auteur sont considérés comme des biens qui lui sont propres, et
passent à ses héritiers ordinaires ; de telle façon que, s'il y a un
conjoint, ces derniers ont la nu-propriété jusqu'à ce que l'usufruit s'éteigne.

J'ai déjà fait remarquer, en effet, que c'était là une dérogation
au droit commun relativement à la communauté légale, que ces
droits devraient tomber en communauté, comme ils y tombent
en effet si l'auteur les a cédés pendant sa vie. Le paragraphe en
question consacre donc une réglementation contraire aux règles
ordinaires, tout en paraissant s'y référer entièrement. Il n'aurait
donc pas été inutile d'ajouter à la disposition « conformément
aux prescriptions du code Napoléon, *mais en considérant les
droits d'auteurs comme des biens propres.* »

IX. — Une disposition spéciale prévoit le cas où l'auteur
n'ayant pas d'héritiers, ni de conjoint, sa succession est en déshérence et se trouve dévolue à l'État, aux termes de l'article 768
du code Napoléon. Si rien n'avait été dit à ce sujet, l'État aurait
profité des droits jusqu'à l'expiration des cinquante années à
partir de la mort de l'auteur ; au lieu de cela, l'œuvre tombe dans
le domaine public sous deux conditions : 1° qu'il n'y ait pas de
créanciers non payés ; 2° que l'auteur ou ses représentants
n'aient point cédé leurs droits. C'est ce qui est exprimé en ces
termes :

« Lorsque la succession est dévolue à l'État, le droit exclusif
» s'éteint sans préjudice des droits des créanciers et de l'exécu-
» tion des traités de cession qui ont pu être consentis par l'au-
» teur ou par ses représentants. »

Il n'y a pas de difficultés pour le cas de cession ; la disposition
doit être entendue en ce sens que les cessionnaires continueront
à jouir du droit, jusqu'à l'expiration des cinquante années à
partir du décès de l'auteur ; toutefois il eût été plus clair de le

6

spécifier formellement, comme le faisait du reste le projet primitif, au lieu d'employer l'expression *sans préjudice,* qui est peut-être un peu vague pour exprimer l'idée que je viens de commenter.

Quant aux droits des créanciers, ils sont encore moins nettement déterminés ; la loi suppose que la succession en déshérence est mauvaise et que les droits d'auteur n'ont pas été cédés ; elle déclare qu'en ce cas il ne devra pas y avoir de préjudice pour les créanciers. Cela doit vouloir dire qu'ils pourront ou exploiter ces droits en faisant des éditions ou les céder à un éditeur pour un prix déterminé ; mais, s'il leur est permis de les exploiter, ce ne pourra être que jusqu'à concurrence de ce qui leur est dû ; s'ils peuvent les céder il faudra que ce soit pour un prix exactement égal au montant de la créance. On comprend qu'il puisse y avoir là un embarras pour l'exploitation ou la cession, mais je ne vois pas moyen de sortir autrement de la situation ; puisque l'État abandonne tous ses droits, l'excédant sur le prix de la cession ne pourrait lui appartenir.

X. — En résumé, on voit par l'examen des différentes parties de cette loi, qu'en théorie elle est loin d'être à l'abri d'objections qui me paraissent avoir leur importance, et qu'en pratique elle peut donner lieu à des difficultés assez nombreuses.

Tout cela vient de ce que, partant de cette idée qu'il n'y avait point là pour l'auteur un droit de propriété, on s'est efforcé de sortir du droit commun en limitant la durée des droits d'auteur à un délai trop restreint ; en accordant au conjoint survivant un usufruit légal sous quelque régime qu'il fût marié ; en considérant les droits d'auteur tantôt comme biens propres et immobiliers, tantôt comme biens mobiliers et tombant en communauté sans récompense ; enfin en soumettant à la réserve une convention matrimoniale établie par la loi. C'est ainsi qu'une dérogation en entraîne une autre, et, de détours en détours, on finit par se trouver dans un labyrinthe.

Le projet primitif ne faisait que changer le délai ; il eût certes mieux valu s'en tenir là que d'innover comme on l'a fait ; on ne se serait pas écarté du chemin à suivre, et la loi nouvelle eût été simplement une nouvelle étape sur le chemin à parcourir. En d'autres termes, on ne s'est pas cette fois contenté, comme en 1854, de badigeonner les lois précédentes, on me paraît les avoir singulièrement replâtrées; quand on voudra terminer l'œuvre, il ne suffira plus d'ajouter, il faudra démolir.

CHAPITRE VII.

Conclusion.

—

Nous avons vu que la loi nouvelle ne s'occupait guères que de la durée du droit, et que c'était par conséquent une loi complète ; quand plusieurs nations étrangères sont entrées dans une voie de réglementation plus précise et plus étendue, on peut s'étonner de ne trouver chez nous qu'un embryon de législation.

Voici par quelles raisons, dans l'exposé des motifs, on a cherché à justifier cette brièveté :

« Il n'y a pas lieu à essayer de nouveau une réglementa-
» tion qui n'a pas abouti en 1825, qui a échoué à grand bruit
» en 1841. La plupart des détails sont fixés par une jurispru-
» dence acquise ; il serait imprudent, pour les autres, d'enchaîner
» la liberté des conventions et l'appréciation du juge par des
» dispositions arbitraires qui ne s'imposeraient pas à la raison
» publique, qui substitueraient des présomptions inflexibles à la
» variété des circonstances, à la souplesse des changements
» dans les habitudes de la librairie. »

Il est facile de réfuter ces diverses raisons. D'abord, en ce qui concerne la jurisprudence, sans doute elle s'est efforcée de marcher d'inductions en inductions et de se tenir en équilibre dans une foule de questions dans lesquelles elle n'avait pas d'appui sérieux ; mais il a fallu des procès coûteux pour obtenir ces décisions qui, du reste, peuvent varier d'un jour à l'autre ; ce n'est point là une bonne manière de procéder ; la jurisprudence ne doit avoir qu'à interpréter, elle ne doit pas être forcée de créer des solutions. On ajoute qu'on ne veut pas imposer par une loi plus étendue des dispositions arbitraires ; mais, personne ne demande une réglementation faite au hasard, et d'ailleurs, puisqu'il faut des solutions, pourquoi seraient-elles plus arbitraires dans la loi que dans la jurisprudence qui est obligée de les donner quand même; sans doute, si on a l'intention de s'aventurer hors du droit commun, comme on l'a fait dans la loi nouvelle, il vaut beaucoup mieux ne rien faire; mais on ne peut pas supposer qu'on puisse adopter des dispositions qui soient en désaccord avec la raison publique. Enfin, on oppose qu'en 1825 et en 1841 deux projets plus complets n'ont pu arriver à être adoptés; mais on oublie que le projet de 1841 avait passé article par article; ce n'est qu'au moment du vote d'ensemble qu'il a été repoussé, parce que les divers amendements successivement adoptés et les explications contradictoires, qui s'en étaient suivies, avaient laissé quelques points obscurs ou ambigus; on ne peut supposer qu'il en serait encore ainsi.

Il n'y a donc point de raisons sérieuses pour ne point faire une loi complète; d'autant plus, je le répète, que sur toutes ces questions on trouve des solutions toutes faites dans les législations étrangères.

Quel inconvénient y aurait-il donc à se prononcer définitivement sur la question de savoir si l'on peut publier les cours publics, les sermons, les plaidoyers et discours politiques tenus en dehors des Chambres? Certaines législations distinguent entre les discours politiques, les plaidoyers et les leçons publiques; d'autres considèrent si les professeurs sont rétribués pour faire des cours publics ou s'ils ne le sont pas; quant à nos tribunaux, ils ne peuvent pas faire de distinctions; ils concèdent le droit de propriété, mais nous avons vu que, dans le cas de cours publics, la Cour de Paris avait cru pouvoir décider que, si le professeur n'avait pas empêché de publier le commencement des cours, il ne pouvait interdire d'en publier la fin. Le moment n'est-il pas venu de régler définitivement ces questions, alors que des cours publics sont organisés par toute la France, que le niveau intellectuel tend à s'élever et à s'agrandir?

Une question analogue se présente en ce qui concerne les articles de journaux; avec les nations étrangères la question est

presque partout réglée; en général il y a interdiction de reproduire si elle est formellement exprimée dans le journal; sinon
la reproduction est permise en indiquant la source; les articles
de discussion politique peuvent toujours être reproduits. Au
moment où le nombre des journaux et des revues s'accroît dans
des proportions considérables, ne serait-il pas utile que la loi
donnât des solutions à ces questions usuelles. Combien de
recueils périodiques se laissent piller impunément parce qu'en
l'absence de loi les auteurs craignent d'entamer un procès incer-
tain! La Cour de cassation a jugé, il est vrai, qu'il y avait là un
droit de propriété, si le dépôt avait été effectué; mais n'y
aurait-il pas à faire des distinctions semblables à celles qui ont
été faites dans les traités, et d'ailleurs est-il nécessaire de sub-
ordonner ce droit à la formalité du dépôt?

Le droit de traduction devrait aussi appeler l'attention du
législateur; la jurisprudence a été forcée de déclarer vaguement
qu'on ne pouvait traduire un ouvrage qui n'était pas tombé dans
le domaine public; mais ne faudrait-il pas examiner s'il ne serait
pas utile d'imiter certaines autres législations et de se mettre à
l'unisson des conventions internationales qui, la plupart, n'accordent à l'auteur le droit de traduction que pendant cinq ou dix
ans, à condition qu'il l'ait réservé et qu'il ait publié la traduction
dans un délai, soit de trois mois, soit d'un an? On comprend l'intérêt de la question; il va arriver qu'on pourra, sans la permission
de l'auteur, traduire et imprimer à l'étranger des ouvrages français, tandis qu'on ne pourra pas le faire en France.

La loi protége-t-elle les ouvrages anonymes? La jurisprudence semble l'admettre, mais il n'y a rien de précis sur ce point.
Quant aux ouvrages posthumes une loi spéciale du 1er germinal
an XIII accorde aux propriétaires les mêmes droits qu'à l'auteur
à condition que ces œuvres ne seront pas jointes à une édition
nouvelle de celles déjà publiées. Ce n'est pas de cette façon que
la plupart des autres législations décident la question; l'ouvrage
posthume concède en général un droit égal, non à celui de l'auteur, mais à celui des héritiers à partir de la première publication.

Dans l'intérêt de la publication des chants nationaux, des contes et des proverbes anciens, de ces traditions populaires qui révèlent souvent l'origine des peuples et le mélange des races, ne serait-il pas juste d'accorder au collectionneur un droit de propriété pendant un certain temps? Un décret du 15 septembre 1852 avait stimulé la publication des travaux de ce genre (1); quelques hommes désintéressés ont répondu à cet appel; mais il reste encore beaucoup à faire et bientôt certes il sera trop tard, car nous sommes dans un siècle où les traditions se perdent; dans les villages, à la veillée, au lieu de raconter les légendes anciennes et de chanter les vieilles chansons des siècles passés, on lit le journal et les nouvelles du jour, on discute sur les événements politiques et l'on cause du roman nouveau en attendant la suite au prochain numéro.

Voilà pour les œuvres littéraires.

La publication des œuvres dramatiques est en France complétement assimilée à celle des autres œuvres; mais il a fallu un arrêt de cassation pour le décider ainsi; il ne serait point inutile de le spécifier formellement, et de réglementer en même temps certains points relatifs à la publication et à la représentation.

Je sais bien qu'une loi du 16 mai 1866, contenant un article unique, vient de permettre aux fabricants d'instruments mécaniques de reproduire, sans les payer à l'auteur, les airs du domaine privé, et cela contrairement à ce que décidait précédemment la Cour de cassation; je ne contesterai pas l'importance de cette solution au point de vue de l'art; mais n'aurait-on pas pu résoudre dans cette loi d'autres questions sérieuses et n'y réserver à l'orchestre qu'un petit coin modeste?

Quel est le sens de cette loi? Est-ce à dire que les directeurs de concerts peuvent faire entendre au public, malgré l'auteur, les airs qui appartiennent à ce dernier, du moment que les sons ont été réglés à l'avance sur l'instrument par un mécanicien, tandis qu'ils ne peuvent faire entendre les mêmes airs sans autorisation

(1) Voir au Bulletin du *Comité de la langue de l'histoire et des arts de la France* (t. I, p. 217) les instructions données par M. Ampère concernant les poésies populaires.

si le mécanicien est un artiste qui règle lui-même devant le public la série des sons à produire? Que si donc on inventait une poupée chantante (et que ne peut-on pas inventer!), les directeurs de concerts seraient, pour lui faire chanter les airs nouveaux, dispensés de payer la rétribution due aux auteurs (1)?

L'interprétation doit être tout autre à mon avis; la loi ne permet que *la fabrication et la vente* des instruments reproduisant des airs du domaine privé; mais elle ne permet pas de donner des représentations publiques ou concerts à l'aide de ces instruments; c'est ce qu'on ne me paraît pas avoir assez fait remarquer dans la discussion de cette loi (2). Je vais même jusqu'à dire que le joueur d'orgues n'a pas le droit de *moudre* en public, pour obtenir une aumône, les airs qui sont du domaine privé, de même qu'un chanteur des rues ne peut légalement chanter que des airs tombés dans le domaine public; je ne sais pas quelles bonnes raisons on pourrait donner pour soutenir l'opinion contraire. Il y a donc là un acte de tolérance de la part des auteurs, et il est bon de ne pas l'oublier, quand ce ne serait que pour constater qu'ils peuvent avoir droit à quelque reconnaissance de la part de ceux qui détériorent en public leurs chefs-d'œuvre populaires.

Les arrangements d'œuvres musicales pour instruments sont maintenant très-nombreux; il serait utile, dans l'intérêt des compositeurs, de ne point permettre ces arrangements sans leur autorisation; l'Italie, la Bavière, la Prusse, la Saxe, l'Autriche se sont déjà prononcées dans ce sens.

Faudrait-il, comme dans ces quatre derniers États, n'accorder aux héritiers de l'auteur le droit de représentation sur l'œuvre dramatique, que si elle n'avait pas été publiée? Le fait de la publication ne me paraît pas devoir entraîner un dessaisissement aussi complet; la publication et la représentation sont deux choses distinctes qui ne doivent pas influer l'une sur l'autre.

Plusieurs législations n'accordent aux héritiers un droit sur la représentation que pendant un temps beaucoup plus restreint qu'en ce qui concerne la publication; je ne vois pas la nécessité

(1) Voir le texte de cette loi, page 33.
(2) Voir le *Moniteur* des 12 juin, 4 et 5 juillet 1866.

de distinguer sur ce point. Mais ce que l'on pourrait décider, ce serait qu'après la mort de l'auteur chacun pût faire entendre ses œuvres dramatiques ou musicales sans l'autorisation de ses successeurs, sauf à leur payer une redevance. C'est à peu près dans ce sens que se prononce la loi italienne pour le cas où l'ouvrage a été publié, et la loi portugaise pour le cas où l'auteur n'a pas cédé ses droits.

Nos lois accordent sans commentaires aux œuvres d'art la même protection qu'aux œuvres littéraires ; il y aurait cependant quelques points à relever d'une façon spéciale.

D'abord il faut bien distinguer l'œuvre originale de la reproduction, de même que l'on distingue le manuscrit du livre imprimé ; la statue, le tableau, le dessin sont la propriété exclusive de l'auteur ou de ses successeurs ; du moment qu'ils n'ont jamais été reproduits par eux au moyen des procédés employés à cet effet, comme le moulage, la gravure, la photographie, il est juste que personne ne puisse jamais les reproduire. Mais du moment que le propriétaire de l'œuvre originale l'a livrée au public, nous tombons dans l'application des règles indiquées pour la publication des œuvres littéraires.

L'artiste, qui vend son tableau, doit-il être censé avoir aliéné en même temps le droit de le reproduire ? la cour de Cassation l'a décidé affirmativement ; c'est avec raison, je crois ; ce doit être comme pour le manuscrit cédé ; nous savons que les lois de Prusse et de Portugal le décident ainsi, et que la loi de Bavière vient de résoudre la question en sens opposé. Toutefois, si la reproduction avait eu lieu avant la cession, il serait juste que la vente n'entraînât pas pour le cédant la perte du droit de reproduire.

Quelques législations permettent de copier, au moyen de la sculpture, les œuvres de dessin, et réciproquement ; la solution contraire me paraîtrait cependant préférable. En effet, s'il s'agit d'une œuvre originale que l'on a imitée servilement pour en faire une autre œuvre originale, si un tableau servi de modèle à une statue, n'est-ce pas là une imitation ? Qu'importe qu'elle soit exécutée au moyen d'un art différent, qu'elle résulte d'un coup de pinceau ou d'un coup de marteau; il n'y a pas moins une copie de ce que l'auteur avait produit; il ne doit pas être permis de lui enlever la forme qu'il avait donnée à son idée. Si de même, il s'agit d'un peintre qui lui-même a fait reproduire son tableau par la gravure, pourquoi ne pourrait-il pas empêcher qu'on en reproduisit certains détails par le moulage? Je pense qu'on ne doit pas équitablement lui contester un droit exclusif sur la forme de l'œuvre.

La question se présente encore d'une façon plus délicate en ce qui concerne les architectes; un arrêt de la cour de Paris me paraît avoir décidé, avec raison, qu'on ne pouvait servilement imiter la forme d'une construction. Seulement, à mon avis, ce n'est pas l'architecte qui devrait avoir le droit d'entamer un procès en contrefaçon, mais le propriétaire du bâtiment à qui l'architecte est censé avoir vendu son œuvre comme l'artiste vend sa statue; je pousserais même l'assimilation jusqu'à dire que les dessins de l'architecte, et la faculté de les reproduire, devraient appartenir au propriétaire, du moment que ce dernier a voulu faire de sa construction une œuvre d'art et que des dessins spéciaux ont été exécutés pour lui; en un mot, on devrait lui accorder toutes les prérogatives accordées aux œuvres artistiques, si l'architecte n'a fait aucune réserve; nous savons que la loi danoise a décidé que les œuvres d'architecture placées à l'extérieur tomberaient dans le domaine public; c'est une décision assez préjudiciable aux architectes et que l'intérêt général ne paraît pas justifier complétement.

Quant au dépôt, je me bornerai à faire remarquer que l'article premier de l'ordonnance de 1828, relatif au nombre d'exemplaires, est rédigé d'une façon bien peu intelligible, surtout lorsqu'il s'agit de combiner ce texte avec celui de l'article 22 du décret organique de 1852 sur la presse (1); pourquoi ne pas énoncer clairement que pour les livres sans gravures il suffit du dépôt de deux exemplaires; que pour les livres avec gravures un troisième exemplaire doit servir à obtenir de la police l'au-

(1) Voir page 21.

torisation de mettre en vente; que pour les gravures seules il faut quatre épreuves, trois pour le dépôt, une pour l'autorisation de police; et que les autres reproductions ne sont soumises qu'à l'autorisation de mise en vente sans dépôt préalable?

Je n'entrerai pas dans d'autres détails, n'ayant pas l'intention de rédiger un projet de loi; je me suis même peut-être déjà laissé trop entraîner par mon sujet, et cela me persuade de plus en plus de l'étendue de la question et de son importance.

Quant à la nouvelle loi, je crois avoir démontré qu'en s'écartant en tous points du droit commun elle ne faisait qu'embrouiller la situation au lieu de la régler; il est évident pour moi que ce n'est pas une loi définitive. L'étude comparative des législations étrangères m'a servi à démontrer que la question était plus avancée qu'on ne le croit généralement (1). Il suffirait de rapprocher, de coordonner et de modifier l'une par l'autre les solutions données jusqu'à ce jour dans les différents pays, pour arriver à former une loi qui, si elle n'était le dernier mot sur la question, aurait du moins l'avantage d'être une garantie pour tous.

Il ne me reste, en terminant, qu'à exprimer un vœu, c'est que la France, qui tient à honneur de garder le premier rang parmi les nations civilisées, ne soit pas la dernière à donner, par une réglementation plus étendue, une protection suffisante aux littérateurs et aux artistes. Sans doute, elle a conclu à ce sujet des conventions internationales avec la plupart des nations de l'Europe, c'est là une initiative qu'on ne saurait trop louer, il est utile que les œuvres littéraires et artistiques jouissent de la même protection dans tous les pays; mais n'est-il pas anormal de régler la situation extérieure, quand, à l'intérieur, la législation est encore à l'état de problème? Les œuvres n'ont jamais été si nombreuses qu'elles le sont dans notre siècle, le moment est venu de se prononcer définitivement sur l'étendue de cette pro-

---

(1) Nous ne sommes plus au temps où l'administration répondait philosophiquement à Bernardin de Saint-Pierre, qui se plaignait de la contrefaçon des *Études sur la nature* : « Une contrefaçon est un honneur; elle est la preuve et la sanction des grands » succès. » — Voir cette lettre curieuse dans la *Revue historique*, t. VI, p. 595.

priété. Les lois, sans doute, doivent suivre et non précéder les conquêtes de la civilisation afin de ne pas être incomplètes et mal appropriées aux nécessités des situations nouvelles ; mais il faut aussi qu'elles ne se fassent pas trop attendre, sous peine d'arrêter l'essor des intelligences et d'entraver la marche du progrès par l'incertitude et l'irrésolution.

TABLE DES CHAPITRES.

APPENDICE

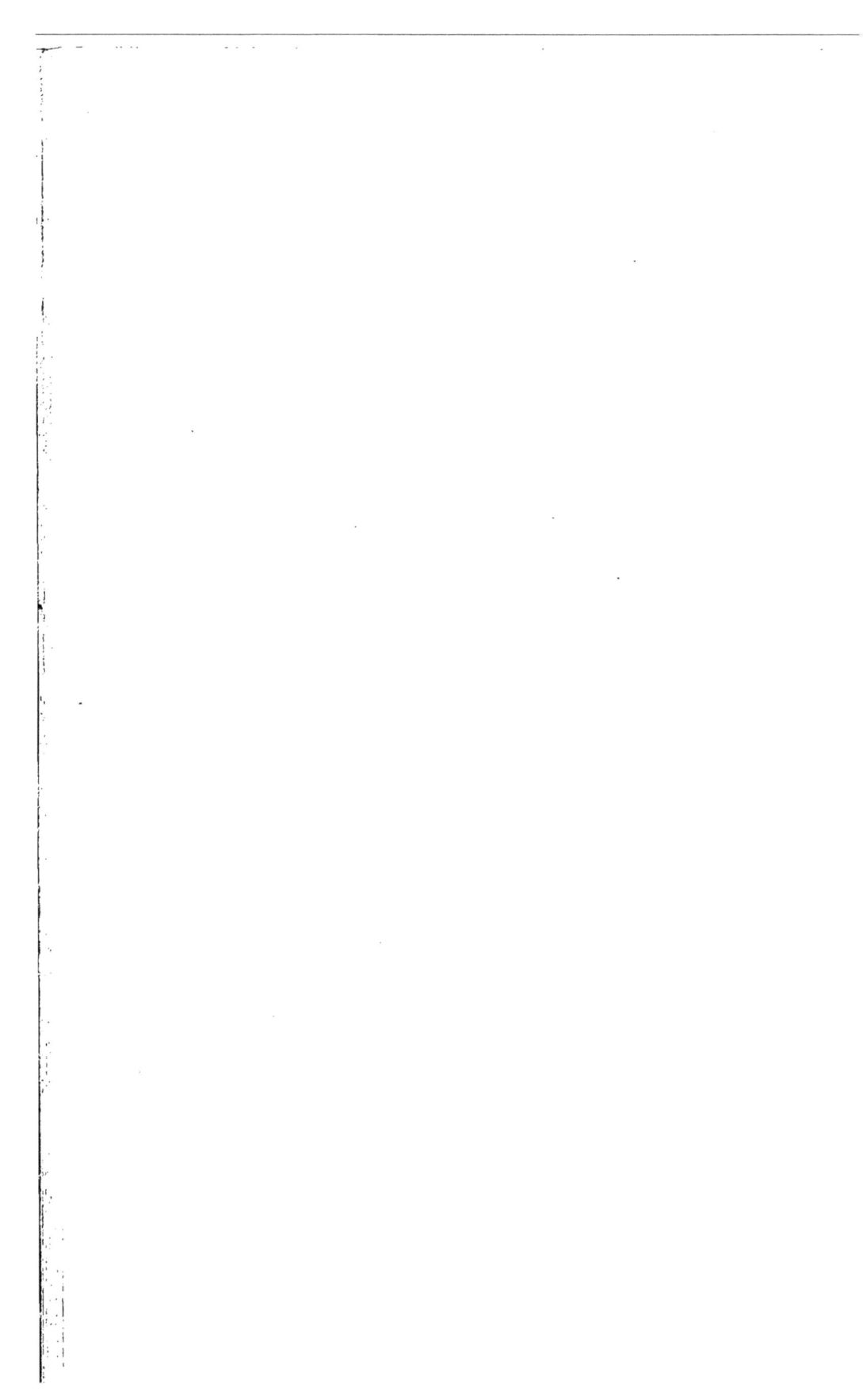

CONVENTIONS INTERNATIONALES

INTERVENUES ENTRE

LA FRANCE ET LES PAYS ÉTRANGERS

ANGLETERRE

—

DÉCRET *relatif à la promulgation de la convention conclue entre la France et le Royaume-Uni de la Grande-Bretagne et d'Irlande, pour la garantie réciproque de la propriété des œuvres de littérature et d'art.*

Du 22 janvier 1852.

LOUIS-NAPOLÉON, PRÉSIDENT DE LA RÉPUBLIQUE FRANÇAISE,

Sur le rapport du ministre des affaires étrangères,

DÉCRÈTE :

La convention conclue, le 3 novembre 1851, entre la France et le Royaume-Uni de la Grande-Bretagne et d'Irlande, pour la garantie réciproque de la propriété des œuvres de littérature et d'art, ayant été ratifiée par nous le 23 décembre dernier, et les actes de ratifications des deux gouvernements ayant été échangés le 8 du présent mois de janvier; ladite convention, suivie du procès-verbal d'échange contenant quelques explications et modifications, desquels convention et procès-verbal la teneur suit, recevra sa pleine et entière exécution.

Convention du 3 novembre 1851.

Le Président de la République française et Sa Majesté la reine du Royaume-Uni de la Grande-Bretagne et d'Irlande, également animés du désir d'étendre dans les deux pays la jouissance des droits d'auteur pour les ouvrages de littérature et de beaux-arts qui pourront être publiés pour la première fois dans l'un des deux, et Sa Majesté Britannique ayant consenti à étendre aux livres, gravures et œuvres musicales publiés en France la réduction que la loi l'autorise à accorder, sous certaines conditions, dans le taux des droits actuellement perçus à l'importation, dans le Royaume-Uni, de ces mêmes articles publiés en pays étranger;

Le Président de la République française et Sa Majesté Britannique ont jugé à propos de conclure, dans ce but, une convention spéciale, etc.

ART. 1.

A partir de l'époque à laquelle, conformément aux stipulations de l'article 14 ci-après, la présente convention deviendra exécutoire, les auteurs d'œuvres de littérature ou d'art auxquels les lois de l'un des deux pays garantissent actuellement et garantiront à l'avenir le droit de propriété ou d'auteur, auront la faculté d'exercer ledit droit sur les territoires de l'autre pays, pendant le même espace de temps et dans les mêmes limites que s'exercerait, dans cet autre pays lui-même, le droit attribué aux auteurs d'ouvrages de même nature qui y seraient publiés, de telle sorte que la reproduction ou la contrefaçon, dans l'un des deux États, de toute œuvre de littérature ou d'art publiée dans l'autre sera traitée de la même manière que le serait la reproduction ou la contrefaçon d'ouvrages de même nature originairement publiés dans cet autre État, et que les auteurs de l'un des deux pays auront, devant les tribunaux de l'autre, la même action et jouiront des mêmes garanties contre la contrefaçon ou la reproduction non autorisée, que celles que la loi accorde ou pourrait accorder à l'avenir aux auteurs de ce dernier pays.

Il est entendu que ces mots « œuvres de littérature ou d'art, » employés au commencement de cet article, comprennent les publications de livres, d'ouvrages dramatiques, de composition musicale, de dessin, de peinture, de sculpture, de gravure, de lithographie et de toute autre production quelconque de littérature et de beaux-arts.

Les mandataires ou ayants cause des auteurs, traducteurs, compositeurs, peintres, sculpteurs ou graveurs, jouiront à tous égards des mêmes droits que ceux que la présente convention accorde aux auteurs, traducteurs, compositeurs, peintres, sculpteurs ou graveurs eux-mêmes.

ART. 2.

La protection accordée aux ouvrages originaux est étendue aux traductions. Il est bien entendu, toutefois, que l'objet du présent article est simplement de protéger le traducteur par rapport à sa propre traduction, et non pas de conférer le droit exclusif de traduction au premier traducteur d'un ouvrage quelconque, hormis dans le cas et les limites prévus par l'article suivant.

Art. 3.

L'auteur de tout ouvrage publié dans l'un des deux pays, qui aura entendu réserver son droit de traduction, jouira pendant cinq années, à partir du jour de la première publication de la traduction de son ouvrage autorisée par lui, du privilége de protection contre la publication, dans l'autre pays, de toute traduction du même ouvrage non autorisée par lui, et ce, sous les conditions suivantes :

1o L'ouvrage original sera enregistré et déposé dans l'un des deux pays, dans un délai de trois mois à partir du jour de la première publication dans l'autre pays ;

2o Il faudra que l'auteur ait indiqué en tête de son ouvrage l'intention de se réserver le droit de traduction ;

3o Ladite traduction autorisée devra avoir paru, au moins en partie, dans le délai d'un an, à compter de la date de l'enregistrement et du dépôt de l'original, et en totalité dans le délai de trois ans, à partir dudit dépôt ;

4o La traduction devra être publiée dans l'un des deux pays, et être enregistrée et déposée conformément aux dispositions de l'article 8.

Pour les ouvrages publiés par livraisons, il suffira que la déclaration de l'auteur, qu'il entend se réserver le droit de traduction, soit exprimée dans la première livraison. Toutefois, en ce qui concerne le terme de cinq ans assigné par cet article pour l'exercice du droit privilégié de traduction, chaque livraison sera considérée comme un ouvrage séparé ; chacune d'elles sera enregistrée et déposée dans l'un des deux pays, dans les trois mois à partir de sa première publication dans l'autre.

Art. 4.

Les stipulations des articles précédents s'appliqueront également à la représentation des ouvrages dramatiques et à l'exécution des compositions musicales, en tant que les lois de chacun des deux pays sont ou seront applicables, sous ce rapport, aux ouvrages dramatiques et de musique représentés ou exécutés publiquement dans ces pays pour la première fois.

Toutefois, pour avoir droit à la protection légale, en ce qui concerne la traduction d'un ouvrage dramatique, l'auteur devra faire paraître sa traduction trois mois après l'enregistrement et le dépôt de l'ouvrage original.

Il est bien entendu que la protection stipulée par le présent article n'a point pour objet de prohiber les imitations faites de bonne foi, ou les appropriations des ouvrages dramatiques aux scènes respectives de France et d'Angleterre, mais seulement d'empêcher les traductions en contrefaçon.

La question d'imitation ou de contrefaçon sera déterminée dans tous les cas par les tribunaux des pays respectifs, d'après la législation en vigueur dans chacun des deux États.

ART. 5.

Nonobstant les stipulations des articles 1 et 2 de la présente convention, les articles extraits de journaux ou de recueils périodiques publiés dans l'un des deux pays pourront être reproduits ou traduits dans les journaux ou recueils périodiques de l'autre pays, pourvu qu'on y indique la source à laquelle on les aura puisés.

Toutefois, cette permission ne saurait être comprise comme s'étendant à la reproduction, dans l'un des deux pays, des articles de journaux ou de recueils périodiques publiés dans l'autre, dont les auteurs auraient déclaré d'une manière évidente, dans le journal ou le recueil même où ils les auront fait paraître, qu'ils en interdisent la reproduction.

ART. 6.

Sont interdites l'importation et la vente, dans l'un ou l'autre des deux pays, de toute contrefaçon d'ouvrages jouissant du privilége de protection contre la contrefaçon, en vertu des articles 1, 2, 3 et 5 de la présente convention, que ces contrefaçons soient originaires du pays où l'ouvrage a été publié, ou bien de toute autre contrée étrangère.

ART. 7.

En cas de contravention aux dispositions des articles précédents, les ouvrages, ou objets contrefaits seront saisis et détruits, et les individus qui se seront rendus coupables de ces contraventions seront passibles, dans chaque pays, de la peine et des poursuites qui sont ou seraient prescrites par les lois de ce pays contre le même délit commis à l'égard de tout ouvrage ou production d'origine nationale.

ART. 8.

Les auteurs, traducteurs, de même que leurs représentants ou ayants cause, légalement désignés, n'auront droit, dans l'un et l'autre pays, à la protection stipulée par les articles précédents, et le droit d'auteur ne pourra être réclamé dans l'un des deux pays, qu'après que l'ouvrage aura été enregistré de la manière suivante, savoir :

1º Si l'ouvrage a paru pour la première fois en France, il faudra qu'il ait été enregistré à l'hôtel de la corporation des libraires (*stationers hall*) à Londres ;

2º Si l'ouvrage a paru pour la première fois dans les Etats de Sa Majesté britannique, il faudra qu'il ait été enregistré au bureau de la librairie du ministère de l'intérieur à Paris.

La susdite protection ne sera acquise qu'à celui qui aura fidèlement observé les lois et règlements en vigueur dans les pays respectifs, par rapport à l'ouvrage pour lequel cette protection serait réclamée. Pour les livres, cartes, estampes ou publications musicales, la susdite protection ne sera acquise qu'autant que l'on aura remis gratuitement dans l'un ou l'autre des dépôts mentionnés ci-dessus, suivant les cas respectifs, un exemplaire de la meilleure édition, ou dans le meilleur état, destiné à être déposé au lieu indiqué à cet effet dans chacun des deux pays, c'est-à-dire en France, à la bibliothèque nationale de Paris, et dans la Grande-Bretagne au musée britannique à Londres.

Dans tous les cas, les formalités du dépôt et de l'enregistrement devront être remplies sous les trois mois qui suivront la première publication de l'ouvrage dans l'autre pays. A l'égard des ouvrages publiés par livraison, ce délai de trois mois ne commencera à courir qu'à dater de la publication de la dernière livraison, à moins que l'auteur n'ait indiqué, conformément aux dispositions de l'article 3, son intention de se réserver le droit de traduction, auquel cas chaque livraison sera considérée comme un ouvrage séparé.

Une copie authentique de l'inscription sur le registre de la corporation des libraires à Londres conférera dans les Etats Britanniques le droit exclusif de reproduction jusqu'à ce que quelque autre personne ait fait admettre devant un tribunal un droit mieux établi.

Le certificat délivré conformément aux lois françaises, et constatant l'enregistrement d'un ouvrage dans ce pays, aura la même force et valeur dans toute l'étendue du territoire de la République française.

Au moment de l'enregistrement d'un ouvrage dans l'un des deux pays, il en sera délivré, si on le demande, un certificat ou copie certifiée; et ce certificat relatera la date précise à laquelle l'enregistrement aura eu lieu.

Le coût d'enregistrement d'un seul ouvrage, conformément aux stipulations du présent article, ne pourra pas dépasser la somme de un franc vingt-cinq centimes en France, et d'un shilling en Angleterre; et les frais additionnels pour le certificat d'enregistrement ne devront pas excéder la somme de six francs vingt-cinq centimes en France, ou de cinq shillings en Angleterre.

Les présentes stipulations ne s'étendront pas aux articles de journaux ou de recueils périodiques, pour lesquels le simple avertissement de l'auteur, ainsi qu'il est prescrit à l'article 5, suffira pour garantir son droit contre la reproduction ou la traduction. Mais si un article ou un ouvrage qui aura paru pour la première fois dans un journal ou dans un recueil périodique est ensuite reproduit à part, il restera alors soumis aux stipulations du présent article.

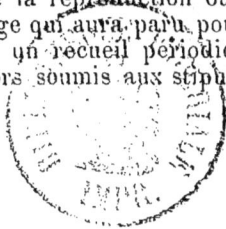

ART. 9.

Quant à ce qui concerne tout objet autre que les livres, estampes, cartes et publications musicales, pour lesquels on pourrait réclamer la protection en vertu de l'article premier de la présente convention, il est entendu que tout mode d'enregistrement autre que le mode prescrit par l'article précédent, qui est ou qui pourrait être appliqué par la loi dans un des deux pays, à l'effet de garantir le droit de propriété à toute œuvre quelconque ou article mis pour la première fois au jour dans ce pays, ledit mode d'enregistrement sera étendu, sous des conditions égales à toute œuvre ou objet similaire mis au jour pour la première fois dans l'autre pays.

ART. 10.

Pendant toute la durée de la présente convention, les droits actuellement établis à l'importation licite dans le Royaume-Uni de la Grande-Bretagne et d'Irlande, des livres, dessins ou ouvrages de musique publiés dans toute l'étendue du territoire de la République française, demeurent réduits et fixés aux taux ci-après établis, savoir :

1º Droits sur les livres et œuvres de musique :

A. Ouvrages publiés pour la première fois dans le Royaume-Uni, et reproduits en France par quintal anglais.   2 ^{l} 10 ^{sh} 0

B. Ouvrages non publiés pour la première fois dans le Royaume-Uni, par quintal anglais. . . 0 15 0

2º Gravures ou dessins :

A. Coloriés ou non, chaque pièce 0   0   0 1/2 ^{d}

B. Reliés ou brochés, la douzaine. 0   0   1 1/2

Il est convenu que le taux des droits ci-dessus spécifiés ne sera pas augmenté pendant la durée de la présente convention, et que si, par la suite, pendant la durée de cette convention, ce taux était réduit en faveur des livres, gravures, dessins ou ouvrages de musique publiés dans tout autre pays, cette réduction s'étendra en même temps aux objets similaires publiés en France.

Il est en outre bien entendu que tout ouvrage publié en France, et dont une partie aura été mise au jour pour la première fois dans le Royaume-Uni, sera considéré comme « ouvrage publié pour la première fois dans le Royaume-Uni, et reproduit en France, » et, à ce titre, il sera soumis aux droits de cinquante shillings par quintal anglais, alors même qu'il contiendrait encore des additions originales publiées ailleurs que dans le Royaume-Uni, à moins que ces additions originales ne soient d'une étendue pour le moins égale à celle de la partie de l'ouvrage publiée originairement dans le Royaume-Uni, auquel cas l'ouvrage ne serait soumis qu'aux droits de quinze shillings par quintal anglais.

ART. 11.

Pour faciliter l'exécution de la présente convention, les deux

hautes parties contractantes s'engagent à se communiquer mutuellement les lois et règlements qui pourront être ultérieurement
établis dans les Etats respectifs, à l'égard des droits d'auteurs,
pour les ouvrages et productions protégés par les stipulations de
la présente convention.

ART. 12.

Les stipulations de la présente convention ne pourront, en
aucune manière, porter atteinte au droit que chacune des deux
hautes parties contractantes se réserve expressément de surveiller et de défendre, au moyen de mesures législatives ou de police
intérieure, la vente, la circulation, la représentation et l'exposition
de tout ouvrage ou de toute production à l'égard desquels l'un ou
l'autre pays jugerait convenable d'exercer ce droit.

ART. 13.

Rien dans cette convention ne sera considéré comme portant
atteinte au droit de l'une ou de l'autre des deux hautes parties
contractantes, de prohiber l'importation dans ses propres Etats
des livres qui, d'après ses lois intérieures ou des stipulations souscrites avec d'autres puissances, sont ou seraient déclarés être des
contrefaçons ou des violations du droit d'auteur.

ART. 14.

Sa Majesté Britannique s'engage à recommander au Parlement
d'adopter une loi qui l'autorise à mettre en vigueur celles des dispositions de la présente convention qui ont besoin d'être sanction-
nées par un acte législatif. Lorsque cette loi aura été adoptée, la
convention sera mise à exécution à partir d'un jour qui sera alors
fixé par les deux hautes parties contractantes.

Dans chaque pays le gouvernement fera dûment connaître
d'avance le jour ainsi convenu, et les stipulations de la convention ne seront applicables qu'aux œuvres et articles publiés
après cette date. La présente convention restera en vigueur pendant dix années, à partir du jour où elle pourra être mise en
vigueur; et, dans le cas où aucune des deux parties n'aurait
signifié, douze mois avant l'expiration de ladite période de
dix années, son intention d'en faire cesser les effets, la convention continuerait à rester en vigueur encore une année, et ainsi
de suite, d'année en année, jusqu'à l'expiration d'une année, à
partir du jour où l'une ou l'autre des parties l'aura dénoncée.

Les hautes parties contractantes se réservent cependant la
faculté d'apporter à la présente convention, d'un commun accord,
toute modification qui ne serait pas incompatible avec l'esprit et
les principes qui en sont la base, et dont l'expérience aurait
démontré l'opportunité.

ART. 15.

La présente convention sera ratifiée, et les ratifications en seront échangées à Paris, dans le délai de trois mois, à partir du jour de la signature, ou plus tôt, si faire se peut.

En foi de quoi, etc.

Procès-verbal d'échange.

Les soussignés s'étant réunis pour procéder, au nom du Président de la République française et de Sa Majesté la Reine du Royaume-Uni de la Grande-Bretagne et d'Irlande, à l'échange des ratifications réciproques sur la Convention signée à Paris, le 3 novembre dernier, entre la France et la Grande-Bretagne, dans le but de garantir mutuellement, dans les deux pays, la propriété des œuvres de littérature et d'art, les instruments respectifs des ratifications ont été produits, et, après avoir été soigneusement collationnés et trouvés exactement conformes l'un à l'autre, l'échange en a été opéré dans les formes usitées.

Toutefois, 1° nonobstant les termes de l'article 14, stipulant que la Convention ne sera exécutoire en aucune de ses dispositions qu'à partir du jour où celles qui ont besoin d'être validées dans la Grande-Bretagne par un acte législatif, auront reçu cette sanction, il a été convenu, d'un commun accord, que celles des dispositions qui ne sont point de nature à y être soumises et que l'état actuel de la législation autorise dès à présent la Couronne Britannique à valider, auront, le plus tôt possible, leur plein et entier effet, de part et d'autre ;

2° Il a été également convenu que les dispositions contenues dans l'article 5, lesquelles interdisent la reproduction dans l'un des deux pays des articles de journaux ou de recueils périodiques publiés dans l'autre, et dont les auteurs auraient déclaré dans le journal ou le recueil même où ils les auront fait paraître, qu'ils en interdisent la reproduction, ne seront pas applicables aux articles de discussion politique.

Les précédentes interprétations et explications auront la même force et valeur que si elles étaient insérées dans le texte même de la Convention.

En foi de quoi, etc.   (*Bull.* 484, n° 3542.)

—

DÉCRET IMPÉRIAL *portant que les dispositions de la Convention littéraire conclue avec la Prusse, le 2 août 1862, sont applicables à l'Angleterre, à la Belgique, à l'Italie, à la Suisse, à la Suède et à la Norwége, en ce qui concerne les dégrèvements de droits d'importation en France stipulés en faveur de certains produits prussiens.*

Du 14 juin 1865.

NAPOLÉON, etc.

Vu le traité de commerce conclu avec l'Angleterre, le 23 janvier 1860, ainsi que les conventions annexes des 12 octobre et 16 novembre de la même année ;

Vu le traité de commerce conclu avec la Belgique, le 1er mai 1861 ;

Vu le traité de commerce conclu avec l'Italie, le 17 janvier 1863 ;

Vu le traité de commerce conclu avec la Suisse, le 30 juin 1864 ;

Vu le traité de commerce conclu avec les royaumes-unis de Suède et de Norwége, le 14 février 1865 ;

Vu la convention littéraire conclue avec la Prusse, le 2 août 1862,

AVONS DÉCRÉTÉ ET DÉCRÉTONS ce qui suit :

Les dispositions de la convention littéraire conclue avec la Prusse, et susvisée, sont applicables à l'Angleterre, à la Belgique, à l'Italie, à la Suisse, aux royaumes-unis de Suède et de Norwége, en ce qui concerne les dégrèvements de droits d'importation en France stipulés en faveur des produits prussiens dénommés dans l'article 13 de ladite convention.   (*Bull.* 1297, *no* 13318.)

ESPAGNE.

—

DÉCRET IMPÉRIAL *portant promulgation de la Convention conclue entre la France et l'Espagne, pour la garantie réciproque de la propriété des œuvres d'esprit et d'art.*

Du 4 février 1854.

NAPOLÉON, etc.

AVONS DÉCRÉTÉ et DÉCRÉTONS ce qui suit :

La Convention conclue le 15 novembre 1853 entre la France et l'Espagne, pour la garantie réciproque de la propriété des œuvres d'esprit et d'art, ayant été ratifiée par les deux Gouvernements contractants, et les ratifications respectives ayant été échangées le 25 janvier 1854, ladite Convention, dont la teneur suit, recevra sa pleine et entière exécution.

Convention du 15 novembre 1853.

Sa Majesté l'Empereur des Français et Sa Majesté la Reine d'Espagne, également animés du désir de protéger les arts, les sciences et les belles-lettres, et d'encourager les entreprises utiles qui s'y rapportent, ont à cette fin résolu d'adopter d'un commun accord les mesures qui leur ont paru le plus propres à garantir en France et en Espagne le droit de propriété sur les œuvres littéraires, scientifiques ou artistiques, qui seraient publiées, pour la première fois, par leurs auteurs dans les deux États respectifs, etc.

ART. 1.

Les auteurs exerceront simultanément, dans toute l'étendue des deux pays, leur droit de propriété sur les œuvres littéraires, scientifiques et artistiques, conformément aux lois, ordonnances et règlements qui le leur garantissent ou garantiront par la suite, dans chaque État contre les contrefaçons.

Le droit de propriété littéraire des Espagnols en France et des Français en Espagne durera pour les auteurs toute leur vie, et se transmettra, pour vingt ans, à leurs héritiers directs ou testamentaires, et pour dix ans à leurs héritiers collatéraux.

Les représentants légaux, les ayants cause ou mandataires légitimes des auteurs d'œuvres littéraires, scientifiques et artistiques, seront à tous égards traités sur le même pied que les auteurs eux-mêmes.

Seront considérés comme œuvres littéraires, scientifiques et artistiques, les livres, les compositions dramatiques et musicales, les tableaux, les dessins, les gravures, les lithographies, les sculptures, les cartes géographiques et toutes autres productions analogues.

Les hautes parties contractantes feront concorder leurs législations respectives, et devront en attendant faciliter, au moyen d'un règlement spécial, l'exercice du droit de propriété artistique dans les deux pays.

Les objets d'art destinés à l'agriculture et à l'industrie manufacturière ne se trouvent pas compris dans ce traité.

ART. 2.

La protection accordée aux œuvres originales s'étend aux traductions.

Toutefois, l'objet du présent article est simplement de protéger le traducteur, sous les conditions ci-après exprimées, par rapport à sa propre traduction, et non pas de conférer le droit exclusif de traduction au premier traducteur d'un ouvrage quelconque, hormis dans le cas et les limites prévus par les dispositions suivantes.

ART. 3.

L'auteur de tout ouvrage publié dans l'un des deux pays, qui aura entendu réserver son droit de traduction jouira pendant cinq années, à partir du jour de la première publication de la traduction de son ouvrage autorisée par lui, du privilége de protection contre la publication dans l'autre pays, de toute traduction du même ouvrage non autorisée par lui, pourvu que la sienne soit publiée dans le délai de six mois, à partir de la publication de l'œuvre originale, et que l'auteur ait rempli toutes les formalités prescrites à cet effet dans le présent traité.

ART. 4.

La traduction des œuvres dramatiques confère ces mêmes droits à l'auteur de l'original, si toutefois la traduction faite pour son compte ou avec son consentement est publiée dans les trois premiers mois, et qu'il ait rempli les autres formalités.

Le droit de subvention des auteurs dramatiques sur les représentations, dans les pays où la traduction de leur ouvrage sera mise en scène, est fixé au quart des droits que les lois du pays accordent au traducteur. Ce quart se trouve compris dans le montant total des droits que les entreprises théâtrales auront à payer aux traducteurs.

Les droits des compositeurs de musique sont assimilés à ceux des auteurs originaux, pourvu que le poëme soit écrit dans la langue originale.

ART. 5.

La protection et les droits stipulés dans les deux articles précédents n'ont pas pour objet d'interdire les imitations et les appropriations faites de bonne foi des œuvres littéraires, scientifiques, dramatiques, de musique et d'art, en France et en Espagne, mais seulement d'en prévenir les contrefaçons, les réimpressions, les représentations et copies faites au préjudice des intérêts et des droits spécialement réservés aux auteurs et aux inventeurs.

Les tribunaux compétents de l'un et de l'autre Etat, et conformément à la législation en vigueur dans chacun d'eux, seront compétents pour résoudre, dans tous les cas, les questions auxquelles donneraient lieu les contrefaçons, falsifications, imitations ou copies desdites œuvres.

ART. 6.

Les stipulations de l'article premier s'appliqueront également aux ouvrages publiés pour la première fois dans un journal, ainsi qu'aux sermons, mémoires, leçons et autres discours prononcés en public et ne formant pas collection, à partir du moment où les lois des deux Etats garantiront à ces productions la protection spécifiée par l'article précité.

Dans aucun cas un ouvrage publié pour la première fois dans un journal ne pourra être reproduit dans un autre, sans qu'il y soit fait mention du journal original et du nom de l'auteur de l'ouvrage, s'il s'y trouve indiqué.

ART. 7.

Pour que les auteurs et leurs ayants droit puissent jouir de la protection qui leur est accordée par l'article premier, il est nécessaire qu'ils se conforment, au préalable, aux dispositions suivantes : ils feront la déclaration de leur ouvrage et en déposeront gratuitement deux exemplaires aux lieux ci-après désignés, savoir :

1° Si l'ouvrage a paru pour la première fois en France, à l'établissement public désigné à cet effet à Madrid ;

2° Si l'ouvrage a paru pour la première fois en Espagne, au bureau de la librairie du ministère de l'intérieur à Paris.

Ce dépôt et l'enregistrement qui en sera fait sur les registres spéciaux ouverts, à cet effet, dans les deux établissements ne donneront lieu à aucuns frais autres que le prix du papier timbré du certificat.

Ce certificat fera foi, tant en jugement que hors, dans toute l'étendue des territoires respectifs, et constatera le droit exclusif de propriété, de publication ou de reproduction, aussi longtemps que quelque autre personne n'aura pas fait admettre en justice un droit mieux établi.

Ces formalités du dépôt et de l'enregistrement devront être remplies dans les trois mois qui suivront la première publication de l'ouvrage dans le pays où il aura été publié.

Ces formalités ne sont naturellement pas applicables aux ouvrages de peinture et de sculpture, qui seront l'objet d'un règlement spécial, ainsi qu'il a été dit dans le paragraphe 3 de l'article premier.

A l'égard des ouvrages publiés séparément par volumes ou par livraisons, chaque volume ou chaque livraison sera considéré comme un ouvrage séparé.

ART. 8.

Pour que le droit des auteurs sur les traductions de leurs ouvrages puisse être exercé conformément à ce qui est établi dans les articles 2 et 3 du présent traité, il est nécessaire de remplir préalablement les formalités suivantes : l'auteur d'un ouvrage original, lorsqu'il le fera paraître, devra déclarer, en tête dudit ouvrage, qu'il se réserve le droit de traduction, et, en conséquence de cette déclaration, sera tenu de la publier, si l'ouvrage ne se compose que d'un seul volume, dans les premiers six mois qui en suivront la publication.

Si l'auteur publie à la fois deux ou plusieurs volumes d'un même ouvrage, le délai sera augmenté d'autant de fois six mois que l'ouvrage publié comprendra de volumes, de telle sorte que le deuxième volume devra paraître dans les douze mois au moins qui suivront l'accomplissement desdites formalités de dépôt, et ainsi de suite. A l'égard des ouvrages qui paraissent par volumes séparés ou par livraisons, il suffira que cette déclaration soit faite en tête du premier volume ou de la première livraison.

Cependant, la traduction d'un ouvrage publié par livraisons devra paraître, au plus tard, dans les trois premiers mois qui suivront le dépôt de chacune d'elles.

ART. 9.

La réserve du droit de traduction d'une œuvre dramatique, avec obligation de la faire paraître dans un temps déterminé, est fixée à une durée de trois mois à compter du jour du dépôt et de l'enregistrement, par assimilation sous ce rapport des œuvres aux livraisons des ouvrages dramatiques de toute autre nature.

ART. 10.

Le propriétaire d'un ouvrage dont la publication se fera par volumes ou par livraisons, qui ne remplira pas les formalités de dépôt et d'enregistrement prescrites par les articles précédents, celui également qui, dans les six mois au plus tard qui suivront le dépôt et l'enregistrement, s'il s'agit d'un volume, et dans les trois mois, s'il s'agit d'une livraison ou d'un ouvrage dramatique, n'aura pas publié sa traduction, perdront leur droit de traduction sur le volume ou la livraison qui n'aura pas été soumis à l'une quelconque des formalités prescrites par les articles précédents.

Ils perdront également ce droit de traduction sur tous les volumes ou livraisons du même ouvrage qui auront été déjà publiés, ainsi que sur tous les volumes ou livraisons à publier. Par suite, le droit de traduction de l'ouvrage entier tombera dans le domaine public.

ART. 11.

L'introduction, même en transit, la vente et l'exposition des ouvrages ou objets reproduits en contrefaçon, contrairement aux droits consignés dans ce traité, demeurent interdites dans chacun des deux pays, soit que ces reproductions viennent de l'un des deux pays, soit qu'elles viennent de quelque autre pays étranger.

Toute tentative pour introduire en fraude de semblables ouvrages ou objets sera traitée et réprimée comme toute autre opération ordinaire quelconque de commerce interlope.

ART. 12.

Au moment de la mise à exécution de la présente convention, les deux hautes parties contractantes se communiqueront respectivement la liste exacte des bureaux de douanes maritimes et terrestres auxquels sera limitée, de part et d'autre, la faculté de recevoir et de reconnaître les envois d'ouvrages littéraires, scientifiques et d'art, ainsi que les lois et règlements spéciaux actuellement en vigueur, et ceux que chacune d'elles pourra adopter par la suite, relativement à la propriété des ouvrages ou productions spécifiés dans les articles précédents.

La reconnaissance et la vérification de nationalité desdits ouvrages se fera dans les bureaux désignés à cet effet, avec le concours des agents particuliers chargés, dans les deux pays, de l'examen des livres arrivant de l'étranger ou destinés à l'exportation.

En cas d'infraction aux dispositions du présent traité, il en sera dressé procès-verbal, lequel, dûment légalisé, sera adressé, dans le plus bref délai possible, aux agents diplomatiques ou consulaires respectifs et aux parties intéressées, par l'entremise des autorités compétentes de l'État sur le territoire duquel la contravention aura été commise.

ART. 13.

Pour faciliter l'exacte exécution des dispositions renfermées dans les deux articles précédents, il est en outre expressément convenu que tous les ouvrages expédiés, même en transit, à destination de l'un des deux Etats ou de tout autre Etat quelconque, d'ailleurs que de l'autre Etat, devront, lorsqu'ils seront rédigés dans la langue de l'un de ces deux Etats, être accompagnés de certificats délivrés par les autorités supérieures compétentes du pays de leur provenance. Ce certificat devra, d'une part, expressément énoncer le titre, la liste complète et le nombre d'exemplaires des ouvrages auxquels il s'applique, et constater que ces mêmes ouvrages sont tous publications originales et propriété légale des pays de provenance, ou qu'ils y ont été naturalisés par le payement des droits d'entrée.

Toute œuvre littéraire, scientifique ou artistique qui, dans les cas prévus par le présent article, ne sera pas accompagnée de certificats en due forme, sera, par cela seul et conformément aux prescriptions de l'article précédent, réputée contrefaite, et l'importation ou l'exportation en sera rigoureusement interdite aux frontières ou ports respectifs.

ART. 14.

Les clauses du présent traité ne pourront cependant faire obstacle à la libre continuation de la vente, publication ou introduction dans les Etats respectifs des ouvrages qui auraient déjà été publiés en tout ou en partie, dans l'un des deux ou dans tout autre pays, avant la promulgation de ladite Convention.

Bien entendu qu'on ne pourra publier aucun de ces mêmes ouvrages, ni exporter ou introduire de l'étranger des exemplaires de ceux-ci autres que ceux destinés à compléter les expéditions ou souscriptions précédemment commencées.

Les auteurs ou les éditeurs légitimes de l'un des deux Etats, dont les ouvrages publiés, en tout ou en partie, n'auraient pas été reproduits ou traduits en entier, ou pour la portion déjà publiée dans l'autre nation contractante lors de la promulgation de la présente convention, pourront être admis au bénéfice de ses dispositions, en annonçant que telle est leur intention, en tête de la première livraison ou du volume qui suivra si l'ouvrage se trouve en voie de publication, ou en ajoutant, s'il a déjà été publié, une note imprimée sur chacun des exemplaires en vente.

Dans l'un comme dans l'autre cas ils sont tenus de se soumettre aux formalités prescrites.

Art. 15.

L'infraction aux dispositions des articles précédents donnera lieu à la saisie des contrefaçons, et les tribunaux appliqueront les peines déterminées par les législations respectives de la même manière que si le délit avait été commis au préjudice d'un ouvrage ou d'une production d'origine nationale.

Art. 16.

Les dispositions de la présente convention ne pourront, en quoi que ce soit, porter préjudice au droit que chacune des deux hautes parties contractantes se réserve expressément de permettre, de surveiller ou d'interdire par des mesures législatives ou administratives, la circulation, la représentation ou l'exposition de tout ouvrage ou production à l'égard duquel l'un ou l'autre Etat jugera convenable d'exercer ce droit.

Aucune des clauses de cette convention ne pourra être considérée comme portant atteinte au droit, qui appartient à chacune des deux hautes parties contractantes, de prohiber la circulation et l'introduction dans ses propres Etats des livres qui, conformément à ses lois intérieures ou à des stipulations en vigueur avec d'autres puissances, sont ou seraient par la suite déclarés être des contrefaçons du droit d'auteur.

Art. 17.

La présente convention restera en vigueur pendant quatre années consécutives, à partir du jour où les deux hautes parties contractantes seront convenues de la mettre à exécution.

Si, à l'échéance des quatre années sus-indiquées, elle n'a pas été dénoncée six mois à l'avance, elle continuera de rester obligatoire d'année en année, jusqu'à ce que l'une des deux parties contractantes ait notifié à l'autre, un an à l'avance, son intention d'en faire cesser les effets.

Les hautes parties contractantes se réservent cependant la faculté d'apporter, d'un commun accord, à la présente convention toute amélioration ou modification dont l'expérience aurait démontré l'opportunité.

Art. 18.

La présente convention sera ratifiée, et les ratifications en seront échangées à Madrid, dans le délai de trois mois, ou plus tôt, si faire se peut.

En foi de quoi, etc.   (*Bull.* 132, n⁰ 1100.)

—

Ordre royal *rendu par S. M. la Reine d'Espagne, en exécution de l'article* 12 *de la Convention.*

Du 28 décembre 1854.

La convention sur la propriété littéraire conclue entre le gouvernement de Sa Majesté catholique et celui de l'Empereur des Français, devant être mise en vigueur le 1er janvier 1855;

La Reine a prescrit à la direction générale des douanes d'adresser aux bureaux de la Corogne, Santander, Barcelone, Malaga et Cadix, seuls autorisés à recevoir les ouvrages français de littérature, de science et d'art, à partir du 1er janvier prochain, les instructions convenables pour l'exécution dans toutes ses parties de la convention précitée et dont un exemplaire leur sera transmis. — Ils seront informés que la dénomination d'ouvrages de provenance française comprend les livres, compositions dramatiques et musicales, tableaux, dessins, lithographies, sculptures, cartes ou plans, et en général, toutes productions autres qu'objets d'art, destinés à l'agriculture et aux fabriques.

—

Transit et certificats d'origine.

En exécution du décret impérial du 17 février 1855, la librairie espagnole est admise en France, soit pour l'acquittement, soit pour le transit, par les bureaux de douane ci-après désignés : Lille, Valenciennes, Strasbourg, les Rousses, Pont de Beauvoisin, Marseille, Bayonne, Béhobie, Bordeaux, Nantes, Le Havre et Bastia.

En exécution de l'article 13 de la convention, les certificats d'origine devront être visés à Paris par le chef ou les sous chefs du bureau de l'imprimerie et de la librairie; dans les départements par les préfets ou sous-préfets.

(*Voir au* Moniteur *du 7 mars 1855 l'Avis au commerce de la librairie.*)

PAYS-BAS.

—

DÉCRET IMPÉRIAL *portant promulgation de la convention conclue entre la France et les Pays-Bas pour la garantie réciproque de la propriété des œuvres d'esprit et d'art.*

Du 10 août 1855.

NAPOLÉON, etc.

AVONS DÉCRÉTÉ et DÉCRÉTONS ce qui suit :

Une convention ayant été conclue, le 29 mars 1855, entre la France et les Pays-Bas, pour la garantie réciproque de la propriété des œuvres d'esprit et d'art, et les ratifications de cet acte ayant été échangées, le 19 juillet dernier, ladite convention, dont la teneur suit, recevra sa pleine et entière exécution :

Convention du 29 mars 1855.

Sa Majesté l'Empereur des Français et Sa Majesté le Roi des Pays-Bas, animés du désir de donner suite à la stipulation de l'article 14 du Traité de commerce et de navigation, signé à Paris, le 25 juillet 1840, par laquelle il a été entendu que la propriété littéraire serait garantie, et qu'une convention spéciale déterminerait ultérieurement les conditions d'application et d'exécution de ce principe dans chacun des deux pays; l'Empereur des Français voulant d'ailleurs assurer aux sujets de Sa Majesté Néerlandaise le maintien des garanties dont ils jouissent déjà en France en vertu du décret du 28 mars 1852, relatif à la contrefaçon des ouvrages étrangers, les deux hautes parties contractantes ont, à cette fin, résolu d'adopter, d'un commun accord, les mesures qui leur ont paru les plus propres à garantir aux auteurs ou à leurs ayants cause la propriété de leurs ouvrages scientifiques et littéraires, publiés pour la première fois en France ou dans le royaume des Pays-Bas, etc.

ART. 1er.

A partir de l'époque à laquelle, conformément aux stipulations de l'article 11 ci-après, la présente convention deviendra exécutoire, les auteurs d'œuvres scientifiques ou littéraires auxquels les lois de l'un des deux pays garantissent actuellement ou garantiront à l'avenir le droit de propriété ou d'auteur, et leurs ayants cause, auront la faculté d'exercer ce droit sur le territoire de

8

l'autre pays, pendant le même espace de temps, et dans les mêmes limites que s'exercerait, dans cet autre pays, le droit attribué aux auteurs d'ouvrages de même nature qui y seraient publiés ; de telle sorte que la reproduction ou la contrefaçon dans l'un des deux États des œuvres scientifiques ou littéraires, publiées dans l'autre, sera, pour autant qu'il n'est pas dérogé auxdites lois par la présente convention, traitée de la même manière que le serait la reproduction ou la contrefaçon d'ouvrages de même nature originairement publiés dans cet autre État, et que les auteurs de l'un des deux pays auront, devant les tribunaux de l'autre, la même action, et jouiront des mêmes garanties contre la contrefaçon ou la reproduction non autorisée que celle que la loi accorde ou pourrait accorder par la suite aux auteurs de ce dernier pays.

Il est bien entendu, toutefois, que les droits à exercer réciproquement dans l'un ou dans l'autre pays, relativement aux ouvrages ci-dessus mentionnés, ne pourront être plus étendus que ceux qu'accorde la législation du pays auquel l'auteur ou ses ayants cause appartiennent.

ART. 2.

La protection stipulée par l'article 1er ne sera acquise qu'à celui qui aura fidèlement observé les lois et règlements en vigueur dans le pays de production par rapport à l'ouvrage pour lequel cette protection sera réclamée.

Un certificat délivré par le bureau de la librairie au ministère de l'intérieur à Paris, ou par le secrétariat de la préfecture dans les départements, ou par le ministre de l'intérieur à la Haye, servira à constater que les formalités voulues par les lois et règlements ont été remplies.

ART. 3.

Sont expressément assimilées aux ouvrages originaux les traductions faites, dans l'un des deux États, d'ouvrages nationaux ou étrangers.

Ces traductions jouiront à ce titre de la protection stipulée par l'article 1er, en ce qui concerne leur reproduction en contrefaçon dans l'autre État.

Il est bien entendu que le présent article n'a pas pour objet d'accorder au premier traducteur d'un ouvrage le droit exclusif de traduction, mais seulement de protéger le traducteur par rapport à sa propre traduction.

ART. 4.

Nonobstant les stipulations des articles 1, 2 et 3 de la présente convention, les articles extraits de journaux ou de recueils périodiques publiés dans l'un des deux pays pourront être reproduits

dans les journaux ou recueils périodiques de l'autre pays, pourvu
que l'origine en soit indiquée.

Toutefois, cette faculté ne saurait être comprise comme s'étendant à la reproduction dans l'un des deux pays des feuilletons de
journaux ou des articles de recueils périodiques publiés dans
l'autre dont les auteurs auraient déclaré d'une manière évidente,
dans le journal ou le recueil même où ils les auront fait paraître,
qu'ils en interdisent la reproduction.

Cette dernière disposition ne sera pas applicable aux articles de
discussion politique.

Art. 5.

Sont interdites l'importation, la vente et l'exposition dans l'un
ou l'autre des deux pays, de toute contrefaçon d'ouvrages jouissant
du privilége de protection contre la contrefaçon, en vertu des articles 1, 2, 3 et 4 de la présente convention ; que ces contrefaçons
soient originaires du pays où l'ouvrage a été publié, ou bien de
toute autre contrée étrangère.

L'importation sera considérée comme contrefaçon. Le produit
de l'amende sera, dans le cas prévu par cette dernière stipulation, attribué au fisc de l'Etat dans lequel la peine aura été prononcée.

Art. 6.

En cas de contravention aux dispositions des articles précédents, les ouvrages contrefaits seront saisis, et les individus qui
se seront rendus coupables de ces contraventions seront passibles,
dans chaque pays, de la peine et des poursuites qui sont ou seraient prescrites, par les lois de ce pays, contre le même délit
commis à l'égard de tout ouvrage ou production d'origine nationale.

Art. 7.

La présente convention ne pourra faire obstacle à la libre continuation de la vente dans les Etats respectifs des ouvrages qui
auraient été publiés en contrefaçon, en tout ou en partie, avant la
mise en vigueur de ladite convention ; par contre, on ne pourra
faire aucune nouvelle publication dans l'un des deux Etats des
mêmes ouvrages, ni introduire de l'étranger des exemplaires
autres que ceux destinés à remplir les expéditions ou souscriptions
précédemment commencées.

Art. 8.

Pour faciliter l'exécution de la présente convention, les deux
hautes parties contractantes s'engagent à se communiquer les lois
et règlements actuellement existants, ainsi que ceux qui pourront
être ultérieurement établis dans les Etats respectifs, à l'égard des

droits d'auteurs, pour les ouvrages protégés par les stipulations de la présente convention.

ART. 9.

Les stipulations de la présente convention ne pourront, en aucune manière, porter atteinte au droit que chacune des deux hautes parties contractantes se réserve expressément de surveiller et de défendre, au moyen de mesures législatives ou de police intérieure, la vente, la circulation et l'exposition de tout ouvrage ou de toute production à l'égard desquels l'un ou l'autre pays jugerait convenable d'exercer ce droit.

ART. 10.

Rien, dans cette convention, ne sera considéré comme portant atteinte au droit de l'une ou de l'autre des deux hautes parties contractantes de prohiber l'importation, dans ses propres États, des livres qui, d'après les lois intérieures, ou des stipulations souscrites avec d'autres puissances, sont ou seraient déclarés être des contrefaçons ou des violations du droit d'auteur.

ART. 11.

La présente Convention sera mise à exécution le plus tôt possible après sa promulgation, conformément aux lois de chacun des deux Pays, et à partir d'un jour qui sera alors fixé par les hautes parties contractantes. Dans chaque Pays, le Gouvernement fera dûment connaître d'avance le jour qui sera convenu à cet effet.

La présente Convention restera en vigueur jusqu'au 25 juillet 1859. Après cette époque, elle suivra le sort du Traité de commerce et de navigation signé à Paris, le 25 juillet 1840, de telle sorte qu'elle sera censée être dénoncée, lorsque l'une des parties aura annoncé à l'autre, conformément aux conditions posées par l'article 15 de ce traité, son intention d'en faire cesser les effets.

Les hautes parties contractantes se réservent cependant la faculté d'apporter à la présente Convention, d'un commun accord, toute modification qui ne serait pas incompatible avec l'esprit et les principes qui en sont la base, et dont l'expérience aurait démontré l'opportunité.

ART. 12.

La présente Convention sera ratifiée, et les ratifications en seront échangées dans un délai de six mois ou plus tôt, si faire se peut.

En foi de quoi, etc.

(*Bull.*, 319, *no* 2944.)

—

DÉCRET IMPÉRIAL *portant promulgation d'un arrangement supplémentaire à la Convention littéraire conclue, le 29 mars 1855, entre la France et les Pays-Bas.*

Du 15 mai 1860.

NAPOLÉON, etc.

Avons décrété et décrétons ce qui suit :

Un arrangement supplémentaire à la convention littéraire du 29 mars 1855 ayant été signé, le 27 avril 1860, entre la France et les Pays-Bas, et les ratifications de cet acte ayant été échangées à Paris, le 14 mai 1860, ledit arrangement supplémentaire, dont la teneur suit, recevra sa pleine et entière exécution, etc. :

Arrangement du 27 avril 1860.

ART. 1.

Pendant toute la durée du présent arrangement, les droits actuellement établis à l'importation licite, par terre et par mer, dans l'empire français, des livres, brochures et mémoires scientifiques en langue française ou étrangère, publiés dans l'étendue du royaume des Pays-Bas, seront réduits et demeureront fixés aux taux ci-après :

Livres, brochures et mémoires scientifiques, brochés, cartonnés ou reliés, en langue française, vingt francs par cent kilogrammes ;

En toute autre langue, morte ou vivante, un franc par cent kilogrammes.

Les traités scientifiques et livres de classe, écrits en langue hollandaise, dans lesquels se trouveraient des citations ou des leçons en français, sont admis, pendant la durée du présent arrangement, à leur importation en France, au droit de un franc par cent kilogrammes, pourvu que ces citations et ces leçons ne forment qu'une partie accessoire de l'ouvrage.

ART. 2.

La publication dans le royaume des Pays-Bas de chrestomathies composées de fragments ou d'extraits d'auteurs français sera licite, pourvu que ces recueils soient spécialement destinés à l'enseignement et contiennent des notes explicatives ou traductives en langue hollandaise.

ART. 3.

Le présent arrangement supplémentaire, qui sera mis à exécution à partir du 15 mai prochain, suivra, quant à sa durée, le sort de la convention précitée du 29 mars 1855 ; il sera ratifié, et les ratifications en seront échangées, à Paris, dans le délai de quinze jours, ou plus tôt, si faire se peut.

En foi de quoi, etc.   (*Bull.* 793, n° 7621).

GENÈVE.

—

DÉCRET IMPÉRIAL *portant promulgation de la Convention conclue, le 30 octobre 1858, entre la France et le canton de Genève, pour la protection de la propriété des œuvres d'esprit et d'art.*

Du 8 janvier 1859.

NAPOLÉON, etc.

AVONS DÉCRÉTÉ et DÉCRÉTONS ce qui suit :

Une convention ayant été conclue le 30 octobre 1858 entre la France et le conseil fédéral de la confédération suisse stipulant au nom du canton de Genève, pour la garantie réciproque de la propriété des œuvres d'esprit et d'art, et les ratifications de cet acte ayant été échangées à Berne, le 22 décembre dernier, ladite convention, dont la teneur suit, recevra sa pleine et entière exécution.

Convention du 30 octobre 1858.

Le gouvernement de Sa Majesté l'Empereur des Français, et le conseil fédéral de la confédération suisse, au nom du canton de Genève, également pénétrés des considérations de justice et de moralité qui recommandent d'assurer à la propriété des œuvres de l'esprit et de l'art, au moyen d'une convention, le degré de sécurité et de protection que permet de leur conférer la législation qui existe dans les deux États contractants, etc., sont convenus, sous réserve de ratification, des articles suivants :

ART. 1.

Les auteurs et les éditeurs de livres, brochures et autres écrits, de compositions musicales, d'œuvres de dessin, de peinture, de sculpture, de gravure, de photographie, de lithographie et de toutes autres productions du domaine des lettres et des arts, publiés dans l'un des deux États contractants, jouiront réciproquement, dans chacun de ceux-ci, des avantages que la loi ou les concordats avec des tiers y confèrent ou y conféreront à la propriété artistique et littéraire ; et ils auront, contre toute atteinte portée à cette propriété, la protection et le recours légal accordés dans cet État aux auteurs et aux éditeurs indigènes.

Il s'entend, toutefois, que cette protection ne pourra dépasser celle qui est acquise aux auteurs et aux éditeurs dans leur propre pays.

ART. 2.

Sont placés sous la susdite protection les traités scientifiques et méthodes d'enseignement, de même que les morceaux de musique intitulés *arrangements*.

ART. 3.

Pour assurer à tous les ouvrages d'esprit ou d'art la protection stipulée dans les articles précédents, et pour que les auteurs ou les éditeurs de ces ouvrages soient admis, en conséquence, devant les tribunaux des deux pays, à exercer des poursuites contre la contrefaçon, il suffira que lesdits auteurs ou éditeurs justifient de leur droit de propriété en établissant, par un certificat émanant de l'autorité publique compétente de chaque pays, que l'ouvrage en question est une œuvre originale qui, dans le pays où elle a été publiée, jouit de la protection légale contre la contrefaçon ou la reproduction illicite. Pour les ouvrages publiés en France, ce certificat sera délivré, à Paris, par le bureau de l'imprimerie, de la librairie et de la presse au ministère de l'intérieur, et dans les départements autres que celui de la Seine, par les bureaux des préfectures. Ce certificat devra être légalisé sans frais par la mission de Suisse à Paris, ou par les consulats suisses dans les départements. Pour les ouvrages publiés dans le canton de Genève, il sera délivré par le département de l'intérieur et légalisé sans frais par la mission de France ou par un consulat français en Suisse.

ART. 4.

Nonobstant les stipulations des articles 1 et 6 de la présente convention, les articles extraits des journaux, revues ou recueils périodiques publiés dans l'un des deux pays, pourront être reproduits ou traduits dans les journaux, revues ou recueils périodiques de l'autre pays, pourvu que l'on y indique la source à laquelle on les aura puisés.

Toutefois, cette permission ne s'étendra pas à la reproduction et à la traduction, dans l'un des deux pays, des articles de journaux, revues ou recueils périodiques publiés dans l'autre, lorsque les auteurs auront formellement déclaré dans le journal, la revue ou le recueil même où ils les auront fait paraître, qu'ils en interdissent la reproduction ou la traduction.

Dans aucun cas, cette interdiction ne pourra atteindre les articles de discussion politique.

ART. 5.

En cas de contravention aux dispositions des articles précédents, la saisie des objets de contrefaçon sera opérée et les tribunaux appliqueront les peines déterminées par la législation respective, de la même manière que si l'infraction avait été commise au préjudice d'un ouvrage ou d'une production d'origine nationale.

Les caractères constituant la contrefaçon seront déterminés par les tribunaux de l'un ou de l'autre pays, d'après la législation en vigueur dans chacun des deux États.

ART. 6.

Sont expressément assimilées aux ouvrages originaux les traductions, faites dans l'un des deux États, d'ouvrages nationaux ou étrangers dont le droit de traduction n'est pas réservé. Ces traductions jouiront, à ce titre, de la protection stipulée par l'art. 1er, en ce qui concerne la reproduction non autorisée dans l'autre État. Il est bien entendu, toutefois, que l'objet de ce présent article est simplement de protéger le traducteur par rapport à la version qu'il a donnée de l'ouvrage original, et non pas de conférer un droit exclusif de traduction au premier traducteur d'un ouvrage quelconque écrit en langue morte ou vivante.

ART. 7.

L'auteur de tout ouvrage publié dans l'un des deux États qui aura entendu réserver son droit de traduction jouira pendant cinq années, à partir du jour de la première publication de la traduction de son ouvrage autorisée par lui, du privilége de protection contre la publication dans l'autre État de toute traduction du même ouvrage non autorisée par lui, et ce, sous les conditions suivantes :

1o Il faudra que l'auteur ait indiqué, en tête de son ouvrage, son intention de se réserver le droit de traduction ;

2o Ladite traduction devra avoir paru, au moins en partie, dans le délai d'un an à compter de la date de la publication de l'œuvre originale, et, en totalité, dans un délai de trois ans à partir de la même date.

Pour les ouvrages publiés par livraisons, il suffira que la déclaration de l'auteur qu'il entend se réserver le droit de traduction, soit exprimée sur la première livraison. Toutefois, en ce qui concerne le terme de cinq années assigné par le présent article pour l'exercice du droit privilégié de traduction, chaque livraison sera considérée comme un ouvrage séparé.

ART. 8.

Les mandataires légaux, héritiers ou ayants droit des personnes mentionnées à l'art. 1er jouissent de tous les droits de celles-ci.

ART. 9.

L'exposition et la vente des contrefaçons et reproductions faites à l'étranger des ouvrages mentionnés à l'art. 1er sont prohibées et punies, dans le territoire des États contractants, comme si ces contrefaçons et reproductions étaient faites sur ce territoire même.

ART. 10.

Les stipulations de cette convention ne sauraient infirmer le droit des deux hautes parties contractantes de surveiller, de permettre ou d'interdire, à leur convenance, chacune sur son territoire, par des mesures législatives ou administratives, le commerce, la représentation, l'exposition ou la vente de productions littéraires ou artistiques.

De même, aucune des stipulations de la présente convention ne saurait être interprêtée de manière à contester le droit des hautes parties contractantes de prohiber l'importation, sur leur propre territoire, des livres que leur législation intérieure ou des traités avec d'autres États feraient entrer dans la catégorie des réproductions illicites.

ART. 11.

Les deux Gouvernements prendront des mesures pour empêcher toute difficulté qui pourrait naître, quant au passé, du fait de la possession ou de la vente que feront des éditeurs, imprimeurs ou libraires français ou génevois d'ouvrages non tombés dans le domaine public, qui auront été fabriqués ou importés antérieurement à la ratification de la présente convention.

ART. 12.

A cet effet, les éditeurs, imprimeurs ou libraires pourront publier les volumes et livraisons nécessaires à l'achèvement desdits ouvrages non tombés dans le domaine public, dont une partie aura déjà été publiée avant la ratification de la convention actuelle; mais ce tirage ne pourra dépasser celui du dernier volume ou de la dernière livraison publiée avant cette ratification. On devra observer, d'ailleurs, en ce qui concerne ce tirage exceptionnel, les dispositions qui seront prises par les deux hautes parties contractantes en vertu de l'article précédent.

ART. 13.

Les éditeurs, imprimeurs ou libraires français et genevois de revues et de recueils périodiques réimprimés jusqu'ici en France ou dans le canton de Genève auront droit de publier, jusqu'au 31 mars 1859, sans indemnité pour l'auteur original, les livraisons destinées à compléter les souscriptions de leurs abonnés ou les collections non vendues qui existent dans leurs magasins.

ART. 14.

Les mesures prévues par l'article 11 s'appliqueront également aux clichés, bois et planches gravées de toute sorte, ainsi qu'aux pierres lithographiques existant en magasin chez les éditeurs ou imprimeurs français et génevois et constituant une reproduction non autorisée des modèles génevois et français.

Il est accordé un délai d'un an à partir de l'échange des ratifications de la présente convention, pour l'usage des clichés existant antérieurement à la mise en vigueur de celle-ci. Le nombre des exemplaires qui pourront être tirés pendant ce délai est limité à quinze cents.

ART. 15.

Il en sera de même pour les planches gravées de toute sorte, les photographies et les lithographies publiées isolément.

Les éditeurs français ou génevois, pourront, aux mêmes conditions et dans le même délai que les propriétaires des clichés, en tirer un nombre d'exemplaires nouveaux également limités à quinze cents.

ART. 16.

Il est, d'ailleurs, entendu que les éditeurs français ou génevois qui voudront profiter des dispositions qui précèdent ne pourront, dans aucun cas, mettre en vente les exemplaires de leurs clichés, bois, planches gravées, photographiées ou lithographiées, imprimés ou tirés après la mise en vigueur de ladite convention, sans avoir préalablement satisfait aux prescriptions mentionnées à l'article 11.

Quant aux bois, planches gravées, photographiées ou lithographiées, destinés à orner le texte d'un livre imprimé, il est accordé aux éditeurs français et génevois un délai d'un an pour faire tirer les épreuves nécessaires pour compléter les volumes du texte imprimé, sans indemnité au profit de l'éditeur original.

ART. 17.

Il demeure formellement entendu que les stipulations des articles 11, 12, 13, 14, 15 et 16 ci-dessus, ne seront obligatoires pour les parties intéressées qu'autant qu'elles n'y auront pas dérogé par des conventions particulières intervenues, d'un commun accord, avant ou après la conclusion de la présente convention.

ART. 18.

Pendant la durée de la présente convention, les droits actuellement établis à l'importation licite, par terre ou par mer, dans le territoire de l'Empire français, des livres et mémoires scientifiques en langue française ou étrangère, des estampes, gravures, photographies, lithographies, cartes géographiques ou marines, ainsi que de la musique, publiés dans le canton de Genève, demeureront réduits et fixés aux taux ci-après :

Livres, brochures et mémoires scientifiques brochés, cartonnés ou reliés, en langue française . . . . 20 fr. les 100 kilog.
En toute autre langue morte ou vivante . 1 fr. les 100 kilog.
Estampes, gravures, photographies, lithographies, cartes géographiques ou marines, musique . . . . . 20 fr. les 100 kilog.

Il est convenu, en outre, que si, par la suite, un dégrèvement plus considérable était accordé, à l'entrée en France, aux produits des presses d'un autre État, ce dégrèvement serait étendu de plein droit aux produits similaires du canton de Genève, et ce, gratuitement, si la concession avait lieu à titre gratuit, ou moyennant compensation, si elle n'était effectuée qu'à titre onéreux; toutefois cette compensation ne pourra porter préjudice aux droits de la confédération suisse ou à ceux des autres cantons.

Les publications pour lesquelles on réclamera, à leur introduction en France, le bénéfice du présent tarif devront être accompagnées d'un certificat d'origine délivré dans la forme et par les autorités que le gouvernement cantonal de Genève aura désignées à cet effet.

ART. 19.

Les États contractants ayant reconnu, en outre, l'utilité d'appliquer aux travaux de l'industrie la protection qu'ils octroient par la convention actuelle à ceux de l'art et de l'esprit, considéreront désormais les marques de fabrique comme comprises dans ces derniers, et en assimileront en conséquence la reproduction, sous tous les rapports, à la contrefaçon artistique et littéraire.

Les marques destinées à assurer la propriété industrielle des ressortissants de l'une ou de l'autre des parties contractantes seront déposées, en ce qui concerne l'industrie génevoise, au greffe du tribunal de commerce de Paris, conformément aux dispositions de la loi du 23 juin 1857 et du décret impérial du 26 juillet 1858, et, en ce qui touche l'industrie française, entre les mains de l'autorité génevoise chargée par la loi de recevoir les dépôts semblables des industriels indigènes.

ART. 20.

Les hautes parties contractantes se communiqueront mutuellement toutes les ordonnances, règlements et mesures d'exécution décrétés à présent ou plus tard, chez elles, en vue des matières réglées par la présente convention, de même que les modifications qui pourraient y être apportées ultérieurement.

ART. 21.

La faculté d'adhérer ultérieurement à la présente convention est réservée aux autres cantons de la Confédération suisse.

Art. 22.

La présente convention demeurera en vigueur pendant six ans, à partir de l'échange des ratifications, qui aura lieu dans le plus bref délai; et si, dans ces six ans, aucune dénonciation n'a été déclarée, soit par la France, soit par la Confédération ou par le canton de Genève, la convention sera prolongée tacitement de six ans, et ainsi de suite.

En foi de quoi, etc.

(*Bull.* 660 n° 6155).

RUSSIE.

—

DÉCRET IMPÉRIAL *portant promulgation de la Convention conclue, le 6 avril 1861, entre la France et la Russie, pour la garantie réciproque de la propriété des œuvres d'esprit et d'art.*

Du 22 mai 1861.

NAPOLÉON, etc.

Avons décrété et décrétons ce qui suit :

Une convention, suivie d'un article additionnel, ayant été conclue, le 6 avril 1861, entre la France et la Russie, pour la garantie réciproque de la propriété des œuvres d'esprit et d'art, et les ratifications de cet acte ayant été échangées à Saint-Pétersbourg, le 9 mai 1861, ladite convention, dont la teneur suit, recevra sa pleine et entière exécution.

Convention du 6 avril 1861.

AU NOM DE LA TRÈS-SAINTE ET INDIVISIBLE TRINITÉ.

Sa Majesté l'Empereur des Français et Sa Majesté l'Empereur de toutes les Russies, animés d'un égal désir de donner suite à la stipulation de l'article 23 du traité de commerce et de navigation signé à Saint-Pétersbourg, le 2/14 juin 1857, par laquelle les deux hautes parties contractantes se sont réservé de déterminer dans une convention spéciale les moyens de garantir réciproquement la propriété littéraire et artistique dans leurs États respectifs, etc.

Art. 1er.

A partir de l'époque à laquelle, conformément aux stipulations de l'article 10 ci-après, la présente convention deviendra exécutoire, les auteurs d'œuvres d'esprit ou d'art, auxquels les lois de l'un des deux Etats garantissent actuellement ou garantiront à l'avenir le droit de propriété ou d'auteur, auront, sous les conditions déterminées ci-après, la faculté d'exercer ce droit sur le territoire de l'autre Etat de la même manière et dans les mêmes limites que s'exercerait, dans cet autre Etat, le droit attribué aux auteurs d'ouvrages de même nature qui y seraient publiés.

La réimpression et la reproduction illicite ou contrefaçon des œuvres publiées primitivement dans l'un des deux Etats, seront assimilées dans l'autre à la réimpression et à la reproduction illicite d'ouvrages dont les auteurs appartiennent à ce dernier. Toutes les lois, ordonnances, règlements et stipulations aujourd'hui existants ou qui pourraient par la suite être promulgués au sujet du droit exclusif de publication des œuvres littéraires et artistiques, seront, pour autant qu'il n'y est pas dérogé par la présente convention, applicables à cette contrefaçon.

Il est bien entendu, toutefois, que les droits à exercer réciproquement dans l'un ou dans l'autre Etat, relativement aux ouvrages ci-dessus mentionnés, ne pourront être plus étendus que ceux qu'accorde la législation de l'Etat auquel appartiennent les auteurs ou ceux qui les remplacent à titre de mandataires, d'héritiers, de cessionnaires, de donataires ou autrement.

ART. 2.

Sont compris sous la dénomination d'œuvres d'esprit ou d'art, les livres, écrits, œuvres dramatiques, compositions musicales, tableaux, gravures, plans, cartes géographiques, lithographies et dessins, travaux de sculpture et autres productions scientifiques, littéraires ou artistiques, que ces œuvres soient publiées par des particuliers ou par une autorité publique quelconque, par une académie, une université, un établissement d'instruction publique, une société savante ou autre.

Sont expressément assimilées aux ouvrages originaux, les traductions faites dans l'un des états d'ouvrages nationaux ou étrangers.

Il est bien entendu que l'objet de la présente disposition est simplement de protéger le traducteur par rapport à sa propre traduction, et non de conférer le droit exclusif de traduction au premier traducteur d'un ouvrage quelconque.

Les mandataires, héritiers ou ayants cause des auteurs des œuvres d'esprit ou d'art énumérées ci-dessus, jouiront, à tous égards, des mêmes droits que ceux que la présente convention accorde auxdits auteurs.

ART. 3.

Pour assurer à tout ouvrage intellectuel ou artistique la propriété stipulée dans les articles précédents, les auteurs ou traducteurs devront établir, au besoin, par un témoignage émanant d'une autorité publique, que l'ouvrage en question est une œuvre originale qui, dans le pays où elle a été publiée, jouit de la protection légale contre la contrefaçon ou reproduction illicite.

Les hautes parties contractantes conviennent au surplus que la preuve de la propriété, pour toute œuvre d'esprit ou d'art, résultera toujours de plein droit, pour les ouvrages publiés en France, d'un certificat délivré par le bureau de la librairie au ministère de l'intérieur à Paris, ou par le secrétariat de la préfecture dans les départements; et que, quant aux ouvrages publiés dans les Etats de Sa Majesté l'Empereur de toutes les Russies, la preuve de la propriété résultera, de plein droit, d'un certificat délivré, pour les œuvres littéraires, scientifiques ou dramatiques, par l'autorité chargée de la censure des livres, et pour les œuvres artistiques, si elles sont publiées dans l'Empire, par l'Académie impériale des beaux-arts à Saint-Pétersbourg, et si elles sont publiées dans le royaume de Pologne, par l'école des beaux-arts à Varsovie.

Il est entendu que, pour être reconnus valables dans l'un ou l'autre des deux Etats, les certificats dont il est fait mention dans le présent article, seront légalisés sans frais par les agents diplomatiques ou consulaires respectifs.

Art. 4.

Le droit de propriété littéraire ou artistique des Français dans l'Empire de Russie, et des sujets russes en France, durera, pour les auteurs toute leur vie, et se transmettra, pour vingt ans, à leurs héritiers directs ou testamentaires, et pour dix ans à leurs héritiers collatéraux.

Les termes de vingt ans et de dix ans seront comptés depuis l'époque du décès de l'auteur.

Art. 5.

Nonobstant les stipulations des articles 1 et 2 de la présente convention, les articles extraits des journaux ou recueils périodiques, publiés dans l'un des deux pays, pourront être reproduits dans les journaux ou recueils périodiques de l'autre pays, pourvu que l'on indique la source à laquelle on les aura puisés.

Toutefois, cette permission ne s'étendra pas à la reproduction, dans l'un des deux pays, des articles de journaux ou de recueils périodiques publiés dans l'autre, lorsque les auteurs auront formellement déclaré dans le journal, ou le recueil même où ils les auront fait paraître, qu'ils interdisent la reproduction. Dans aucun cas, cette interdiction ne pourra atteindre les articles de discussion politique.

Art. 6.

En cas de contravention aux dispositions des articles précédents et de poursuites en dommages-intérêts, il sera procédé, dans l'un ou l'autre État, conformément à ce qui est ou serait prescrit par les législations respectives, et les tribunaux compétents appliqueront les peines déterminées par les lois en vigueur; le tout de la même manière que si l'infraction avait été commise au préjudice d'un ouvrage ou d'une production d'origine nationale.

Art. 7.

La mise en vente de toute œuvre reconnue, dans l'un ou l'autre des deux États, pour une reproduction illégale ou contrefaçon d'un ouvrage jouissant du privilége de protection, en vertu des articles 1 et 2 de la présente convention, sera interdite, sans qu'il y ait à distinguer si cette contrefaçon provient de l'un des deux États, ou de tout autre pays.

Toutefois, la présente convention ne pourra faire obstacle à la vente des réimpressions ou reproductions qui auraient été publiées dans chacun des deux États, ou qui auraient été introduites dans l'année qui suivra la signature de la présente convention.

Quant aux ouvrages de reproduction non autorisés en cours de publication, dont une partie aurait déjà paru avant l'expiration d'une année à partir du jour de la signature de la présente convention, les éditeurs en France, et ceux dans l'Empire de Russie, pourront publier les volumes et livraisons nécessaires, soit pour l'achèvement desdits ouvrages, soit pour compléter les souscriptions des abonnés, ou les collections non vendues existant en magasin. Par contre, on ne pourra faire aucune nouvelle publication, dans l'un des deux États, des mêmes ouvrages, ni mettre en vente des exemplaires autres que ceux destinés à remplir les expéditions ou souscriptions précédemment commencées.

Art. 8.

Pour faciliter la pleine exécution de la présente convention, les deux hautes parties contractantes promettent de se donner mutuellement connaissance des lois et règlements actuellement existants, ainsi que de ceux qui pourront être établis par la suite dans les deux pays, en ce qui touche la garantie de la propriété littéraire et artistique.

Art. 9.

Les dispositions de la présente convention ne pourront, en quoi que ce soit, porter préjudice au droit que chacune des deux hautes parties contractantes se réserve expressément de permettre, de surveiller ou d'interdire, par des mesures législatives ou administratives, la circulation ou l'exposition de tout ouvrage ou production à l'égard desquels l'un ou l'autre État jugera convenable d'exercer ce droit.

De même, aucune des stipulations de la présente convention ne saurait être interprétée de manière à contester le droit des hautes parties contractantes de prohiber l'importation, sur leur territoire, des livres que leur législation intérieure, ou des traités avec d'autres États, feraient entrer dans la catégorie des reproductions illicites.

ART. 10.

La présente convention restera en vigueur, sauf la réserve exprimée à l'article 7, pendant six ans, à dater du 14/2 juillet de cette année. Si, à l'expiration des six années, la présente convention n'est pas dénoncée un an à l'avance, elle continuera à être obligatoire, d'année en année, jusqu'à ce que l'une des hautes parties contractantes ait annoncé à l'autre, mais un an à l'avance, son intention d'en faire cesser les effets.

Les hautes parties contractantes se réservent cependant la faculté d'apporter à la présente convention, d'un commun accord, toute modification qui ne serait pas incompatible avec l'esprit et les principes qui en sont la base, et dont l'expérience aurait démontré l'opportunité.

ART. 11.

La présente convention sera ratifiée, et les ratifications en seront échangées à Saint-Pétersbourg dans le délai de deux mois, à partir du jour de la signature, ou plus tôt si faire se peut.

En foi de quoi, etc.

Article additionnel.

Il est convenu entre les deux hautes parties contractantes qu'aussi longtemps que les livres publiés en France seront admis libres de tout droit de douanes dans les États de Sa Majesté l'Empereur de toutes les Russies, tous les ouvrages indistinctement publiés en Russie, de même que la musique, les gravures, les lithographies et les cartes géographiques, seront admis également libres de tout droit de douanes sur le territoire de l'Empire français.

Le présent article additionnel aura la même force et valeur que s'il était inséré mot à mot dans la convention conclue aujourd'hui pour la garantie réciproque de la propriété littéraire et artistique. Il sera ratifié et mis à exécution en même temps que ladite convention.

En foi de quoi, etc.

(*Bull.* 932, n° 9042.)

BELGIQUE.

—

DÉCRET IMPÉRIAL *portant promulgation de la convention conclue, le 1er mai 1861, entre la France et la Belgique, pour la garantie réciproque de la propriété littéraire, artistique et industrielle.*

Du 27 mai 1861.

NAPOLÉON, etc.

AVONS DÉCRÉTÉ et DÉCRÉTONS ce qui suit :

Une convention ayant été conclue le 1er mai 1861, entre la France et la Belgique, pour la garantie réciproque de la propriété des œuvres d'esprit et d'art, et des marques, modèles et dessins de fabrique; et les ratifications de cet acte ayant été échangées à Paris, le 27 mai 1861, ladite convention, dont la teneur suit, recevra sa pleine et entière exécution.

Convention du 1er mai 1861.

Sa Majesté l'Empereur des Français et Sa Majesté le Roi des Belges, également animés du désir de protéger les sciences, les arts et les lettres, et d'encourager leur application à l'industrie, ont à ces fins résolu d'adopter d'un commun accord les mesures qui leur ont paru les plus propres à assurer réciproquement, dans les deux pays, aux auteurs, aux industriels ou à leurs ayants cause, la propriété des œuvres de littérature ou d'art, et des marques modèles ou dessins de fabrique, etc.

ART. 1.

Les auteurs de livres, brochures ou autres écrits, de compositions musicales, d'œuvres de dessin, de peinture, de sculpture, de gravure, de lithographie et de toutes autres productions analogues du domaine littéraire ou artistique, jouiront, dans chacun des deux états réciproquement, des avantages qui y sont ou y seront attribués par la loi à la propriété des ouvrages de littérature ou d'art, et ils auront la même protection et le même recours légal contre toute atteinte portée à leurs droits, que si cette atteinte avait été commise à l'égard d'auteurs d'ouvrages publiés pour la première fois dans le pays même.

Toutefois ces avantages ne leur sont réciproquement assurés que pendant l'existence de leurs droits dans le pays où la publication originale a été faite, et la durée de leur jouissance dans

9

l'autre pays ne pourra excéder celle fixée par la loi pour les auteurs nationaux.

La propriété des œuvres musicales s'étend aux morceaux dits *arrangements*, composés sur des motifs extraits de ces mêmes œuvres. Les contestations qui s'élèveraient sur l'application de cette clause demeureront réservées à l'appréciation des tribunaux respectifs.

Tout privilége ou avantage qui serait accordé ultérieurement par l'un des deux pays à un autre pays, en matière de propriété d'œuvres de littérature ou d'art, dont la définition a été donnée dans le présent article, sera acquis de plein droit au citoyen de l'autre pays.

ART. 2.

La publication en Belgique de chrestomathies composées de fragments ou d'extraits d'auteurs français est autorisée, pourvu que ces recueils soient spécialement destinés à l'enseignement, et qu'ils contiennent des notes explicatives ou des traductions en langue flamande.

ART. 3.

La jouissance du bénéfice de l'art. 1er est subordonnée à l'accomplissement, dans le pays d'origine, des formalités qui sont prescrites par la loi pour assurer la propriété des ouvrages de littérature ou d'art.

Pour les livres, cartes, estampes ou œuvres musicales publiés pour la première fois dans l'un des deux États, l'exercice du droit de propriété dans l'autre État sera, en outre, subordonné à l'accomplissement préalable, dans ce dernier, de la formalité du dépôt et de l'enregistrement effectué de la manière suivante :

Si l'ouvrage a paru pour la première fois en Belgique, un exemplaire devra en être déposé gratuitement et enregistré, soit à Paris à la direction de l'imprimerie, de la librairie et de la presse au ministère de l'intérieur, soit à Bruxelles, à la chancellerie de la légation de France en Belgique.

Si l'ouvrage a paru pour la première fois en France, un exemplaire devra en être déposé gratuitement et enregistré, soit à Bruxelles au ministère de l'intérieur, soit à Paris à la chancellerie de la légation de Belgique en France.

Dans tous les cas le dépôt et l'enregistrement devront être accomplis dans les trois mois qui suivront la publication de l'ouvrage dans l'autre pays.

À l'égard des ouvrages qui paraissent par livraisons, le délai de trois mois ne commencera à courir qu'à dater de la publication de la dernière livraison, à moins que l'auteur n'ait indiqué, conformément aux dispositions de l'art. 6, son intention de se réserver le droit de traduction ; auquel cas chaque livraison sera considérée comme un ouvrage séparé.

La double formalité du dépôt et de l'enregistrement qui en sera fait sur des registres spéciaux tenus à cet effet ne donnera, de part et d'autre, ouverture à la perception d'aucune taxe, si ce n'est au remboursement des frais résultant de l'expédition jusqu'à Bruxelles ou Paris respectivement des livres, cartes, estampes ou publications musicales qui seraient déposés ou à la chancellerie de la légation de France en Belgique ou à la chancellerie de la légation de Belgique en France.

Les intéressés pourront se faire délivrer un certificat authentique du dépôt et de l'enregistrement; le coût de cet acte ne pourra dépasser cinquante centimes.

Le certificat relatera la date précise à laquelle l'enregistrement et le dépôt auront eu lieu; il fera foi dans toute l'étendue des territoires respectifs, et constatera le droit exclusif de propriété et de reproduction aussi longtemps que quelque autre personne n'aura pas fait admettre en justice un droit mieux établi.

ART. 4.

Les stipulations de l'art. 1er s'appliqueront également à la représentation ou exécution des œuvres dramatiques ou musicales publiées ou représentées pour la première fois dans l'un des deux pays, après le 12 mai 1854.

Le droit des auteurs dramatiques ou compositeurs sera perçu d'après les bases qui seront arrêtées entre les parties intéressées; à défaut d'un semblable accord, le taux exigible de ce droit ne pourra respectivement dépasser les chiffres suivants :

Pour les pièces :	En 4 ou 5 actes.	En 3 actes.	En 2 actes.	En 1 acte.
	Fr.	Fr.	Fr.	Fr.
À Paris et à Bruxelles	18 00	14 00	10 00	6 00
Dans les villes de 80,000 âmes et au-dessus.	14 00	10 00	8 00	5 00
Dans les villes de moins de 80,000 âmes. .	9 00	8 00	6 00	4 00

ART. 5.

Sont expressément assimilées aux ouvrages originaux, les traductions faites dans l'un des deux États d'ouvrages nationaux ou étrangers. Ces traductions jouiront à ce titre de la protection stipulée par l'art. 1er, en ce qui concerne leur reproduction non autorisée dans l'autre État. Il est bien entendu toutefois que l'objet du présent article est simplement de protéger le traducteur par rapport à la version qu'il a donnée de l'ouvrage original, et non pas de conférer le droit exclusif de traduction au premier traducteur d'un ouvrage quelconque, écrit en langue morte ou vivante, si ce n'est dans le cas et les limites prévus par l'article ci-après.

ART. 6.

L'auteur de tout ouvrage publié dans l'un des deux pays jouira seul du droit de traduction pendant cinq années, à partir du jour de la première traduction de son ouvrage autorisée par lui, sous les conditions suivantes :

1º L'ouvrage original sera enregistré et déposé en France ou en Belgique dans un délai de trois mois à partir du jour de la première publication dans l'autre pays, conformément aux dispositions de l'art. 3 ;

2º Il faudra que l'auteur ait indiqué, en tête de son ouvrage, l'intention de se réserver le droit de traduction ;

3º Ladite traduction autorisée devra paraître au moins en partie dans le délai d'un an, et en totalité dans le délai de trois ans à compter de la date du dépôt et de l'enregistrement de l'ouvrage original, effectués ainsi qu'il vient d'être prescrit ;

4º La traduction devra être publiée dans l'un des deux pays, et être elle-même déposée et enregistrée conformément aux dispositions de l'art. 3 ;

5º Pour les ouvrages publiés par livraisons, il suffira que la déclaration par laquelle l'auteur se réserve le droit de traduction soit faite dans la première livraison. Toutefois, en ce qui concerne le terme de cinq ans, assigné par cet article pour l'exercice du droit privilégié de traduction, chaque livraison sera considérée comme un ouvrage séparé. Chacune d'elles sera enregistrée et déposée dans l'un des deux pays, dans les trois mois à partir de sa première publication dans l'autre ;

6º Relativement à la traduction des ouvrages dramatiques, l'auteur qui voudra se réserver le droit exclusif dont il s'agit au présent article, devra faire paraître sa traduction trois mois après le dépôt et l'enregistrement de l'ouvrage original.

Dans le cas où la législation de la Belgique sur le droit de traduction viendrait à être modifiée pendant la durée de la présente convention, les avantages nouveaux qui seraient consacrés en faveur des auteurs belges seraient de plein droit étendus aux auteurs français.

En même temps les auteurs belges jouiraient en France des avantages plus grands qui pourraient résulter de la législation générale en faveur des nationaux.

Ces droits respectifs seront, d'ailleurs, soumis aux conditions prévues par le § 2 de l'art. 1er.

ART. 7.

Les mandataires légaux ou ayants cause des auteurs, traducteurs, compositeurs, dessinateurs, peintres, sculpteurs, graveurs, lithographes, photographes, etc. jouiront des mêmes droits que ceux que la présente convention accorde aux auteurs, traducteurs, compositeurs, dessinateurs, peintres, sculpteurs, graveurs, lithographes ou photographes eux-mêmes.

Art. 8.

Nonobstant les stipulations des art. 1 et 5 de la présente convention, les articles extraits des journaux ou recueils périodiques publiés dans l'un des deux pays pourront être reproduits ou traduits dans les journaux ou recueils périodiques de l'autre pays, pourvu qu'on y indique la source à laquelle on les aura puisés.

Toutefois, cette permission ne s'étendra pas à la reproduction, dans l'un des deux pays, des articles de journaux ou de recueils périodiques publiés dans l'autre, lorsque les auteurs auront formellement déclaré, dans le journal ou le recueil même où ils les auront fait paraître, qu'ils en interdisent la reproduction.

En aucun cas cette interdiction ne pourra atteindre les articles de discussion politique.

Art. 9.

L'introduction, l'exportation, la circulation, la vente et l'exposition, dans chacun des deux États, d'ouvrages ou objets de reproduction non autorisée, définis par les articles 1er, 4, 5 et 6, sont prohibées, sauf ce qui est dit à l'art. 13, soit que les reproductions non autorisées proviennent de l'un des deux pays, soit qu'elles proviennent d'un pays étranger quelconque.

Art. 10.

En cas de contravention aux dispositions des articles précédents, la saisie des objets de contrefaçon sera opérée, et les tribunaux appliqueront les pénalités déterminées par les législations respectives de la même manière que si l'infraction avait été commise au préjudice d'un ouvrage ou d'une production d'origine nationale.

Les caractères constituant la contrefaçon seront déterminés par les tribunaux de l'un et de l'autre pays d'après la législation en vigueur dans chacun des deux États.

Art. 11.

Les livres d'importation licite et les autres productions mentionnées dans la présente convention, venant de Belgique, continueront à être admis en France, tant à l'entrée qu'au transit direct ou par entrepôt, par tous les bureaux qui leur sont actuellement ouverts ou qui pourraient l'être par la suite.

Si les intéressés le désirent, les livres déclarés à l'entrée seront expédiés directement en France, à la direction de l'imprimerie, de la librairie et de la presse, au ministère de l'intérieur, et en Belgique à l'entrepôt de Bruxelles, pour y subir les vérifications nécessaires, qui auront lieu au plus tard dans le délai de quinze jours.

Art. 12.

Les dispositions de la présente convention ne pourront porter préjudice, en quoi que ce soit, au droit qui appartiendrait à cha-

cune des deux hautes parties contractantes de permettre, de surveiller ou d'interdire, par des mesures de législation ou de police intérieure, la circulation, la représentation ou l'exposition de
tout ouvrage ou production à l'égard desquels l'autorité compétente
aurait à exercer ce droit.

Chacune des deux hautes parties contractantes conserve, d'ailleurs, le droit de prohiber l'importation dans ses propres Etats des
livres qui, d'après ses lois intérieures ou des stipulations souscrites
avec d'autres puissances, sont ou seraient déclarés être des contrefaçons.

Art. 13.

Sont maintenues les dispositions de la convention du 22 août
1852 et de la déclaration jointe à ladite convention, relatives à la
possession et à la vente par les éditeurs, imprimeurs ou libraires
belges ou français de réimpressions d'ouvrages de propriété française ou belge non tombés dans le domaine public, fabriqués, importés ou en cours de fabrication et de réimpression non autorisée,
aux époques fixées par l'article additionnel du 27 février 1854.

Art. 14.

Le gouvernement français et le gouvernement belge prendront
les mesures nécessaires pour interdire l'entrée, sur leurs territoires
respectifs, des ouvrages que des éditeurs français ou belges auraient acquis le droit de réimprimer, avec la réserve que ces réimpressions ne seraient autorisées que pour la vente en France ou en
Belgique et sur des marchés tiers.

Les ouvrages auxquels cette disposition est applicable devront
porter sur leurs titres et couvertures les mots : *Édition interdite en
France (en Belgique) et autorisée pour (la Belgique) la France et
l'étranger.*

Art. 15.

Les sujets de l'une des hautes parties contractantes jouiront dans
les Etats de l'autre, de la même protection que les nationaux, pour
tout ce qui concerne la propriété des marques de fabrique ou de
commerce, ainsi que des dessins ou modèles industriels et de
fabrique de toute espèce.

Le droit exclusif d'exploiter un dessin ou modèle industriel ou
de fabrique ne peut avoir, au profit des Français en Belgique, et
réciproquement au profit des Belges en France, une durée plus
longue que celle fixée par la loi du pays à l'égard des nationaux.

Si le dessin ou modèle industriel ou de fabrique appartient au
domaine public dans le pays d'origine, il ne peut être l'objet d'une
jouissance exclusive dans l'autre pays.

Les dispositions des deux paragraphes qui précèdent sont applicables aux marques de fabrique ou de commerce.

Les droits des sujets de l'une des hautes parties contractantes dans les Etats de l'autre ne sont pas subordonnés à l'obligation d'y exploiter les modèles ou dessins industriels ou de fabrique.

Le présent article ne recevra son exécution, dans l'un et l'autre pays, à l'égard des modèles ou dessins industriels ou de fabrique, qu'à l'expiration d'une année, à partir de ce jour.

Art. 16.

Les Français ne pourront revendiquer, en Belgique, la propriété exclusive d'une marque, d'un modèle, ou d'un dessin, s'ils n'en ont déposé deux exemplaires au greffe du tribunal de commerce à Bruxelles.

Réciproquement, les Belges ne pourront revendiquer, en France, la propriété exclusive d'une marque, d'un modèle ou d'un dessin, s'ils n'en ont déposé deux exemplaires à Paris, au greffe du tribunal de commerce de la Seine.

Art. 17.

La présente convention demeurera en vigueur pendant dix années, à partir du jour de l'échange des ratifications. Dans le cas où aucune des deux hautes parties contractantes n'aurait notifié, une année avant l'expiration de ce terme, son intention d'en faire cesser les effets, la convention continuera à être obligatoire encore une année, et ainsi de suite, d'année en année, jusqu'à l'expiration d'une année, à partir du jour où l'une des parties l'aura dénoncée.

Art. 18.

La présente convention sera ratifiée, et les ratifications en seront échangées à Paris, dans le délai de deux mois, ou plus tôt si faire se peut, simultanément avec celles du traité de commerce et du traité de navigation conclus, sous la date de ce jour, entre les deux hautes parties contractantes.

En foi de quoi, etc.

(Bull. 933, n° 9056.)

DÉCRET IMPÉRIAL *portant promulgation de la déclaration signée le 27 mai 1861, et interprétative de l'article 2 de la convention littéraire, artistique et industrielle, conclue, le 1er du même mois, entre la France et la Belgique.*

Du 27 mai 1861.

NAPOLÉON, etc.

AVONS DÉCRÉTÉ et DÉCRÉTONS ce qui suit :

Une déclaration interprétative de l'article 2 de la convention littéraire, artistique et industrielle, conclue, le 1er mai 1861, entre la France et la Belgique, ayant été signée le 27 mai 1861 par notre ministre secrétaire d'État au département des affaires étrangères et le chargé d'affaires de la Belgique à Paris, ladite déclaration, dont la teneur suit, est approuvée et recevra sa pleine et entière exécution.

Déclaration du 27 mai 1861.

Au moment de procéder à l'échange des ratifications de la convention pour la garantie réciproque de la propriété littéraire, etc., conclue entre la France et la Belgique, le 1er du présent mois de mai, les soussignés sont convenus de fixer ainsi qu'il suit l'interprétation de l'article 2 de ladite convention :

« Les éditeurs belges restent en possession des avantages dont
» ils jouissent déjà, en vertu de la convention du 22 août 1852,
» pour la publication des chrestomathies françaises. Il est donc
» entendu qu'ils demeurent libres de composer de semblables
» recueils avec des extraits d'ouvrages français tombés ou non
» dans le domaine public, sans qu'ils soient tenus de les accom-
» pagner de notes ou traductions d'aucune sorte. »

(*Bull.* 933, n° 9057.)

—

DÉCRET *sur les dégrèvements de droits d'importation.*

Du 14 juin 1865.

(*Voir Angleterre*, p. 100.)

(*Bull.* 1397, n° 13318.)

—•—

ITALIE.

—

DÉCRET IMPÉRIAL *portant promulgation de la Convention littéraire conclue le 29 juin 1862, entre la France et le royaume d'Italie*

Du 24 septembre 1862.

NAPOLÉON, etc.

AVONS DÉCRÉTÉ et DÉCRÉTONS ce qui suit :

Une convention ayant été conclue, le 29 juin 1862, entre la France et le royaume d'Italie, pour la garantie réciproque de la propriété des œuvres d'esprit et d'art, et les ratifications de cet acte ayant été échangées à Paris, le 13 du présent mois, ladite convention, dont la teneur suit, recevra sa pleine et entière exécution.

Convention du 29 juin 1862.

Sa Majesté l'Empereur des Français et Sa Majesté le Roi d'Italie, également animés du désir d'apporter aux accords internationaux existants pour la garantie de la propriété littéraire et artistique les modifications que l'expérience a suggérées, ont jugé à propos de conclure, dans ce but, une nouvelle convention spéciale, etc.

ART. 1.

Les auteurs de livres, brochures ou autres écrits, de compositions musicales, d'œuvres de dessin, de peinture, de sculpture, de gravure, de lithographie et de toutes autres productions analogues du domaine littéraire ou artistique jouiront, réciproquement dans chacun des deux Etats, des avantages qui y sont ou y seront attribués par la loi à la propriété des ouvrages de littérature ou d'art ; et ils auront contre toute atteinte portée à leurs droits la même protection et le même recours légal que si cette atteinte s'adressait aux auteurs d'ouvrages publiés pour la première fois dans le pays même.

Toutefois, ces avantages ne leur seront réciproquement assurés que durant l'existence de leurs droits dans le pays où la publication originale a été faite, et la durée de leur jouissance dans l'autre pays ne pourra excéder celle fixée par la loi pour les auteurs nationaux.

La propriété des œuvres musicales s'étend aux morceaux dits *arrangements*, composés sur des motifs extraits de ces mêmes œuvres. Les contestations qui s'élèveraient sur l'application de cette clause demeureront réservées à l'appréciation des tribunaux respectifs.

Tout privilége ou avantage qui serait accordé ultérieurement à un autre pays par l'un des deux pays contractants, en matière de propriété d'œuvres de littérature ou d'art dont la définition est donnée dans le présent article, sera acquis de plein droit aux citoyens de l'autre.

ART. 2.

Pour assurer à tous les ouvrages d'esprit ou d'art la protection stipulée dans l'article précédent, et pour que les auteurs ou éditeurs de ces ouvrages soient admis en conséquence à exercer devant les tribunaux des deux pays des poursuites contre les contrefaçons, il suffira que lesdits auteurs ou éditeurs justifient de leur droit de propriété en établissant, par un certificat de l'autorité publique compétente en chaque pays, que l'ouvrage en question est une œuvre originale qui, dans le pays où elle a été publiée, jouit de la protection légale contre la contrefaçon ou la reproduction illicite.

Pour les ouvrages publiés en France, ce certificat sera délivré par le bureau du dépôt légal et de la propriété littéraire au ministère de l'intérieur et légalisé par la mission d'Italie à Paris; pour les ouvrages publiés dans le royaume d'Italie, il sera délivré par le ministère d'agriculture, industrie et commerce, et légalisé par la mission de France à Turin.

Art. 3.

La traduction faite dans l'un des deux États d'un ouvrage publié dans l'autre État est assimilée à sa reproduction et comprise dans les dispositions de l'article 1er, pourvu que l'auteur, en faisant paraître son ouvrage, ait notifié au public qu'il entend le traduire lui-même et que sa traduction ait été publiée dans le délai d'un an, à partir de la publication du texte original.

Art. 4.

Afin de pouvoir constater d'une manière précise dans les deux États le jour de la publication d'un ouvrage, on se réglera sur la date du dépôt qui en aura été opéré dans l'établissement public préposé à cet effet. Si l'auteur entend réserver son droit de traduction, il en fera la déclaration en tête de son ouvrage et mentionnera à la suite de cette déclaration la date du dépôt.

À l'égard des ouvrages qui se publient par livraisons, il suffira que cette déclaration de l'auteur soit faite dans la première livraison. Toutefois, le terme fixé pour l'exercice de ce droit ne commencera à courir qu'à dater de la publication de la dernière livraison, pourvu d'ailleurs qu'entre les deux publications il ne s'écoule pas plus de trois ans.

Relativement auxdits ouvrages publiés par livraisons, l'indication de la date du dépôt devra être apposée sur la dernière livraison, à partir de laquelle commence le délai fixé pour l'exercice du droit de traduction.

Art. 5.

Sont expressément assimilées aux ouvrages originaux les traductions faites dans l'un des deux États d'ouvrages nationaux ou étrangers. Ces traductions jouiront, à ce titre, de la protection stipulée par l'article 1er, en ce qui concerne leur reproduction non autorisée dans l'autre État.

Il est bien entendu, toutefois, que l'objet du présent article est simplement de protéger le traducteur, par rapport à la version qu'il a donnée de l'ouvrage original, et non pas de conférer le droit exclusif de traduction au premier traducteur d'un ouvrage quelconque écrit en langue morte ou vivante, si ce n'est dans le cas et les limites prévus par l'article ci-après.

ART. 6.

Les stipulations contenues dans l'article 1er s'appliquent également à la représentation et à l'exécution en original ou en traduction des œuvres dramatiques ou musicales, en tant que les lois de chacun des deux États garantissent ou garantiront, par la suite, protection aux œuvres susdites, exécutées ou représentées pour la première fois sur les territoires respectifs. Pour obtenir la garantie exprimée dans le présent article, en ce qui touche la représentation ou exécution et traduction d'une œuvre dramatique ou musicale, il faut que, dans l'espace de six mois après la publication ou la représentation de l'original dans l'un des deux pays, l'auteur en ait fait paraître la traduction dans la langue de l'autre pays.

ART. 7.

Les mandataires légaux ou ayants cause des auteurs, traducteurs, compositeurs, dessinateurs, peintres, sculpteurs, lithographes, photographes, etc., jouiront des mêmes droits que ceux que la présente convention accorde aux auteurs, traducteurs, compositeurs, dessinateurs, peintres, sculpteurs, graveurs, lithographes ou photographes eux-mêmes.

ART. 8.

Nonobstant les stipulations des articles 1er et 5 de la présente convention, les articles extraits des journaux ou recueils périodiques publiés par l'un des deux pays pourront être reproduits ou traduits dans les journaux ou recueils périodiques de l'autre pays, pourvu qu'on y indique la source à laquelle on les aura puisés.

Toutefois, cette faculté ne s'étendra pas à la reproduction dans l'un des deux pays des articles de journaux ou de recueils périodiques publiés dans l'autre, lorsque les auteurs auront formellement déclaré, dans le journal ou dans le recueil même où il les auront fait paraître, qu'ils en interdisent la reproduction. En aucun cas, cette interdiction ne pourra atteindre les articles de discussion politique.

ART. 9.

L'introduction, l'exportation, le transit, la vente et l'exposition, dans chacun des deux États, d'ouvrages ou objets dont la reproduction n'est pas autorisée, définis par les articles 1er 4, 5 et 6, sont prohibés, sauf ce qui est dit à l'article 12, soit que les reproductions non autorisées proviennent de l'un des deux pays, soit qu'elles proviennent d'un pays étranger quelconque.

ART. 10.

En cas de contravention aux dispositions des articles précédents, la saisie des objets de contrefaçon sera opérée, et les tribunaux appliqueront les pénalités déterminées par les législations respectives, de la même manière que si l'infraction avait été commise au préjudice d'un ouvrage ou d'une production d'origine nationale.

Les caractères constituant la contrefaçon seront déterminés par les tribunaux de l'un et de l'autre pays, d'après la législation en vigueur dans chacun des deux États.

ART. 11.

La présente convention ne pourra faire obstacle à la libre continuation de la vente, publication ou introduction dans les États respectifs des ouvrages qui auraient été déjà publiés en tout ou en partie dans l'un d'eux, avant la mise en vigueur de la convention du 28 août 1843 (1), pourvu qu'on ne puisse postérieurement faire aucune autre publication des mêmes ouvrages, ni introduire de l'étranger des exemplaires autres que ceux destinés à compléter les expéditions ou souscriptions précédemment commencées.

ART. 12.

Les livres importés du royaume d'Italie continueront à être admis en France, tant à l'entrée qu'au transit direct ou par entrepôt, pour tous les bureaux qui leur sont actuellement ouverts ou qui pourraient l'être par la suite.

Si les intéressés le désirent, les livres déclarés à l'entrée seront expédiés directement en France à la direction de l'imprimerie et de la librairie au ministère de l'intérieur, et en Italie au ministère d'agriculture, industrie et commerce, pour y subir les vérifications nécessaires, qui auront lieu au plus tard dans le délai de quinze jours.

ART. 13.

Les sujets de l'une des hautes parties contractantes jouiront, dans les États de l'autre, de la même protection que les nationaux, pour tout ce qui concerne la propriété des marques de fabrique ou de commerce, ainsi que des dessins ou modèles industriels et de fabrique de toute espèce.

Le droit exclusif d'exploiter un dessin ou modèle industriel ou de fabrique ne peut avoir au profit des Français en Italie, et réciproquement au profit des Italiens en France, une durée plus longue que celle fixée par la loi du Pays à l'égard des nationaux.

Si le dessin ou modèle industriel ou de fabrique appartient au domaine public dans le pays d'origine, il ne peut être l'objet d'une jouissance exclusive dans l'autre pays.

Les dispositions des deux paragraphes qui précèdent sont applicables aux marques de fabrique ou de commerce.

(1) XI° série, Bull. 1046, n° 10,925.

Les droits des sujets de l'une des hautes parties contractantes dans les Etats de l'autre ne sont pas subordonnés à l'obligation d'y exploiter les modèles ou dessins industriels ou de fabrique.

Le présent article ne recevra son exécution, dans l'un et l'autre pays, à l'égard des modèles ou dessins industriels ou de fabrique, qu'à l'expiration d'une année, à partir de ce jour.

Les Français ne pourront revendiquer, en Italie, la propriété exclusive d'une marque, d'un modèle ou d'un dessin, s'ils n'en ont déposé deux exemplaires au bureau central des privatives industrielles à Turin.

Réciproquement, les Italiens ne pourront revendiquer, en France, la propriété exclusive d'une marque, d'un modèle ou d'un dessin, s'ils n'en ont déposé deux exemplaires à Paris, au greffe du tribunal de commerce de la Seine.

ART. 14.

Les dispositions de la présente convention ne pourront porter préjudice, en quoi que ce soit, au droit qui appartiendrait à chacune des deux hautes parties contractantes de permettre, de surveiller ou d'interdire, par des mesures de législation de police intérieure, la circulation, la représentation ou l'exposition de tout ouvrage ou production, à l'égard desquels l'autorité compétente aurait à exercer ce droit.

Chacune des deux hautes parties contractantes conserve, d'ailleurs, le droit de prohiber l'importation, dans ses propres Etats, des livres qui, d'après ses lois intérieures ou des stipulations souscrites avec d'autres puissances, sont ou seraient déclarés être des contrefaçons.

ART. 15.

Pour faciliter la pleine exécution du présent traité, les deux hautes parties contractantes promettent de se donner mutuellement connaissance de tous les règlements, ordonnances et mesures d'exécution quelconques qui seraient décrétés dans l'un et l'autre pays, concernant les matières réglées dans la convention présente, ainsi que des changements qui pourraient survenir dans la législation des deux pays, en ce qui touche la garantie de la propriété littéraire et artistique.

ART. 16.

La présente convention demeurera en vigueur pendant douze années, à partir du jour de l'échange des ratifications. Dans le cas où aucune des deux hautes parties contractantes n'aurait notifié, une année avant l'expiration de ce terme, son intention d'en faire cesser les effets, la convention continuera à être obligatoire encore une année, et ainsi de suite, d'année en année, jusqu'à l'expiration d'une année, à partir du jour où l'une des parties l'aura dénoncée.

Les hautes parties contractantes se réservent cependant la faculté d'apporter, d'un commun accord, à la présente convention, toute modification dont l'expérience viendrait à démontrer l'opportunité.

ART. 17.

La présente convention sera ratifiée, et les ratifications en seront échangées à Paris, dans le délai de deux mois, ou plus tôt si faire se peut.

En foi de quoi, etc.

(*Bull.* 1057, n⁰ 10626.)

DÉCRET *sur les dégrèvements de droits d'importation.*

Du 14 juin 1865.

(*Voir Angleterre*, p. 100.)

(*Bull.* 1297, n⁰ 13318.)

PRUSSE.

DÉCRET IMPÉRIAL *portant promulgation de la convention conclue, le 2 août 1862, entre la France et la Prusse, pour la garantie réciproque de la propriété des œuvres d'esprit et d'art.*

Du 10 mai 1865.

NAPOLÉON, etc.

AVONS DÉCRÉTÉ et DÉCRÉTONS ce qui suit :

Une convention ayant été conclue, le 2 août 1862, entre la France et la Prusse, pour la garantie réciproque de la propriété des œuvres d'esprit et d'art, et les ratifications de cet acte ayant été échangées, le 9 mai 1865, ladite convention, dont la teneur suit, recevra sa pleine et entière exécution.

Convention du 2 août 1862.

Sa Majesté l'empereur des Français et Sa Majesté le roi de Prusse, également animés du désir d'adopter, d'un commun accord, les mesures qui leur ont paru les plus propres à garantir réciproquement la propriété des œuvres d'esprit et d'art, ont résolu de conclure une convention à cet effet, etc.

Art. 1.

Les auteurs de livres, brochures ou autres écrits, de compositions musicales ou d'arrangements de musique, d'œuvres de dessin, de peinture, de sculpture, de gravure, de lithographie et de toutes autres productions analogues du domaine littéraire ou artistique, jouiront, dans chacun des deux États, réciproquement des avantages qui y sont ou y seront attribués par la loi à la propriété des ouvrages de littérature ou d'art, et ils auront la même protection et le même recours légal contre toute atteinte portée à leurs droits, que si cette atteinte avait été commise à l'égard d'auteurs d'ouvrages publiés pour la première fois dans le pays même.

Toutefois, ces avantages ne leur seront réciproquement assurés que pendant l'existence de leurs droits dans le pays où la publication originale a été faite, et la durée de leur jouissance dans l'autre pays ne pourra excéder celle fixée par la loi pour les auteurs nationaux.

Art. 2.

Sera réciproquement licite la publication dans chacun des deux pays d'extraits ou de morceaux entiers d'ouvrages ayant paru pour la première fois dans l'autre, pourvu que ces publications soient spécialement appropriées et adaptées pour l'enseignement ou l'étude, et soient accompagnées de notes explicatives ou de traductions interlinéaires ou marginales dans la langue du pays où elles sont imprimées.

Art. 3.

La jouissance du bénéfice de l'article 1er est subordonnée à l'accomplissement, dans le pays d'origine, des formalités qui sont prescrites par la loi, pour assurer la propriété des ouvrages de littérature ou d'art.

Pour les livres, cartes, estampes, gravures, lithographies ou œuvres musicales publiés pour la première fois dans l'un des deux États, l'exercice du droit de propriété dans l'autre État sera, en outre, subordonné à l'accomplissement préalable, dans ce dernier, de la formalité de l'enregistrement, effectuée de la manière suivante :

Si l'ouvrage a paru pour la première fois en Prusse, il devra être enregistré à Paris, au ministère de l'intérieur.

Si l'ouvrage a paru pour la première fois en France, il devra être enregistré à Berlin, au ministère des cultes.

L'enregistrement se fera, de part et d'autre, sur la déclaration écrite des intéressés, laquelle pourra être respectivement adressée, soit aux susdits ministères, soit aux légations dans les deux pays.

Dans tous les cas, la déclaration devra être présentée dans les trois mois qui suivront la publication de l'ouvrage dans l'autre pays, pour les ouvrages publiés postérieurement à la mise en vigueur de la présente Convention, et dans les trois mois qui suivront cette mise en vigueur, pour les ouvrages publiés antérieurement.

A l'égard des ouvrages qui paraissent par livraisons, le délai de trois mois ne commencera à courir qu'à dater de la publication de la dernière livraison, à moins que l'auteur n'ait indiqué, conformément aux dispositions de l'article 6, son intention de se réserver le droit de traduction, auquel cas chaque livraison sera considérée comme un ouvrage séparé.

La formalité de l'enregistrement, qui en sera fait sur des registres spéciaux tenus à cet effet, ne donnera, de part et d'autre, ouverture à la perception d'aucune taxe.

Les intéressés recevront un certificat authentique de l'enregistrement; ce certificat sera délivré gratis, sauf, s'il y a lieu, les frais de timbre.

Le certificat relatera la date précise à laquelle la déclaration aura eu lieu; il fera foi dans toute l'étendue des territoires respectifs et constatera le droit exclusif de propriété et de production aussi longtemps que quelque autre personne n'aurait pas fait admettre en justice un droit mieux établi.

Art. 4.

Les stipulations de l'article 1er s'appliqueront également à la représentation ou exécution des œuvres dramatiques ou musicales, publiées, exécutées ou représentées pour la première fois dans l'un des deux pays, après la mise en vigueur de la présente convention.

Art. 5.

Sont expressément assimilées aux ouvrages originaux les traductions faites, dans l'un des deux États, d'ouvrages nationaux ou étrangers. Ces traductions jouiront, à ce titre, de la protection stipulée par l'article 1er, en ce qui concerne leur reproduction non autorisée dans l'autre État. Il est bien entendu, toutefois, que l'objet du présent article est simplement de protéger le traducteur par rapport à la version qu'il a donnée de l'ouvrage original, et non pas de conférer le droit exclusif de traduction au premier traducteur d'un ouvrage quelconque, écrit en langue morte ou vivante, hormis le cas et les limites prévus par l'article ci-après.

Art. 6.

L'auteur de tout ouvrage publié dans l'un des deux pays, qui aura entendu se réserver le droit de traduction, jouira pendant cinq années, à partir du jour de la première publication de la traduction de son ouvrage autorisée par lui, du privilége de protection contre la publication dans l'autre pays, de toute traduction du même ouvrage non autorisée par lui, et ce sous les conditions suivantes :

1° L'ouvrage original sera enregistré dans l'un des deux pays, sur la déclaration faite dans un délai de trois mois, à partir du jour de la première publication dans l'autre pays, conformément aux dispositions de l'article 3.

2° L'auteur devra indiquer, en tête de son ouvrage, l'intention de se réserver le droit de traduction.

3° Il faudra que ladite traduction autorisée ait paru, au moins en partie, dans le délai d'un an, à compter de la date de la déclaration de l'original effectuée ainsi qu'il vient d'être prescrit, et en totalité dans le délai de trois ans, à partir de ladite déclaration.

4° La traduction devra être publiée dans l'un des deux pays, et être elle-même enregistrée, conformément aux dispositions de l'article 3.

Pour les ouvrages publiés par livraisons, il suffira que la déclaration de l'auteur, qu'il entend se réserver le droit de traduction, soit exprimée dans la première livraison.

Toutefois, en ce qui concerne le terme de cinq ans, assigné par cet article pour l'exercice du droit privilégié de traduction, chaque livraison sera considérée comme un ouvrage séparé; chacune d'elles sera enregistrée dans l'un des deux pays, sur la déclaration faite dans les trois mois, à partir de sa première publication dans l'autre.

Relativement à la traduction des ouvrages dramatiques ou à la représentation de ces traductions, l'auteur qui voudra se réserver le droit exclusif dont il s'agit aux articles 4 et 6, devra faire paraître ou représenter sa traduction trois mois après l'enregistrement de l'ouvrage original.

ART. 7.

Lorsque l'auteur d'une œuvre spécifiée de l'article 1er aura cédé son droit de publication ou de reproduction à un éditeur dans le territoire de chacune des hautes parties contractantes, sous la réserve que les exemplaires ou éditions de cette œuvre ainsi publiés ou reproduits, ne pourront être vendus dans l'autre pays, ces exemplaires ou éditions seront respectivement considérés et traités dans ce pays comme reproduction illicite.

ART. 8.

Les mandataires légaux, ou ayants cause des auteurs, traducteurs, compositeurs, dessinateurs, peintres, sculpteurs, graveurs, lithographes, etc., jouiront réciproquement, et à tous égards, des mêmes droits que ceux que la présente convention accorde aux auteurs, traducteurs, compositeurs, dessinateurs, peintres, sculpteurs, graveurs et lithographes eux-mêmes.

Art. 9.

Nonobstant les stipulations des articles 1 et 5 de la présente Convention, les articles extraits des journaux ou recueils périodiques publiés dans l'un des deux pays pourront être reproduits ou traduits dans les journaux ou recueils périodiques de l'autre pays, pourvu qu'on y indique la source à laquelle on les aura puisés.

Toutefois, cette faculté ne s'étendra pas à la reproduction, dans l'un des deux pays, des articles de journaux ou de recueils périodiques publiés dans l'autre, lorsque les auteurs auront formellement déclaré, dans le journal ou le recueil même où ils les auront fait paraître, qu'ils en interdisent la reproduction. En aucun cas, cette interdiction ne pourra atteindre les articles de discussion politique.

Art. 10.

La vente et l'exposition, dans chacun des deux Etats, d'ouvrages ou objets de reproduction non autorisés, définis par les articles 1, 4, 5 et 6, sont prohibées, sauf ce qui est dit à l'art. 12, soit que lesdites reproductions non autorisées proviennent de l'un des deux pays, soit qu'elles proviennent d'un pays étranger quelconque.

Art. 11.

En cas de contravention aux dispositions des articles précédents, la saisie des objets de contrefaçon sera opérée, et les tribunaux appliqueront les peines déterminées par les législations respectives, de la même manière que si l'infraction avait été commise au préjudice d'un ouvrage ou d'une production d'origine nationale.

Les caractères constituant la contrefaçon seront déterminés par les tribunaux de l'un ou de l'autre pays, d'après la législation en vigueur dans chacun des deux Etats.

Art. 12.

Les deux gouvernements prendront, par voie de règlement d'administration publique, les mesures nécessaires pour prévenir toute difficulté ou complication à raison de la possession et de la vente, par les éditeurs, imprimeurs ou libraires de l'un ou de l'autre des deux pays, de réimpressions d'ouvrages de propriété des sujets respectifs et non tombés dans le domaine public, fabriqués ou importés par eux antérieurement à la mise en vigueur de la présente convention, ou actuellement en cours de fabrication et de réimpression non autorisée.

Ces règlements s'appliqueront également aux clichés, bois et planches gravées de toute sorte, ainsi qu'aux pierres lithographiques existant en magasin, chez les éditeurs ou imprimeurs prussiens ou français, et constituant une reproduction non autorisée de modèles prussiens ou français.

Toutefois, ces clichés, bois et planches gravées de toute sorte, ainsi que les pierres lithographiques, ne pourront être utilisés que pendant quatre ans, à dater de la mise en vigueur de la présente convention.

ART. 13.

Pendant la durée de la présente Convention, les objets suivants, savoir : livres en toutes langues, estampes, gravures, lithographies et photographies, cartes géographiques ou marines, musique, Planches gravées en cuivre, acier ou bois, et pierres lithographiques couvertes de dessins, gravures ou écritures, destinées à l'imprimerie sur papier, tableaux et dessins, seront réciproquement admis en franchise de droits, sans certificats d'origine.

ART. 14.

Les livres d'importation licite venant de Prusse seront admis en France, tant à l'entrée qu'au transit direct ou par entrepôt, savoir :

1º Les livres en langue française, par les bureaux de Forbach, Wissembourg, Strasbourg, Pontarlier, Bellegarde, Pont-de-la-Caille, Saint-Jean-de-Maurienne, Chambéry, Nice, Marseille, Bayonne, Saint-Sasaire, le Havre, Lille, Valenciennes, Thionville et Bastia;

2º Les livres en toute autre langue que française, par les mêmes bureaux et, en outre, par les bureaux de Sarreguemines, Saint-Louis, Verrières-de-Joux, Perpignan (par le Perthus), le Perthus, Béhobie, Bordeaux, Nantes, Saint-Malo, Caen, Rouen, Dieppe, Boulogne, Calais, Dunkerque, Apach et Ajaccio.

Sans préjudice toutefois des autres bureaux qui pourraient être ultérieurement désignés pour le même effet.

En Prusse, les livres d'importation licite venant de France seront admis par tous les bureaux de douane.

ART. 15.

Dans le cas où un impôt de consommation viendrait à être établi sur le papier dans l'un des deux pays, il est bien entendu que cet impôt atteindrait proportionnellement les livres, estampes, gravures et lithographies importés de l'autre pays.

Néanmoins, en ce qui concerne les livres, cet impôt ne sera éventuellement appliqué qu'à ceux qui auront été publiés dans l'un ou l'autre pays, postérieurement à la création de l'impôt de consommation dont il s'agit.

Art. 16.

Les dispositions de la présente convention ne pourront porter préjudice, en quoi que ce soit, au droit qui appartient à chacune des deux hautes parties contractantes de permettre, de surveiller ou d'interdire, par des mesures de législation ou la police intérieure, la circulation, la représentation ou l'exposition de tout ouvrage ou production à l'égard desquels l'autorité compétente aurait à exercer ce droit.

La présente convention ne portera aucune atteinte au droit de l'une ou de l'autre des deux hautes parties contractantes de prohiber l'importation dans ses propres États des livres qui, d'après ses lois intérieures ou des stipulations souscrites avec d'autres puissances, sont ou seraient déclarés être des contrefaçons.

Art. 17.

Le droit d'accession à la présente convention est réservé à tout État qui appartient actuellement ou qui appartiendra par la suite au Zollverein.

Cette accession pourra se faire par un échange de déclarations entre les États contractants et la France.

Art. 18.

La présente convention sera mise en vigueur deux mois après l'échange de ses ratifications.

Elle aura la même durée que les traités de commerce et de navigation conclus, à la date de ce jour, entre les États du Zollverein et la France. (12 *ans.*)

Art. 19.

La présente convention sera ratifiée et les ratifications en seront échangées à Berlin en même temps que celles des traités précités.

En foi de quoi, etc.

(*Bull.* 1285 n° 13125.)

—

DÉCRET IMPÉRIAL *qui ouvre les bureaux de douane de Forbach, Saint-Louis et Weissembourg au transit de la librairie, en langue française.*

Du 14 juin 1865.

NAPOLÉON, etc.

Vu la Convention littéraire conclue avec la Prusse le 2 août 1862 ;

Vu la convention littéraire conclue avec la Suisse le 30 juin 1864;

Vu l'art. 8 de la loi du 6 mai 1841 (dispositions réglementaires);
Vu la loi du 19 mai 1841, sur la librairie ;
Vu l'ordonnance du 13 décembre 1842 (importation et transit de la librairie venant de l'étranger).

Avons décrété et décrétons ce qui suit :

Les bureaux de douane de Forbach, Saint-Louis et Weissembourg, sont ouverts au transit de la librairie en langue française.

(Bull. 1297, n° 13,319).

——

Décret impérial *relatif à l'exécution de la Convention conclue, le 2 août 1862, entre la France et la Prusse, pour la garantie réciproque de la propriété des Œuvres d'esprit et d'art.*

Le 30 juin 1863.

NAPOLÉON, etc.

Vu la Convention conclue, le 2 août 1862, entre la France et la Prusse, pour la garantie réciproque de la propriété des œuvres d'esprit et d'art, et notamment les articles 1, 12, 13 et 14 ;
Vu le décret du 28 mars 1852 ;
Notre Conseil d'État entendu,

Avons décrété et décrétons ce qui suit :

ART. 1.

Immédiatement après la mise en vigueur de la Convention du 2 août 1862, il sera procédé, par les soins de notre ministre secrétaire d'État au département de l'intérieur, chez tous les libraires-éditeurs et imprimeurs, à l'inventaire de toutes les réimpressions d'ouvrages prussiens non tombés dans le domaine public, lesquelles ont été publiées ou étaient en cours de publication en France le 2 août 1862.

ART. 2.

Dans un délai de trois mois, à dater du jour de la publication du présent règlement, sauf prolongation en cas d'impossibilité matérielle, il sera apposé gratuitement, par les délégués de notre ministre secrétaire d'État au département de l'intérieur, un timbre uniforme sur tous les ouvrages inventoriés chez chaque libraire détaillant. Quant aux éditeurs, un compte leur sera ouvert au ministère de l'intérieur pour chaque ouvrage de propriété prussienne reproduit par eux, avec ou sans autorisation, et qui existe dans leurs magasins.

L'apposition du timbre, pour chacune de ces reproductions, aura lieu sur la demande desdits éditeurs, au fur et à mesure de leurs besoins, jusqu'à concurrence du nombre d'exemplaires porté à leur compte dans l'inventaire général mentionné à l'article 1er du présent règlement.

ART. 3.

Après l'expiration du délai mentionné à l'article 2 pour l'apposition du timbre, toute réimpression non autorisée de livres prussiens, mise en vente ou expédiée par l'éditeur, sera passible de saisie si elle n'est pas revêtue du timbre. En ce qui regarde les détaillants, toute réimpression non autorisée et dépourvue du timbre, dont, à partir de la même époque, ils seront trouvés détenteurs, pourra être saisie et confisquée.

ART. 4.

Toute contrefaçon, toute falsification ou tout usage frauduleux du timbre sera passible des peines portées par les art. 142 et 143 du Code pénal.

ART. 5.

En ce qui concerne les ouvrages qui étaient en cours de publication le 2 août 1862, les éditeurs français seront tenus, dans les dix jours qui suivront la mise en vigueur du Traité, de faire le dépôt au ministère des cultes, à Berlin, ou à la chancellerie de la légation prussienne, à Paris, d'un exemplaire de tous les volumes ou livraisons parus des ouvrages dont il s'agit. Ce dépôt sera accompagné d'une déclaration du nombre des exemplaires tirés pour chaque volume ou livraison, soit en une, soit en plusieurs éditions.

Les volumes ou livraisons à paraître ne pourront être mis en vente qu'après que les conditions du dépôt et de l'apposition du timbre spécial auront été dûment remplies.

Dans aucun cas, le tirage des volumes ou livraisons à paraître ne pourra dépasser le chiffre du tirage des volumes ou livraisons déjà parus.

ART. 6.

Les clichés, bois et planches gravées de toute sorte, ainsi que les pierres lithographiques existant en magasin, chez les éditeurs ou imprimeurs français, constituant une reproduction non autorisée de modèles prussiens, seront également inventoriés par les soins du département de l'intérieur. Ils ne pourront être utilisés que pendant quatre ans, à dater de la mise en vigueur de la Convention.

ART. 7.

Les estampes, gravures ou lithographies, qu'elles soient isolées, qu'elles fassent partie de collections ou qu'elles appartiennent à des corps d'ouvrages, qui seront produites ou tirées à l'aide des clichés, bois ou planches gravées ou pierres lithographiques spécifiées dans l'article précédent, ne pourront être mises en vente qu'après avoir été revêtues du timbre spécial.

Les tirages d'épreuves nécessaires pour compléter les volumes imprimés ne donneront lieu à aucune indemnité au profit du propriétaire de l'édition originale.

Art. 8.

L'importation de Prusse en France des ouvrages français réimprimés sans autorisation, qui auront été soumis à la formalité du timbre, ne pourra être effectuée qu'avec le consentement des auteurs et éditeurs français intéressés, ou lorsque l'ouvrage original sera tombé dans le domaine public.

Art. 9.

Les livres d'importation licite venant de Prusse seront admis en France, conformément à l'article 14 de la Convention, tant à l'entrée qu'au transit direct ou par entrepôt, savoir :

1º Les livres en langue française, par les douanes de Forbach, Wissembourg et Saint-Louis ;

Par les douanes suivantes, ouvertes, en vertu du décret du 14 mars 1863, à toutes les productions littéraires ou artistiques venant de l'étranger : Strasbourg, Bayonne, Marseille, Bastia, Lille, Valenciennes, le Havre, Bellegarde, Thionville, Saint-Nazaire, Nice, Pont-de-la-Caille, Chambéry, Saint-Michel, Poutarlier, Longwy, Givet, Béhobie, Bordeaux, Saint-Malo, Nantes, Granville, Dunkerque, Boulogne, Calais et Dieppe ;

Et par les douanes d'Ajaccio et d'Hendaye, qui jouissent des mêmes prérogatives, en vertu des décrets des 7 novembre 1863 et 7 septembre 1864;

2º Les livres en toute autre langue que française, par les mêmes bureaux et, en outre, par les bureaux de Sarreguemines, Verrières-de-Joux, Perpignan (par le Perthus), le Perthus, Caen, Rouen et Apach.

Les livres déclarés à l'entrée pourront aussi être expédiés sur le ministère de l'intérieur (division de l'imprimerie et de la librairie) pour y subir les vérifications d'usage.

Art. 10.

Les dispositions contenues dans les neuf articles qui précèdent sont applicables aux États allemands qui se sont approprié, par voie d'accession, les stipulations du Traité littéraire et artistique franco-prussien du 2 août 1862.

Art. 11.

Nos ministres secrétaires d'État aux départements de l'intérieur, des affaires étrangères, et des finances, sont chargés, chacun en ce qui le concerne, de l'exécution du présent décret.

(*Bull.* 1316, nº 13520.)

SUISSE.

DÉCRET IMPÉRIAL *portant promulgation de la Convention conclue, le 30 juin 1864, entre la France et la Suisse, pour la garantie réciproque de la Propriété littéraire, artistique et industrielle.*

Du 28 novembre 1864.

NAPOLÉON, etc.

AVONS DÉCRÉTÉ et DÉCRÉTONS ce qui suit :

Une convention ayant été conclue, le 30 juin 1864, entre la France et la Suisse, pour la garantie réciproque de la propriété littéraire, artistique et industrielle, et les ratifications de cet acte ayant été échangées à Paris le 24 novembre 1864, ladite convention, dont la teneur suit, recevra sa pleine et entière exécution.

Convention du 30 juin 1864.

Dispositions applicables en France.

ART. 1.

Les auteurs de livres, brochures ou autres écrits de compositions musicales ou d'arrangements de musique, d'œuvres de dessin, de peinture, de sculpture, de gravure, de lithographie et de toutes autres productions analogues du domaine littéraire ou artistique, publiés pour la première fois en Suisse, jouiront en France des avantages qui y sont ou y seront attribués par la loi à la propriété des ouvrages de littérature ou d'art, et ils auront la même protection et le même recours légal contre toute atteinte portée à leurs droits que si cette atteinte avait été commise à l'égard d'auteurs d'ouvrages publiés pour la première fois sur le territoire de l'Empire.

Toutefois ces avantages ne seront assurés aux auteurs desdits ouvrages que pendant l'existence de leurs droits dans leur pays, et la durée de leur jouissance en France ne pourra excéder celle fixée à leur profit en Suisse.

ART. 2.

Il est permis de publier en France des extraits ou des morceaux entiers d'ouvrages ayant paru pour la première fois en Suisse, pourvu que ces publications soient spécialement appropriées à l'enseignement ou à l'étude et accompagnées de notes explicatives ou de traductions interlinéaires ou marginales.

ART. 3.

La jouissance du bénéfice de l'article 1er est subordonnée à l'acquisition légale de la propriété des ouvrages littéraires et artistiques en Suisse.

Pour les livres, cartes, estampes, gravures, lithographies ou œuvres musicales publiés pour la première fois en Suisse, l'exercice du droit de propriété en France sera, en outre, subordonné à l'accomplissement préalable, dans ce dernier pays, de la formalité de l'enregistrement, effectué à Paris au ministère de l'intérieur. L'enregistrement se fera sur la déclaration écrite des intéressés, laquelle pourra être adressée, soit au susdit ministère, soit à la chancellerie de l'ambassade de France à Berne.

La déclaration devra être faite dans les trois mois qui suivront la publication de l'ouvrage en Suisse, pour les ouvrages publiés postérieurement à la mise en vigueur de la Convention, et dans les trois mois qui suivront la mise en vigueur de ladite Convention, pour les ouvrages publiés antérieurement.

A l'égard des ouvrages qui paraissent par livraisons le délai de trois mois ne commencera à courir qu'à dater de la publication de la dernière livraison, à moins que l'auteur n'ait indiqué, conformément aux prescriptions de l'article 6, son intention de se réserver le droit de traduction, auquel cas chaque livraison sera considérée comme un ouvrage séparé.

La formalité de l'enregistrement sur des registres spéciaux tenus à cet effet ne donnera ouverture à la perception d'aucune taxe.

Les intéressés recevront un certificat authentique de l'enregistrement, ce certificat sera délivré gratis, sauf, s'il y a lieu, les frais de timbre.

Le certificat portera la date précise à laquelle la déclaration aura eu lieu; il fera foi dans toute l'étendue du territoire de l'Empire et constatera le droit exclusif de propriété et de reproduction, aussi longtemps que quelque autre personne n'aura pas fait admettre son droit en justice.

ART. 4.

Les stipulations de l'article 1er s'appliqueront également à la représentation ou exécution des œuvres dramatiques ou musicales, publiées, exécutées ou représentées pour la première fois en Suisse après la mise en vigueur de la présente Convention.

ART. 5.

Sont expressément assimilées aux ouvrages originaux, les traductions faites d'ouvrages nationaux ou étrangers. Ces traductions jouiront, à ce titre, de la protection stipulée par l'article 1er, en ce qui concerne leur reproduction non autorisée en France. Il est

bien entendu, toutefois, que l'objet du présent article est simplement de protéger le traducteur par rapport à la version qu'il a
donnée de l'ouvrage original, et non pas de conférer le droit
exclusif de traduction au premier traducteur d'un ouvrage quelconque, écrit en langue morte ou vivante, hormis le cas et les
limites prévus par l'article ci-après.

ART. 6.

L'auteur de tout ouvrage publié en Suisse, qui aura entendu se
réserver le droit de traduction, jouira pendant cinq années, à
partir du jour de la première publication de la traduction de son
ouvrage autorisée par lui, du privilége de protection contre la
publication, dans l'autre pays, de toute traduction du même
ouvrage, non autorisée par lui, et sous les conditions suivantes :

1o L'ouvrage original sera enregistré en France sur la déclaration faite dans un délai de trois mois, à partir du jour de la
première publication en Suisse, conformément aux dispositions de
l'article 3 ;

2o L'auteur devra indiquer, en tête de son ouvrage, l'intention
de se réserver le droit de traduction ;

3o Il faudra que ladite traduction autorisée ait paru, au moins en
partie, dans le délai d'un an, à compter de la date de la déclaration
de l'original effectuée ainsi qu'il vient d'être prescrit, et, en totalité, dans le délai de 3 ans, à partir de ladite déclaration ;

4o La traduction devra être publiée dans l'un des Pays, et être,
en outre, enregistrée conformément aux dispositions de l'article 3.

Pour les ouvrages publiés par livraisons, il suffira que la déclaration de l'auteur qu'il entend se réserver le droit de reproduction
soit exprimée dans la première livraison.

Toutefois, en ce qui concerne le terme de cinq ans assigne par
cet article pour l'exercice du droit privilégié de traduction, chaque
livraison sera considérée comme un ouvrage séparé ; chacune
d'elles sera enregistrée en France, sur la déclaration faite dans
les trois mois, à partir de sa première publication en Suisse.

Relativement à la traduction des ouvrages dramatiques ou à la
représentation de ces traductions, l'auteur qui voudra se réserver
le droit exclusif dont il s'agit aux articles 4 et 6 devra faire paraître ou représenter la traduction trois mois après l'enregistrement de l'ouvrage original.

Les droits conférés par le présent article sont subordonnés aux
conditions imposées à l'auteur d'un ouvrage original par les
articles 1 et 3 de la présente Convention.

ART. 7.

Lorsqu'un auteur français d'une œuvre spécifiée dans l'article 1er
aura cédé son droit de publication ou de reproduction à un éditeur suisse, sous la réserve que les exemplaires ou éditions de

cette œuvre ainsi publiés ou reproduits ne pourront être vendus
en France, ces exemplaires ou éditions seront considérés et traités
dans ce pays comme reproduction illicite.

ART. 8.

Les mandataires légaux, ou ayants cause des auteurs, traducteurs, compositeurs, dessinateurs, peintres, sculpteurs, graveurs,
lithographes, etc., jouiront, à tous égards, des mêmes droits que
ceux que la présente Convention accorde aux auteurs, traducteurs,
compositeurs, dessinateurs, peintres, sculpteurs, graveurs et lithographes eux-mêmes.

ART. 9.

Nonobstant les stipulations des articles 1 et 5 de la présente
Convention, les articles extraits des journaux ou recueils publiés en
Suisse pourront être reproduits ou traduits dans les journaux ou
recueils périodiques de France, pourvu qu'on y indique la source à
laquelle on les aura puisés.

Toutefois, cette faculté ne s'étendra pas à la reproduction des
articles de journaux ou recueils périodiques publiés en Suisse,
lorsque les auteurs auront formellement déclaré, dans le journal
ou recueil même où ils les auront fait paraître, qu'ils en interdisent la reproduction. En aucun cas, cette interdiction ne pourra
atteindre les articles de discussion politique.

ART. 10.

La vente, la circulation et l'exposition en France d'ouvrages ou
objets de reproduction non-autorisés, définis par les articles 1, 4,
5 et 6, sont prohibés, sauf ce qui est dit à l'article 11, soit que lesdites reproductions non autorisées proviennent de Suisse, soit
qu'elles proviennent d'un pays étranger quelconque.

ART. 11.

Le gouvernement français prendra, par voie de règlement d'administration publique, les mesures nécessaires pour prévenir toute
difficulté à raison de la possession et de la vente, par les éditeurs,
imprimeurs ou libraires français, de réimpressions d'ouvrages
constituant la propriété des citoyens suisses et non tombés dans le
domaine public, publiés ou imprimés par eux antérieurement à la
mise en vigueur de la présente convention, ou actuellement en
cours de publication ou de réimpression non autorisée.

Ces règlements s'appliqueront également aux clichés, bois et
planches gravées de toute sorte, ainsi qu'aux pierres lithographiques existant en magasins chez les éditeurs ou imprimeurs
français, et constituant une reproduction non autorisée de modèles suisses.

Toutefois, ces clichés, bois et planches gravées de toute sorte,

ainsi que les pierres lithographiques, ne pourront être utilisés que
pendant quatre ans à dater de la mise en vigueur de la présente
convention.

ART. 12.

Les livres d'importation licite venant de Suisse seront admis en
France, tant à l'entrée qu'au transit direct ou par entrepôt, par
les bureaux de *Bellegarde, Pontarlier, Pont-de-la-Caille, Chambéry,
Saint-Michel* et *Saint-Louis*, sans préjudice, toutefois, des autres
bureaux qui pourraient être ultérieurement désignés pour le même
effet.

Si les intéressés le désirent, les livres déclarés à l'entrée seront
expédiés à la direction de l'imprimerie et de la librairie au ministère de l'intérieur, pour y subir les vérifications prescrites, qui auront lieu au plus tard dans le délai de quinze jours.

ART. 13.

Les dispositions de la présente convention ne pourront porter
préjudice, en quoi que ce soit, au droit qui appartient au gouvernement français de permettre, de surveiller ou d'interdire, par
des mesures législatives ou de police intérieure, la circulation,
la représentation ou l'exposition de tout ouvrage ou production à l'égard desquels l'autorité compétente aurait à exercer ce
droit.

La présente convention ne portera aucune atteinte au droit du
gouvernement français de prohiber l'importation dans ses propres
États des livres qui, d'après les lois intérieures ou des stipulations
souscrites avec d'autres puissances, sont ou seraient déclarés être
des contrefaçons.

ART. 14.

Les Suisses jouiront en France de la même protection que les
nationaux, pour tout ce qui concerne la propriété des marques
de fabrique ou de commerce, ainsi que des dessins de fabrique.

Si la marque de fabrique et de commerce ou le dessin de fabrique appartient au domaine public, en Suisse, il ne pourra être
l'objet d'une jouissance exclusive en France.

Les droits des ressortissants suisses ne sont pas subordonnés en
France à l'obligation d'y exploiter les dessins de fabrique.

ART. 15.

Les Suisses ne pourront revendiquer en France la propriété exclusive d'une marque ou d'un dessin, s'ils n'ont déposé, pour la
marque, deux exemplaires au greffe du tribunal de commerce de
la Seine, et pour les dessins de fabrique, une esquisse ou un
échantillon au secrétariat du conseil des prud'hommes des tissus
à Paris, qui se chargera de transmettre aux conseils compétents
ceux des dessins dont il ne serait pas autorisé à conserver le dépôt.

Art. 16.

En cas de contravention aux dispositions des articles précédents, la saisie des objets de contrefaçon sera opérée, et les tribunaux appliqueront les peines déterminées par la loi, de la même manière que si l'infraction avait été commise au préjudice d'un ouvrage ou d'une production française.

Les caractères constituant la contrefaçon seront déterminés par les tribunaux français, d'après la législation en vigueur sur le territoire de l'empire.

Dispositions applicables en Suisse.

Art. 17.

Les dispositions des articles 2, 3, 5, 6, 7, 8, 9, 11, 13, 14, 15, 16 précédents recevront également, à titre de réciprocité, leur application en Suisse, pour la protection de la propriété, dûment acquise en France, des ouvrages d'esprit ou d'art, ainsi que des marques et dessins de fabrique ou de commerce.

Art. 18.

Les tribunaux compétents en Suisse, soit pour les réparations civiles, soit pour la répression des délits, appliqueront sur tout le territoire de la Confédération, au profit des propriétaires en France d'ouvrages littéraires et artistiques, de marques et dessins de fabrique ou de commerce, les dispositions de l'article 17 qui précède et des articles 19 à 50 qui suivent.

Il est entendu, sous réserve toutefois des garanties stipulées à l'article 50, que ces dispositions pourront être remplacées par celles de la législation que les autorités compétentes de la Suisse viendraient à consacrer, en matière de propriété littéraire, artistique ou industrielle, sur la base de l'assimilation des étrangers aux nationaux.

Art. 19.

L'enregistrement des œuvres d'esprit ou d'art prescrit par l'article 3 se fera, pour les ouvrages publiés pour la première fois en France, dans les délais fixés audit article, au département fédéral de l'intérieur, à Berne, ou à la chancellerie de la légation suisse, à Paris.

Le dépôt prescrit par l'article 15 pour l'acquisition de la propriété des marques et dessins de fabrique ou de commerce se fera au bureau du département fédéral de l'intérieur, à Berne.

Art. 20.

Les auteurs de livres, brochures ou autres écrits, de compositions musicales ou d'arrangements de musique, d'œuvres de dessin, de peinture, de sculpture, de gravure, de lithographie et de toute autre production analogue du domaine littéraire ou artistique publiés pour la première fois en France, jouiront en Suisse, pour la protection de leurs droits de propriété, des garanties stipulées dans les articles suivants.

ART. 21.

Les auteurs d'œuvres dramatiques ou musicales publiées ou exécutées pour la première fois en France jouiront en Suisse, par rapport à la représentation ou à l'exécution de leurs œuvres, de la même protection que les lois accordent ou accorderont par la suite dans ce même pays aux auteurs ou compositeurs suisses pour la représentation ou l'exécution de leurs œuvres.

ART. 22.

Le droit de propriété acquis en Suisse, conformément aux dispositions des articles précédents, pour les œuvres littéraires ou artistiques mentionnées dans l'article 20, dure, pour l'auteur, toute sa vie, et s'il meurt avant l'expiration de la trentième année, à dater de la première publication, ce droit continue à subsister pour le reste de ce terme en faveur de ses successeurs. Si la publication n'a pas eu lieu du vivant de l'auteur, ses héritiers ou ayants droit ont le privilége exclusif de publier l'ouvrage pendant six ans, à dater de la mort de l'auteur. S'ils en font usage, la protection dure trente ans, à partir de cette mort. Toutefois, la durée du droit de propriété par rapport aux traductions est réduite à cinq années, conformément à la stipulation de l'article 6.

ART. 23.

Toute édition d'une œuvre littéraire ou artistique mentionnée dans l'article 20, imprimée ou gravée au mépris des dispositions de la présente convention, sera punie comme contrefaçon.

ART. 24.

Quiconque aura sciemment vendu, mis en vente ou introduit sur le territoire suisse des objets contrefaits, sera puni des peines de la contrefaçon.

ART. 25.

Tout contrefacteur sera puni d'une amende de cent francs au moins et de deux mille francs au plus, et le débitant, d'une amende de vingt-cinq francs au moins et de cinq cents francs au plus, et ils seront condamnés, en outre, à payer au propriétaire des dommages-intérêts pour réparation du préjudice à lui causé.

La confiscation de l'édition contrefaite sera prononcée tant contre le contrefacteur que contre l'introducteur et le débitant. Dans tous les cas, les tribunaux pourront, sur la demande de la

partie civile, ordonner qu'il lui soit fait remise, en déduction des
dommages-intérêts à elle alloués, des objets contrefaits.

ART. 26.

Dans les cas prévus par les articles précédents, le produit des
confiscations sera remis au propriétaire pour l'indemniser d'autant du préjudice qu'il aura souffert; le surplus de son indemnité
sera réglé par les voies ordinaires.

ART. 27.

Le propriétaire d'une œuvre littéraire ou artistique pourra faire
procéder, en vertu d'une ordonnance de l'autorité compétente, à
la désignation ou description détaillée, avec ou sans saisie, des
produits qu'il prétendra contrefaits à son préjudice, en contravention aux dispositions de la présente convention.

L'ordonnance sera rendue sur simple requête et sur la présentation du procès-verbal constatant le dépôt de l'œuvre littéraire ou
artistique. Elle contiendra, s'il y a lieu, la nomination d'un
expert.

Lorsque la saisie sera requise, le juge pourra exiger du requérant un cautionnement qu'il sera tenu de consigner avant de faire
procéder à la saisie.

Il sera laissé copie au détenteur des objets décrits ou saisis, de
l'ordonnance et de l'acte constatant le dépôt du cautionnement,
le cas échéant, le tout à peine de nullité et de dommages-intérêts.

ART. 28.

A défaut par le requérant de s'être pourvu dans le délai de la
quinzaine, la description ou saisie sera nulle de plein droit, sans
préjudice des dommages-intérêts qui pourraient être réclamés, s'il
y a lieu.

ART. 29.

Sont considérés comme marques de fabrique ou de commerce les
noms sous une forme distinctive, les dénominations, emblèmes,
empreintes, timbres, cachets, vignettes, reliefs, lettres, chiffres,
enveloppes et tous autres signes servant à distinguer les produits
d'une fabrique ou les objets d'un commerce.

ART. 30.

Le dépôt effectué conformément à la prescription de l'article 19
n'assurera la propriété des marques de fabrique en Suisse que
pour quinze années. Mais la durée de ce droit pourra toujours être
prorogée pour une nouvelle période de quinze ans, au moyen d'un
nouveau dépôt.

Art. 31.

Seront punis d'une amende de cinquante francs à trois mille francs et d'un emprisonnement de trois mois à trois ans, ou de l'une de ces deux peines seulement :

1º Ceux qui auront contrefait une marque ou fait usage d'une marque contrefaite;

2º Ceux qui auront frauduleusement apposé sur leurs produits ou les objets de leur commerce une marque appartenant à autrui;

3º Ceux qui auront sciemment vendu ou mis en vente un ou plusieurs produits revêtus d'une marque contrefaite ou frauduleusement apposée.

Art. 32.

Seront punis d'une amende de cinquante francs à deux mille francs et d'un emprisonnement d'un mois à un an, ou de l'une de ces deux peines seulement :

1º Ceux qui, sans contrefaire une marque, en auront fait une imitation frauduleuse de nature à tromper l'acheteur, ou auront fait usage d'une marque frauduleusement imitée;

2º Ceux qui auront fait usage d'une marque portant des indications propres à tromper l'acheteur sur la nature du produit;

3º Ceux qui auront sciemment vendu ou mis en vente un ou plusieurs produits revêtus d'une marque frauduleusement imitée ou portant des indications propres à tromper l'acheteur sur la nature du produit.

Art. 33.

La confiscation des produits dont la marque serait reconnue contraire aux dispositions des articles 31 et 32 pourra, même en cas d'acquittement, être prononcée par le tribunal, ainsi que celle des instruments et ustensiles ayant spécialement servi à commettre le délit.

Le tribunal pourra ordonner que les produits confisqués soient remis au propriétaire de la marque contrefaite ou frauduleusement apposée ou imitée, indépendamment de plus amples dommages-intérêts, s'il y a lieu.

Il prescrira, dans tous les cas, la destruction des marques reconnues contraires aux dispositions desdits articles.

Art. 34.

Toutes les dispositions relatives aux marques de fabrique et de commerce sont applicables aux vins, eaux-de-vie et autres boissons, aux bestiaux, graines, farines et généralement à tous les produits de l'agriculture.

Art. 35.

Les dispositions des articles 26, 27 et 28 sont aussi applicables aux marques de fabrique et de commerce.

Art. 36.

Il est perçu un droit fixe de cinq francs pour le dépôt de chaque marque de fabrique et de commerce.

Art. 37.

Le dépôt des dessins de fabrique, effectué conformément à l'article 19, assurera la propriété des déposants pour un, deux ou trois ans, suivant leur déclaration et à compter de sa date; mais la durée de ce droit pourra toujours être prorogée pour une nouvelle période de trois ans, au moyen d'un nouveau dépôt.

Art. 38.

Le déposant pourra faire son dépôt, soit ouvertement, certifié de sa signature et de son cachet, soit sous enveloppe cachetée. Dans ce dernier cas, l'enveloppe contenant le dessin ou l'échantillon ne pourra être ouverte qu'un an après l'acte de son dépôt.

Après ce terme, il sera permis de prendre inspection des échantillons ou dessins déposés. L'enveloppe pourra, à toute époque, et sur la réquisition du déposant, être ouverte, ou, en cas de contestation, en vertu d'une ordonnance judiciaire.

Art. 39.

Le dépôt sera considéré comme non avenu dans les cas suivants :

1o Si le dessin n'est pas nouveau;

2o Si, antérieurement au dépôt, des produits fabriqués sur le dessin déposé ont été livrés au commerce.

Art. 40.

Sera déchu du droit résultant du dépôt le déposant qui n'aura pas exploité en France le dessin faisant l'objet du dépôt dans le cours des deux années qui auront suivi ledit dépôt.

Art. 41.

La contrefaçon, ainsi que le débit ou l'importation de dessins de fabrique contrefaits, sciemment opérés, sont punis des amendes édictées par l'article 25 pour les œuvres littéraires et artistiques.

Art. 42.

Les dispositions des articles 26, 27 et 28 sont aussi applicables aux dessins de fabrique.

Art. 43.

Il sera perçu un droit fixé au maximum à un franc pour le dépôt de chaque dessin de fabrique.

11

Tout acte de cession d'un dessin de fabrique sera enregistré moyennant un droit de un franc.

Pour le dépôt, comme pour la cession, la taxe fixée est exclusive de tous autres frais.

ART. 44.

La poursuite devant les tribunaux suisses pour les délits définis dans cette Convention, n'aura lieu que sur la demande de la partie lésée ou de ses ayants droit.

ART. 45.

Les actions relatives à la contrefaçon des œuvres littéraires ou artistiques, ainsi que des marques et dessins de fabrique, seront portées, en Suisse, devant le tribunal du district dans lequel la contrefaçon ou la vente illicite aura eu lieu.

Les actions civiles seront jugées comme matières sommaires.

ART. 46.

Les peines établies par la présente Convention ne peuvent être cumulées. La peine la plus forte sera seule prononcée pour tous les faits antérieurs au premier acte de poursuite.

ART. 47.

Le tribunal pourra ordonner l'affiche du jugement dans les lieux qu'il déterminera, et son insertion intégrale ou par extrait dans les journaux qu'il désignera, le tout aux frais du condamné.

ART. 48.

Les peines portées aux articles ci-dessus pourront être élevées au double en cas de récidive. Il y a récidive lorsqu'il a été prononcé contre le prévenu, dans les cinq années antérieures, une condamnation pour un délit de la même nature.

ART. 49.

Les tribunaux pourront, s'il existe des circonstances atténuantes, réduire les peines prononcées contre les coupables au-dessous du minimum prescrit, et même substituer l'amende à l'emprisonnement, sans qu'en aucun cas elle puisse être au-dessous des peines de simple police.

ART. 50.

Les hautes parties contractantes sont convenues de soumettre la présente Convention à une révision, si une nouvelle législation sur les matières y traitées, dans l'un ou dans l'autre pays ou dans les deux pays, la rendait désirable ; mais il est entendu que les stipulations de la présente Convention continueront à être obligatoires pour les deux pays jusqu'à ce qu'elles soient modifiées d'un commun accord.

Si les garanties accordées actuellement en France à la protection de la propriété littéraire, artistique et industrielle devaient être modifiées pendant la durée de la présente Convention, le gouvernement suisse serait autorisé à remplacer les stipulations de ce traité par les nouvelles dispositions édictées par la législation française.

ART. 51.

La présente Convention entrera en vigueur à la même époque et elle aura la même durée que le traité de commerce conclu à la date de ce jour entre la France et la Suisse.

Elle sera ratifiée, et les ratifications en seront échangées à Paris dans le délai de six mois, ou plus tôt si faire se peut, en même temps que celles du traité de commerce précité.

En foi de quoi, etc.

(*Bull.* 1253, n⁰ 12788.)

DÉCRET *sur les dégrèvements de droits d'importation.*

Du 14 juin 1865.

(*Voir Angleterre*, p. 100.)

(*Bull.* 1297, n⁰ 13318.)

DÉCRET *sur la douane de Forbach Saint-Louis et Weissembourg.*

14 juin 1865.

(*Voir Prusse*, p. 144.)

(*Bull.* 1297, n⁰ 13319.)

DÉCRET IMPÉRIAL *relatif à la convention conclue le 30 juin 1864, entre la France et la Suisse pour la garantie réciproque de la propriété littéraire, artistique et industrielle.*

Du 30 juin 1865.

NAPOLÉON, etc.

Vu la convention littéraire, artistique et industrielle, conclue le 30 juin 1864, entre la France et la Suisse, et notamment les art. 11, 12 et 17;

Vu le décret du 28 mars 1852;

Notre consul d'État, entendu;

AVONS DÉCRÉTÉ ET DÉCRÉTONS ce qui suit :

ART. 1 à 8.

(*Voir Prusse*. — Décret du 30 juin 1865, art. 1 à 8, texte identique, p. 145.)

ART. 9.

Les livres d'importation licite venant de Suisse, seront admis en France, conformément à l'art. 12 de la Convention, tant à l'entrée qu'au transit direct ou par entrepôt, savoir :

1° Les livres en langue française par les douanes de Saint-Louis, de Forbach et Wissembourg.

Par les douanes suivantes, etc.

(*Voir pour la fin : Prusse, loc. cit., art. 9, p. 147.*)

ART. 10.

Nos ministres, secrétaires d'État aux départements de l'intérieur, des affaires étrangères et des finances, sont chargés chacun en ce qui le concerne, de l'exécution du présent décret.

(*Bull.* 1316, n° 13521).

VILLES LIBRES ET ANSÉATIQUES

DE BRÊME, HAMBOURG ET LUBECK

DÉCRET IMPÉRIAL *portant promulgation de la Convention littéraire conclue, le 4 mars 1865, entre la France et les Villes Libres et Anséatiques de Brême, Hambourg et Lubeck.*

Du 3 juin 1865.

NAPOLÉON, par la grâce de Dieu et la volonté nationale, EMPEREUR DES FRANÇAIS, à tous présents et à venir, SALUT.

AVONS DÉCRÉTÉ ET DÉCRÉTONS ce qui suit :

Une Convention ayant été conclue, le 4 mars 1865, entre la France et les Villes Libres et Anséatiques de Brême, Hambourg et Lubeck, pour la garantie réciproque de la propriété des œuvres d'esprit et d'art, et les ratifications de cet Acte ayant été échangées à Paris, le 1er juin 1865, ladite Convention, dont la teneur suit, recevra sa pleine et entière exécution.

Convention du 1 mars 1865.

Sa Majesté l'Empereur des Français, d'une part, et les Sénats des Villes Libres et Anséatiques de Lubeck, Brême et Hambourg, d'autre part, animés d'un égal désir de protéger les sciences et les arts, et d'encourager les entreprises utiles qui s'y rapportent, ont, à cette fin, résolu d'adopter, d'un commun accord, les mesures les plus propres à garantir réciproquement aux auteurs ou à leurs ayants cause la propriété des œuvres littéraires et artistiques publiées pour la première fois en France ou dans les Villes Libres et Anséatiques; et Sa Majesté l'Empereur des Français ayant consenti à supprimer les droits actuellement appliqués à l'introduction en France des livres, gravures, lithographies et compositions musicales publiés dans lesdites Villes, Sa Majesté l'Empereur des Français et les Sénats des Villes Libres et Anséatiques de Lubeck, Brême et Hambourg ont résolu de conclure dans ce but une Convention spéciale, etc.

ART. 1er.

Le droit exclusif des auteurs de publier leurs ouvrages d'esprit ou d'art, tels que livres, écrits, œuvres dramatiques, compositions musicales, tableaux, gravures, lithographies, dessins, travaux de sculpture et autres productions littéraires et artistiques, sera protégé réciproquement dans les Etats respectifs, de telle sorte que la réimpression et la reproduction illicites des œuvres publiées primitivement dans l'un d'eux seront assimilées dans l'autre à la réimpression et à la reproduction illicites des ouvrages nationaux, et dès lors, toutes les lois, ordonnances et stipulations aujourd'hui existantes, ou qui pourraient par la suite être promulguées au sujet du droit exclusif de publication des œuvres littéraires et artistiques, seront applicables à cette contrefaçon.

Les représentants légaux ou les ayants cause des auteurs d'œuvres intellectuelles ou artistiques jouiront, sous tous les rapports, des mêmes droits que les auteurs eux-mêmes.

ART. 2.

Les stipulations de l'article 1er s'appliqueront également à la représentation ou exécution des œuvres dramatiques ou musicales en tant que les lois de chacun des Etats respectifs garantissent ou garantiront par la suite protection aux œuvres susdites exécutées ou représentées pour la première fois sur les territoires respectifs.

ART. 3.

Pour assurer à tout ouvrage intellectuel ou artistique la protection stipulée dans les articles précédents, les auteurs devront établir au besoin, par un témoignage émanant d'une autorité publique, que l'ouvrage en question est une œuvre originale, qui, dans le Pays où elle a été publiée, jouit de la protection légale contre la contrefaçon ou réimpression illicite.

Art. 4.

L'auteur de tout ouvrage publié dans l'un des deux Pays, qui aura entendu réserver son droit de traduction, jouira pendant cinq années, à partir du jour de la première publication de la traduction de son ouvrage, autorisée par lui, du privilége de protection contre la publication, dans l'autre Pays, de toute traduction du même ouvrage non autorisée par lui, et ce, sous les conditions suivantes :

1º Il faudra que l'auteur ait indiqué en tête de son ouvrage l'intention de se réserver le droit de traduction ;

2º Ladite traduction autorisée devra avoir lieu, au moins en partie, dans le délai d'un an ;

3º Pour les ouvrages publiés par livraisons, il suffira que la déclaration de l'auteur, qu'il entend se réserver le droit de traduction, soit exprimée dans la première livraison. Toutefois, en ce qui concerne le terme de cinq ans assigné par cet article pour l'exercice du droit privilégié de traduction, chaque livraison sera considérée comme un ouvrage séparé.

Art. 5.

L'exposition et la vente de réimpressions et reproductions illicites des œuvres indiquées dans l'article 1er sont prohibées dans les États respectifs, sans qu'il y ait à distinguer si ces réimpressions et reproductions proviennent de l'un des États mêmes ou de tout autre pays.

Art. 6.

Les deux hautes parties contractantes s'engagent à assurer, par tous les moyens en leur pouvoir, l'exécution des stipulations contenues dans les articles précédents et à faire jouir réciproquement leurs ressortissants de la protection légale assurée aux nationaux.

Les tribunaux de chaque Pays auront à décider, d'après la législation existante, la question de contrefaçon ou de reproduction illicite.

Art. 7.

La présente convention ne pourra faire obstacle à la publication ou à la vente des réimpressions ou reproductions qui auraient déjà été publiées, introduites ou commandées, en tout ou en partie, dans chacun des États des hautes parties contractantes, antérieurement à sa publication.

Les deux hautes parties contractantes se réservent de s'entendre sur la fixation d'un délai après lequel la vente des réimpressions et reproductions indiquées dans le présent article ne pourra plus avoir lieu.

ART. 8.

Pour faciliter l'exécution de ce Traité, les deux hautes parties contractantes se communiqueront respectivement les lois et ordonnances que chacune d'elles aurait promulguées ou pourrait à l'avenir promulguer pour garantir le commerce légitime contre la réimpression et reproduction illicites.

ART. 9.

Les stipulations de ce Traité ne sauraient infirmer le droit des deux hautes parties contractantes de surveiller, de permettre ou d'interdire, à leur convenance, par des mesures législatives ou administratives, le commerce, la représentation, l'exposition *(Feilhaltung)* ou la vente de reproductions littéraires ou artistiques.

De même, aucune des stipulations de la présente Convention ne saurait être interprêtée de manière à contester le droit des hautes parties contractantes de prohiber l'importation sur leur propre territoire des livres que leur législation intérieure ou des Traités avec d'autres États feraient entrer dans la catégorie des reproductions illicites.

ART. 10.

(Voir Prusse, Convention du 2 août 1862, art. 13, p. 143.)

ART. 11.

(Voir Prusse. Loc. cit., art. 14, p. 143.)

ART. 12

Dans le cas où un impôt de consommation viendrait à être établi sur le papier dans l'un des États respectifs, il est bien entendu que cet impôt atteindrait proportionnellement les livres, estampes, gravures et lithographies importés de l'autre pays.

Néanmoins, en ce qui concerne les livres, cet impôt ne sera éventuellement appliqué qu'à ceux qui auront été publiés dans l'un ou l'autre pays, postérieurement à la création de l'impôt de consommation dont il s'agit.

ART. 13.

La présente convention entrera en vigueur immédiatement après l'échange des ratifications, à partir du jour que le gouvernement de chacune des hautes parties contractantes aura fixé, et les stipulations de cette convention ne s'appliqueront qu'aux œuvres ou objets qui seront publiés après cette époque.

Néanmoins, cette clause ne saurait infirmer les dispositions de l'art. 7 (2e §), concernant la fixation d'un délai après lequel la vente des réimpressions publiées antérieurement à la promulgation du présent traité demeurera interdite.

Art. 14.

La présente convention restera en vigueur pendant douze ans, à partir du jour de sa mise à exécution ; et, dans le cas où ni Sa Majesté l'Empereur des Français, ni les Sénats des villes libres et anséatiques, soit collectivement, soit séparément, n'auraient déclaré avant l'expiration de ces douze années l'intention de dénoncer ladite convention, elle restera en vigueur encore une année, et ainsi de suite d'année en année jusqu'à l'expiration d'une année après que l'une des parties aura notifié l'intention de la dénoncer.

Cependant les hautes parties contractantes se réservent le droit d'apporter à cette présente convention, après s'être réciproquement entendues, tout changement qui ne serait pas en contradiction avec son esprit et ses principes et que l'expérience pourrait faire connaître nécessaire à son application.

Art. 15.

La présente convention sera ratifiée et les ratifications en seront échangées à Paris dans le délai de trois mois, ou plus tôt, si faire se peut, à partir du jour de la signature.

En foi de quoi, etc.

(Bull. 1293, n° 13266.)

—

DÉCRET IMPÉRIAL portant promulgation du protocole de clôture faisant suite au traité de commerce et à la convention littéraire conclus, le 4 mars 1865, entre la France et les villes libres et anséatiques de Brême, Hambourg et Lubeck.

Du 3 juin 1865.

NAPOLÉON, etc.

AVONS DÉCRÉTÉ et DÉCRÉTONS ce qui suit :

Un protocole de clôture ayant été signé, le 4 mars 1865, entre la France et les villes libres et anséatiques de Brême, Hambourg et Lubeck, pour faire suite au traité de commerce et de navigation et à la convention littéraire conclus à la date du même jour, et les ratifications de cet acte ayant été échangées à Paris, le 1er juin 1865, ledit protocole, dont la teneur suit, recevra sa pleine et entière exécution.

Protocole de clôture du 4 mars 1865.

Au moment de procéder à la signature du traité de commerce et de navigation ainsi que de la convention littéraire conclus à la date de ce jour, entre la France et les villes libres et Anséatiques, les plénipotentiaires soussignés ont énoncé les réserves et déclarations suivantes :

II. *En ce qui concerne la convention littéraire.*

A. Il est convenu que, par le fait de la mise à exécution de la convention littéraire signée, à la date de ce jour, avec les trois villes Anséatiques, la convention spéciale relative au même objet conclue, le 2 mai 1856, entre la France et la ville libre de Hambourg, sera considérée comme nulle et non avenue.

B. En présence de la situation particulière créée entre la France et la ville libre de Hambourg relativement à la protection des œuvres d'esprit et d'art, par ce même traité du 2 mai 1856, situation que les dispositions arrêtées à la date de ce jour ont pour unique objet de confirmer et d'étendre, il demeure entendu :

1º Que les stipulations de l'article 7 ne sont applicables qu'aux seules villes de Lubeck et de Brême ;

2º Que le délai après lequel la vente des réimpressions et reproductions indiquées dans ce même article 7 ne pourra avoir lieu, demeure fixé pour les deux villes précitées au 1er septembre prochain ;

3º Que les libraires et éditeurs de musique de Lubeck et de Brême devront, d'ici au 1er septembre prochain, se conformer aux prescriptions suivantes pour l'inventaire et l'estampillage des exemplaires d'ouvrages contrefaits ou réimprimés qu'ils auront en magasin à la date du 1er juillet de cette année, savoir :

(*aa*) Chaque libraire ou éditeur de musique de Lubeck et de Brême sera tenu de remettre à la direction de police de sa résidence, avant le 1er septembre prochain, un inventaire exact et détaillé des ouvrages français contrefaits ou réimprimés, tombant sous l'application de l'article 7 précité et qu'il possédera au moment de la mise en vigueur des stipulations arrêtées à la date de ce jour.

(*bb*) Ces inventaires devront être certifiés sincères et véritables par une déclaration sous serment.

(*cc*) Chaque exemplaire des ouvrages ainsi inventoriés sera, par les soins de l'autorité que les Sénats de Lubeck et de Brême auront désignée à cet effet, revêtu d'une estampille ou d'un timbre spécial au domicile des libraires et éditeurs intéressés.

(*dd*) Quiconque, dans les deux villes précitées, mettrait en vente ou exposerait (*feilhalten*), après la date du 1er septembre, des exemplaires non inventoriés ni estampillés desdites contrefaçons ou réimpressions illicites, encourrait les pénalités établies par les lois et ordonnances sur la protection des œuvres d'esprit et d'art.

Le présent protocole, qui sera ratifié de part et d'autre, simultanément avec les deux traités auxquels il se rapporte, a été dressé en quadruple expédition à Hambourg, le 4 mars de l'année 1865.

(*Bull.* 1293. nº 13267.)

DÉCRET IMPÉRIAL *portant que les dispositions de la convention littéraire conclue avec la Prusse, le 2 août 1862, sont applicables aux produits des villes libres et anséatiques de Brême, Hambourg et Lubeck, en ce qui concerne les dégrèvements de droits d'importation en France stipulés en faveur de certains produits prussiens.*

Du 24 juin 1865.

NAPOLÉON, etc.

Vu la convention littéraire conclue avec la Prusse le 2 août 1862;

Vu le traité de commerce et de navigation conclu avec les villes libres et anséatiques de Brême, Hambourg et Lubeck, le 4 mars 1865;

Nous AVONS DÉCRÉTÉ et DÉCRÉTONS ce qui suit :

Les dispositions de la convention littéraire conclue avec la Prusse, et susvisée, sont applicables aux produits des villes libres et anséatiques de Brême, Hambourg et Lubeck, en ce qui concerne les dégrèvements de droits d'importation en France stipulés en faveur des produits prussiens dénommés dans l'article 13 de ladite convention.

(Bull. 1304, *n*° 13380.)

———•———

SAXE.

———

DÉCRET IMPÉRIAL *portant promulgation de la Convention signée, le 26 mai 1865, entre la France et la Saxe, pour la garantie réciproque de la propriété des Œuvres d'esprit et d'art.*

Du 26 mai 1865.

NAPOLÉON, etc.

AVONS DÉCRÉTÉ et DÉCRÉTONS ce qui suit :

Une Convention ayant été signée, le 26 mai 1865, entre la France et la Saxe, pour la garantie réciproque de la propriété des œuvres d'esprit et d'art, et les ratifications de cet acte ayant été échangées le 19 juin de cette année, ladite Convention dont la teneur suit, recevra sa pleine et entière exécution.

Convention du 26 mai 1863.

Sa Majesté l'Empereur des Français et Sa Majesté le Roi de Saxe, également animés du désir d'adopter d'un commun accord, les mesures qui leur ont paru les plus propres à garantir réciproquement la propriété des œuvres d'esprit et d'art, ont résolu de conclure une Convention destinée à remplacer l'arrangement du 19 mai 1856, etc.

ART. 1 A 11.

(Voir Prusse, Convention du 2 août 1862, art. 1 à 11 texte identique, p. 139.)

ART. 12.

Sont maintenues les dispositions de la Convention du 19 mai 1856 relatives à la possession et à la vente par les éditeurs, imprimeurs ou libraires saxons ou français, de réimpressions d'ouvrages de propriété française ou saxonne, non tombés dans le domaine public, fabriqués, importés ou en cours de fabrication et de réimpression non autorisée, aux époques fixées par ladite Convention.

ART. 13 A 16.

(Voir Prusse, loc. cit. art. 13 à 16, p. 143.)

ART. 17.

La présente Convention sera mise en vigueur le 1er juillet de la présente année.

Elle aura la même durée que les traités de commerce et de navigation conclus, le 2 août 1862, entre la France et les États du Zollverein.

ART. 18.

La présente Convention sera ratifiée et les ratifications en seront échangées à Paris, dans un délai de quatre semaines, ou plus tôt si faire se peut.

En foi de quoi, etc.

(Bull. 1364, n° 13,347.)

HANOVRE.

DÉCRET IMPÉRIAL *portant promulgation de la Convention conclue, le 19 juillet 1865, entre la France et le Hanovre, pour la garantie réciproque de la propriété des Œuvres d'esprit et d'art*

Du 13 janvier 1866.

NAPOLÉON, etc.

AVONS DÉCRÉTÉ et DÉCRÉTONS ce qui suit :

Une Convention ayant été signée, le 19 juillet 1865 entre la France et le Hanovre, pour la garantie réciproque de la propriété des œuvres d'esprit et d'art, et les ratifications de cet acte ayant été échangées à Paris, le 11 janvier 1866, ladite Convention, dont la teneur suit, sera insérée au bulletin des lois et recevra son exécution à partir du 1er juillet 1866.

Convention du 19 juillet 1865.

Sa Majesté l'Empereur des Français et Sa Majesté le Roi de Hanovre, également animés du désir d'adopter, d'un commun accord, les mesures qui leur ont paru les plus propres à garantir réciproquement la propriété des œuvres d'esprit et d'art, ont résolu de remplacer la Convention conclue à cet effet, sous la date du 20 octobre 1851, par une autre Convention, et ont nommé pour leurs plénipotentiaires, savoir :

ART. 1 ET 2.

(Voir Prusse. Convention du 2 août 1862, art. 1 et 2, texte identique, p. 138.)

ART. 3.

La jouissance du bénéfice de l'art. 1er est subordonnée à l'accomplissement, dans le pays d'origine, des formalités qui sont prescrites par la loi pour assurer la propriété des ouvrages de littérature ou d'art.

Pour les livres, cartes, estampes, gravures, lithographies ou œuvres musicales publiés pour la première fois dans l'un des deux États, l'exercice du droit de propriété dans l'autre État sera, en outre, subordonné à l'accomplissement préalable, dans ce dernier, de la formalité de l'enregistrement effectuée de la manière suivante :

Si l'ouvrage a paru pour la première fois en Hanovre, il devra être enregistré à Paris au ministère de l'intérieur ;

Si l'ouvrage a paru pour la première fois en France, il devra être enregistré à Hanovre au ministère de l'intérieur.

L'enregistrement se fera, etc.

(Voir pour la fin de l'art. 3 : Prusse loc. cit. art. 3, p. 138.)

Art. 4, 5, 6.

(Voir Prusse loc. cit. art. 4, 5, 6, p. 139.)

Art. 7.

Lorsque l'auteur d'une œuvre spécifiée dans l'article 1er aura cédé son droit de publication ou de reproduction à un éditeur, dans le territoire de chacune des hautes parties contractantes, sous la réserve que les exemplaires ou éditions de cette œuvre ainsi publiés ou reproduits ne pourront être vendus dans l'autre pays, ces exemplaires ou éditions seront respectivement considérés et traités dans ce pays comme reproductions illicites.

Les ouvrages auxquels s'applique l'article 7 seront admis par le transit, dans les deux pays.

Art. 8 à 16.

Voir Prusse loc. cit. art. 8 à 16, p. 140.)

Art. 17.

La présente Convention sera mise à exécution à partir du 1er juillet 1866, et elle aura la même durée que les traités de commerce et de navigation conclus, le 2 août 1862, entre la France et les États du Zollverein.

L'arrangement du 20 octobre 1851 restera en vigueur dans les deux pays jusqu'à l'époque ci-dessus fixée pour l'application des présentes stipulations.

Art. 18.

La présente Convention sera ratifiée et les ratifications en seront échangées à Paris.

En foi de quoi, etc. (1).

(*Bull.* 1362, n° 13,932.)

---

(1) Le Hanovre, l'électorat de Hesse-Cassel et Francfort ont été annexés à la Prusse.

ALLEMAGNE.

—

Seize duchés et principautés d'Allemagne ont accédé purement et simplement en 1865 et 1866 à la convention littéraire conclue entre la France et la Prusse le 2 août 1862 :

Duché d'   Anhalt ;
Duché de   Brunswick ;
Electorat de   Hesse-Cassel ;
Langraviat de   Hesse-Hombourg ;
Principauté de   Lippe ;
Grand duché d'   Oldenbourg ;
Principauté de   Reuss (branche aînée) ;
Principauté de   Reuss (branche cadette) ;
Duché de   Saxe-Altenbourg ;
Duché de   Saxe-Cobourg-Gotha ;
Duché de   Saxe-Meiningen ;
Grand duché de Saxe-Weimar ;
Principauté de   Schaumbourg-Lippe ;
Principauté de   Schwarzbourg-Rudolstadt ;
Principauté de   Schwarzbourg-Sonderhausen ;
Principauté de   Waldeck-et-Pyrmont ;

—

DÉCRETS *de promulgation des* 22 *mai* 1866 *et* 27 *janvier* 1866. *Bull.* 1292, *n*os 13251 *à* 13263 ; 1364, *n*os 13955 *à* 13957).

(*Voir la convention du* 2 *août* 1862 *conclue avec la Prusse*).

—

BAVIÈRE.

—

DÉCRET IMPÉRIAL *portant promulgation de la convention conclue, le* 24 *mars* 1865, *entre la France et la Bavière, pour la garantie réciproque de la propriété des œuvres d'esprit et d'art.*

Du 10 mai 1865.

NAPOLÉON,

AVONS DÉCRÉTÉ et DÉCRÉTONS ce qui suit :

Une convention ayant été conclue, le 24 mars 1865, entre la France et la Bavière, pour la garantie réciproque de la propriété des œuvres d'esprit et d'art, et les ratifications de cet acte ayant été échangées le 10 mai 1865, ladite convention, dont la teneur suit, recevra sa pleine et entière exécution.

Convention du 31 mars 1865.

Sa Majesté l'Empereur des Français et Sa Majesté le Roi de Bavière, également animés du désir d'adopter d'un commun accord les mesures qui leur ont paru les plus propres à garantir réciproquement la propriété des œuvres d'esprit et d'art, ont résolu de conclure une convention à cet effet, etc.

Art. 1.

Les auteurs de livres, brochures ou autres écrits, de compositions musicales ou d'arrangements de musique, d'œuvres de dessin, de peinture, de sculpture, de gravure, de lithographie et de toutes autres productions analogues du domaine littéraire ou artistique, jouiront, dans chacun des deux Etats réciproquement, des avantages qui y sont ou y seront attribués par la loi à la propriété des ouvrages de littérature ou d'art, et ils auront la même protection et le même recours légal contre toute atteinte portée à leurs droits, que si cette atteinte avait été commise à l'égard d'auteurs d'ouvrages publiés pour la première fois dans le pays même.

Toutefois, ces avantages ne leur seront réciproquement assurés que pendant l'existence de leurs droits dans le pays où la publication originale a été faite, et la durée de leur jouissance dans l'autre pays ne pourra excéder celle fixée par la loi pour les auteurs nationaux.

Art. 2.

Sera réciproquement licite la publication, dans chacun des deux pays, d'extraits ou de morceaux entiers d'ouvrages ayant paru pour la première fois dans l'autre, pourvu que ces publications soient spécialement appropriées et adaptées pour l'enseignement ou l'étude et soient accompagnées de notes explicatives ou de traductions interlinéaires ou marginales dans la langue du pays où elles sont imprimées.

Art. 3.

Pour assurer à tous les ouvrages d'esprit ou d'art la protection stipulée dans l'article 1er, et pour que les auteurs ou éditeurs de ces ouvrages soient admis, en conséquence, devant les tribunaux des deux pays à exercer des poursuites contre les contrefaçons, il suffira que lesdits auteurs ou éditeurs justifient de leurs droits de propriété en établissant, par un certificat émanant de l'autorité publique compétente en chaque pays, que l'ouvrage en question est une œuvre originale qui, dans le pays où elle a été publiée, jouit de la protection légale contre la contrefaçon ou la reproduction illicite.

Pour les ouvrages publiés en France, ce certificat sera délivré par le bureau de la librairie, au ministère de l'intérieur, et légalisé par la mission de Bavière, à Paris; pour les ouvrages publiés en Bavière, il sera délivré par le ministère des cultes et de l'instruction publique, à Munich, et légalisé par la mission de France à Munich.

ART. 4.

Les stipulations de l'article 1er s'appliqueront également à l'exécution ou représentation des œuvres dramatiques ou musicales publiées, exécutées ou représentées pour la première fois dans l'un des deux pays après la mise en vigueur de la présente convention.

ART. 5.

Sont expressément assimilées aux ouvrages originaux les traductions faites dans l'un des deux États d'ouvrages nationaux ou étrangers. Ces traductions jouiront, à ce titre, de la protection stipulée par l'article 1er, en ce qui concerne leur reproduction non autorisée dans l'autre État. Il est bien entendu, toutefois, que l'objet du présent article est simplement de protéger le traducteur par rapport à la version qu'il a donnée de l'ouvrage original, et non pas de conférer le droit exclusif de traduction au premier traducteur d'un ouvrage quelconque écrit en langue morte ou vivante, hormis le cas et les limites prévus par l'article ci-après.

ART. 6.

L'auteur de tout ouvrage publié dans l'un des deux pays jouira, pendant cinq années à partir du jour de la première publication de la traduction de son ouvrage autorisée par lui, du privilège de protection contre la publication dans l'autre pays de toute traduction du même ouvrage non autorisée par lui, et ce, sous les conditions suivantes :

1o Il faudra que l'auteur ait indiqué, en tête de son ouvrage, son intention de se réserver le droit de traduction ;

2o Ladite traduction devra avoir paru, au moins en partie, dans le délai d'un an à compter de la date de la publication de l'œuvre originale, et, en totalité, dans un délai de trois ans à partir de la même date.

Pour les ouvrages publiés par livraisons, il suffira que la déclaration de l'auteur qu'il entend se réserver le droit de traduction, soit exprimée sur la première livraison de chaque volume. Toutefois, en ce qui concerne les termes assignés par le présent article pour l'exercice du droit privilégié de traduction, chaque livraison sera considérée comme un ouvrage séparé.

Relativement à la traduction des ouvrages dramatiques ou à la représentation de ces traductions, l'auteur qui voudra se réserver le droit exclusif dont il s'agit aux articles 4 et 6 devra faire paraître ou représenter sa traduction six mois après la publication ou représentation de l'ouvrage original.

ART. 7.

Lorsque l'auteur d'une œuvre spécifiée dans l'article 1er aura cédé son droit de publication ou de reproduction à un éditeur, dans le territoire de chacune des hautes parties contractantes, sous la réserve que les exemplaires ou éditions de cette œuvre ainsi publiés ou reproduits ne pourront être vendus dans l'autre pays, ces éditions ou exemplaires seront respectivement considérés comme reproductions illicites.

Les ouvrages auxquels s'applique cet article 7 seront librement admis dans les deux pays pour le transit à destination d'un pays tiers.

ART. 8.

Les mandataires légaux ou ayants cause des auteurs, traducteurs, compositeurs, dessinateurs, peintres, sculpteurs, graveurs, lithographes, etc., jouiront réciproquement, et à tous égards, des mêmes droits que ceux que la présente convention accorde aux auteurs, traducteurs, compositeurs, dessinateurs, peintres, sculpteurs, graveurs et lithographes eux-mêmes.

ART. 9.

Nonobstant les stipulations des articles 4 et 5 de la présente convention, les articles extraits des journaux ou recueils périodiques publiés dans l'un des deux pays pourront être reproduits ou traduits dans les journaux ou recueils périodiques de l'autre pays, pourvu qu'on y indique la source à laquelle on les aura puisés. Toutefois cette faculté ne s'étendra pas à la reproduction, dans l'un des deux pays, des articles de journaux ou de recueils périodiques publiés dans l'autre, lorsque les auteurs auront formellement déclaré dans le journal ou le recueil même où ils les auront fait paraître, qu'ils en interdisent la reproduction. En aucun cas, cette interdiction ne pourra atteindre les articles de discussion politique.

ART. 10.

La vente et l'exposition, dans chacun des deux États, d'ouvrages ou d'objets de reproduction non autorisée, définis par les articles 1, 4, 5 et 6, sont prohibées, sauf ce qui est dit à l'article 12, soit que lesdites reproductions non autorisées proviennent de l'un des deux pays, soit qu'elles proviennent d'un pays étranger quelconque.

12

ART. 11.

En cas de contravention aux dispositions des articles précédents, la saisie des objets de contrefaçon sera opérée, et les tribunaux appliqueront les peines déterminées par les législations respectives, de la même manière que si l'infraction avait été commise au préjudice d'un ouvrage ou d'une production d'origine nationale. Les caractères constituant la contrefaçon seront déterminés par les tribunaux de l'un ou de l'autre pays d'après la législation en vigueur dans chacun des deux États.

ART. 12.

Les deux gouvernements prendront, par voie de règlements d'administration publique, les mesures nécessaires pour prévenir toute difficulté ou complication à raison de la possession et de la vente par les éditeurs, imprimeurs ou libraires de l'un ou de l'autre des deux pays, de réimpressions d'ouvrages de propriété des sujets respectifs et non tombés dans le domaine public, fabriqués ou importés par eux antérieurement à la mise en vigueur de la présente convention, ou actuellement en cours de fabrication et de réimpression non autorisée.

Ces règlements s'appliqueront également aux clichés, bois et planches gravées de toute sorte, ainsi qu'aux pierres lithographiques existant en magasin chez les éditeurs ou imprimeurs français ou du duché de Nassau et constituant une reproduction non autorisée de modèles français ou de Nassau. Toutefois ces clichés, bois et planches gravées de toute sorte, ainsi que les pierres lithographiques, ne pourront être utilisés que pendant quatre ans à dater de la mise en vigueur de la présente convention.

ART. 13.

Pendant la durée de la présente convention, les objets suivants, savoir :

Livres en toute langue, estampes, gravures, lithographies et photographies, cartes géographiques ou marines, musique, planches gravées en cuivre, acier ou bois, et pierres lithographiques couvertes de dessins, gravures ou écritures destinées à l'impression sur papier, tableaux et dessins seront réciproquement admis en franchise de droits, sans certificats d'origine.

ART. 14.

Les livres d'importation licite venant de Bavière seront admis en France, tant à l'entrée qu'au transit direct ou par entrepôt, savoir :

1° Les livres en langue française, par les bureaux de Forbach, Wissembourg, Strasbourg, Pontarlier, Bellegarde, Pont-de-la-Caille, Saint-Jean-de-Maurienne, Chambéry, Nice, Marseille,

Bayonne, Saint-Nazaire, le Havre, Lille, Valenciennes, Thionville et Bastia ;

2º Les livres en toute autre langue que française, par les mêmes bureaux et, en outre, par les bureaux de Sarreguemines, Saint-Louis, Verrières-de-Joux, Perpignan (par le Perthus), le Perthus, Béhobie, Bordeaux, Nantes, Saint-Malo, Caen, Rouen, Dieppe, Boulogne, Calais, Dunkerque, Apach et Ajaccio.

Sans préjudice, toutefois, des autres bureaux qui pourraient être ultérieurement désignés pour le même effet.

En Bavière, les livres d'importation licite venant de France seront admis par tous les bureaux de douane du Zollverein.

Art. 15.

Dans le cas où un impôt de consommation viendrait à être établi sur le papier dans l'un des deux pays, il est bien entendu que cet impôt atteindrait proportionnellement les livres, estampes, gravures et lithographies importés de l'autre pays.

Néanmoins, en ce qui concerne les livres, cet impôt ne sera éventuellement appliqué qu'à ceux qui auront été publiés dans l'un ou l'autre pays postérieurement à la création de l'impôt de consommation dont il s'agit.

Art. 16.

Les dispositions de la présente convention ne pourront porter préjudice, en quoi que ce soit, au droit qui appartient à chacune des deux hautes parties contractantes de permettre, de surveiller ou d'interdire, par des mesures de législation ou de police intérieure, la circulation, la représentation ou l'exposition de tout ouvrage ou production à l'égard desquels l'autorité compétente aurait à exercer ce droit.

La présente convention ne portera aucune atteinte au droit de l'une ou de l'autre des deux hautes parties contractantes de prohiber l'importation dans ses propres États des livres qui, d'après ses lois intérieures ou des stipulations souscrites avec d'autres puissances, sont ou seraient déclarés être des contrefaçons.

Art. 17.

Le droit d'accession à la présente convention est réservé à tout État qui appartient actuellement ou qui appartiendra par la suite au Zollverein.

Cette accession pourra se faire par un échange de déclarations entre les États contractants et la France.

Art. 18.

La présente convention sera mise en vigueur le 1er juillet de l'année courante.

Elle aura la même durée que les traités de commerce et de navigation conclus le 2 août 1862 entre la France et les États du Zollverein (12 *ans*).

ART. 19.

La présente convention sera ratifiée et les ratifications en seront échangées à Paris, dans un délai de quatre semaines.

En foi de quoi, etc.

(*Bull.* 1286, n° 1313.)

———

DÉCRET IMPÉRIAL *relatif à l'exécution de la convention conclue, le 24 mars 1865, entre la France et la Bavière, pour la garantie réciproque de la propriété des œuvres d'esprit et d'art.*

Du 30 juin 1865.

NAPOLÉON, etc.

Vu la convention littéraire conclue, le 24 mars 1865, entre la France et la Bavière, et notamment les articles 12 et 14;

Vu le décret du 28 mars 1852:

Notre conseil d'État entendu;

AVONS DÉCRÉTÉ et DÉCRÉTONS ce qui suit :

ART. 1 à 4.

(*Voir Prusse, décret du 30 juin 1865, art. 1 à 4; texte identique,* p. 145.)

ART. 5.

En ce qui concerne les ouvrages en cours de publication les éditeurs français, etc. (*Voir pour la fin de l'article : Prusse, loc. cit., art. 5, p. 146.*)

ART. 6 à 9.

(*Voir Prusse, loc. cit., art. 6 à 9, p. 146.*)

ART. 10.

(*Voir Prusse, loc. cit., art. 11, p. 147.*)

(*Bull.* 1316, n° 13522.)

——

FRANCFORT.

- - -

DÉCRET IMPÉRIAL *portant promulgation de la convention conclue à Paris, le 18 avril 1865, entre la France et la ville libre de Francfort, pour la garantie réciproque de la propriété des œuvres d'esprit et d'art.*

Du 3 juin 1865.

NAPOLÉON, etc.

AVONS DÉCRÉTÉ et DÉCRÉTONS ce qui suit :

Une convention relative à la garantie réciproque de la propriété des œuvres d'esprit et d'art ayant été signée à Paris, le 18 avril 1865, entre la France et la ville libre de Francfort, et les ratifications de cet acte ayant été échangées à Paris, le 29 mai 1865, ladite convention, dont la teneur suit, recevra sa pleine et entière exécution.

Convention du 18 avril 1865.

Sa Majesté l'Empereur des Français et le Sénat de la ville libre de Francfort, également animés du désir d'adopter, d'un commun accord, les mesures qui leur ont paru les plus propres à garantir réciproquement la propriété des œuvres d'esprit et d'art, ont résolu de conclure une convention à cet effet, etc.

ART. 1 à 16.

(Voir Bavière. Convention du 24 mars 1865 ; texte identique. Art. 1 à 16, p. 171.)

ART. 17.

La présente convention sera mise en vigueur le 1er juillet de la présente année.

Elle aura la même durée que les traités de commerce et de navigation conclus, le 2 août 1862, entre la France et les États du Zollverein (12 ans).

ART. 18.

La présente convention sera ratifiée et les ratifications en seront échangées à Paris, dans un délai de quatre semaines.

En foi de quoi, etc.

(*Bull.* 1293, n° 13268.)

———

WURTEMBERG.

—

DÉCRET IMPÉRIAL *portant promulgation de la convention conclue, le 24 avril 1865, entre la France et le Wurtemberg, pour la garantie réciproque de la propriété des œuvres d'esprit et d'art.*

Du 29 juillet 1865.

NAPOLÉON, etc.

AVONS DÉCRÉTÉ et DÉCRÉTONS ce qui suit :

Une convention relative à la garantie réciproque de la propriété des œuvres d'esprit et d'art ayant été conclue, le 24 avril 1865, entre la France et le Wurtemberg, et les ratifications de cet acte ayant été échangées à Paris, le 26 juillet 1865, ladite convention, dont la teneur suit, recevra sa pleine et entière exécution.

Convention du 24 avril 1865.

Sa Majesté l'empereur des Français et Sa Majesté le Roi de Wurtemberg, également animés du désir d'adopter, d'un commun accord, les mesures qui leur ont paru les plus propres à garantir réciproquement la propriété des œuvres d'esprit et d'art, ont résolu de conclure une convention à cet effet, etc.

ART. 1 A 3.

(Voir Bavière. Convention du 24 mars 1865, art. 1, 2, 3; textes identiques, sauf pour les ouvrages réservés, p. 171.)

Pour les ouvrages publiés en France, ce certificat sera délivré par le bureau de la librairie, au ministère de l'intérieur, et légalisé par la mission de Wurtemberg à Paris ; pour les ouvrages publiés dans le royaume de Wurtemberg, il sera délivré par le ministère de l'intérieur et légalisé par la mission de France à Stuttgard.

ART. 4 A 17.

(Voir Bavière. Loc. cit., art. 4 à 19.)

En foi de quoi, etc.

Bull. 1223, n° 13577.

BADE.

—

DÉCRET IMPÉRIAL *portant promulgation de la convention signée, le 12 mai 1865, entre la France et le Grand-Duché de Bade, pour la garantie réciproque de la propriété des œuvres d'esprit et d'art.*

Du 20 juin 1865.

NAPOLÉON, etc.

AVONS DÉCRÉTÉ et DÉCRÉTONS ce qui suit :

Une convention ayant été signée à Paris, le 12 mai 1865, entre la France et le Grand-Duché de Bade, pour la garantie réciproque de la propriété des œuvres d'esprit et d'art, et les ratifications de cet acte ayant été échangées le 14 juin de cette année, ladite convention dont la teneur suit, recevra sa pleine et entière exécution.

Convention du 12 mai 1865.

Sa Majesté l'Empereur des Français et Son Altesse Royale le Grand-Duc de Bade, également animés du désir d'adopter, d'un commun accord, les mesures qui leur ont paru les plus propres à garantir réciproquement la propriété des œuvres d'esprit et d'art, ont résolu de conclure une convention destinée à compléter et renouveler l'arrangement du 2 juillet 1857, etc.

ART. 1, 2, 3.

(Voir Bavière, convention du 24 mars 1865, art. 1, 2, 3 texte identique, p. 171.)

Pour les ouvrages publiés en France, ce certificat sera délivré par le bureau de la librairie au ministère de l'intérieur et légalisé par la mission de Bade à Paris ; pour les ouvrages publiés dans le grand-duché, il sera délivré par le ministère de l'intérieur et légalisé par la mission de France à Carlsruhe.

ART. 4, 5, 6, 7, 8, 9, 10, 11.

(Voir Bavière, loc. cit. art. 4 à 11, p. 172.)

ART. 12.

Sont maintenues les dispositions de la convention du 2 juillet 1857, relatives à la possession et à la vente, par les éditeurs, imprimeurs ou libraires badois ou français, de réimpressions d'ouvrages de propriété française ou badoise non tombés dans le domaine public, fabriqués, importés, ou en cours de fabrication et de réimpression non autorisée, aux époques fixées par ladite convention.

ART. 13, 14.

(*Voir Bavière, loc. cit. art. 13, 14, p. 174.*)

Dans le Grand-Duché, les livres d'importation licite venant de France seront admis par tous les bureaux de douane.

ART. 15, 16, 17, 18 et 19.

(*Voir Bavière. loc. cit. art. 15 à 19, p. 175.*)

Bull. 1299 N° 13330.

MECKLEMBOURG-SCHWÉRIN.

—

DÉCRET IMPÉRIAL *portant promulgation de la Convention conclue, le 9 juin 1865, entre la France et le Grand-Duché de Mecklembourg-Schwérin, pour la garantie réciproque de la propriété des Œuvres d'esprit et d'art.*

Du 24 juin 1865.

NAPOLÉON, etc.

AVONS DÉCRÉTÉ ET DÉCRÉTONS ce qui suit :

Une Convention ayant été conclue, le 9 juin 1865, entre la France et le Grand-Duché de Mecklembourg-Schwerin, pour la garantie réciproque de la propriété des œuvres d'esprit et d'art, et les ratifications de cet acte ayant été échangées le 21 du même mois, ladite Convention, dont la teneur suit, recevra sa pleine et entière exécution.

Convention du 9 juin 1865.

Sa Majesté l'Empereur des Français et Son Altesse Royale le Grand-Duc de Mecklembourg-Schwerin, également animés du désir d'adopter, d'un commun accord, les mesures qui leur ont paru les plus propres à garantir réciproquement la propriété des œuvres d'esprit et d'art, ont résolu de conclure une Convention à cet effet, etc.

ART. 1, 2, 3.

(*Voir Bavière.- Convention du 24 mars 1865, art. 1, 2, 3: p. 171, texte identique, sauf :*)

Pour les ouvrages publiés en France, ce certificat sera délivré par le bureau de la librairie, au ministère de l'intérieur, et légalisé par la mission de Mecklembourg à Paris; pour les ouvrages publiés dans le Grand-Duché, il sera délivré par le ministère de l'intérieur à Schwerin, et légalisé par la mission de France à Hambourg.

ART. 4 à 11.

(*Voir Bavière, loc. cit., art. 4 à 11, p. 172.*)

ART. 12.

La présente Convention ne pourra faire obstacle à la publication ou à la vente des réimpressions ou reproductions qui auraient déjà été publiées, introduites ou commandées, en tout ou en partie, dans chacun des Etats des hautes parties contractantes antérieurement à sa publication.

Les deux hautes parties contractantes se réservent de s'entendre sur la fixation d'un délai après lequel la vente des réimpressions et reproductions indiquées dans le présent article ne pourra plus avoir lieu.

ART. 13.

Pendant la durée de la présente Convention, les livres en toute langue seront réciproquement admis en franchise de droits, sans certificats d'origine.

ART. 14.

(*Voir Bavière, loc. cit., art. 14, p. 174*).

Dans le Grand-Duché, les livres d'importation licite venant de France seront admis par tous les bureaux de douane.

ART. 15, 16.

(*Voir Bavière, loc. cit., art. 15, 16, p. 175.*)

ART. 17.

Le droit d'accession à la présente Convention est réservé au Grand-Duché de Mecklembourg-Strelitz.

Cette accession pourra se faire par un échange de déclarations entre le Grand-Duché et la France.

ART. 18.

La présente Convention sera mise en vigueur le 1er juillet de la présente année.

Elle aura la même durée que le Traité de commerce et de navigation conclu entre la France et le Grand-Duché de Mecklembourg-Schwerin.

ART. 19.

La présente Convention sera ratifiée et les ratifications en seront échangées à Paris, en même temps que celles du Traité précité.

En foi de quoi, etc...

(*Bull.* 1302, n° 13354).

DÉCRET IMPÉRIAL *portant promulgation du protocole de clôture faisant suite au traité de commerce et de navigation et à la convention littéraire conclus, le 9 juin 1865, entre la France et le Grand-Duché de Mecklembourg-Schwerin.*

Du 24 juin 1865.

NAPOLÉON, etc.

AVONS DÉCRÉTÉ et DÉCRÉTONS ce qui suit :

Un protocole de clôture ayant été signé, le 9 juin 1865, entre la France et le Grand-Duché de Mecklembourg-Schwerin, pour faire suite au traité de commerce et de navigation et à la convention littéraire, conclus à la date du même jour, et les ratifications de cet acte ayant été échangées le 21 du même mois, ledit protocole, dont la teneur suit, recevra sa pleine et entière exécution.

Protocole de clôture du 9 juin 1865.

En ce qui concerne la convention littéraire :

1º Il est convenu que le délai après lequel la vente des réimpressions et reproductions indiquées dans l'article 12 ne pourra avoir lieu demeure fixé au 1er septembre prochain; 2º que les libraires et éditeurs de musique du Grand-Duché devront, d'ici au 1er septembre prochain, se conformer aux prescriptions suivantes pour l'inventaire et l'estampillage des exemplaires d'ouvrages contrefaits ou réimprimés qu'ils auront en magasin à la date du 1er juillet de cette année, savoir :

(*a*) Chaque libraire ou éditeur de musique du Grand-Duché sera tenu de remettre à la direction de la police de sa résidence, avant le 1er septembre prochain, un inventaire exact et détaillé des ouvrages français contrefaits ou réimprimés, tombant sous l'application de l'article 7 précité et qu'il possédera au moment de la mise en vigueur des stipulations arrêtées à la date de ce jour;

(*b*) Ces inventaires devront être certifiés sincères et véritables par une déclaration sous serment.

(*c*) Chaque exemplaire des ouvrages ainsi inventoriés sera, par les soins de l'autorité que le gouvernement grand-ducal aura désignée à cet effet, revêtu d'une estampille ou d'un timbre spécial au domicile des libraires et éditeurs intéressés.

(*d*) Quiconque, dans le Grand-Duché, mettrait en vente ou exposerait (*feilhalten*), après la date du 1es septembre, des exemplaires non inventoriés ni estampillés desdites contrefaçons ou réimpression illicites, encourrait les pénalités établies par les lois et ordonnances sur la protection des œuvres d'esprit et d'art.

Bull. 1302, nº 13355.

MECKLEMBOURG-STRÉLITZ.

Décret impérial qui approuve l'acte d'acceptation par la France de l'accession du grand duché de Mecklembourg-Strélitz au traité de commerce et de navigation, à la convention littéraire et au protocole de clôture conclus le 9 juin 1865 entre la France et le grand duché du Mecklembourg-Schwérin.

Du 27 septembre 1865.

(Voir Mecklembourg-Schwérin, p. 180.)

Bull. 1338, n° 13703).

HESSE-DARMSTADT.

DÉCRET IMPÉRIAL *portant promulgation de la convention conclue, le 14 juin 1865, entre la France et le Grand-Duché de Hesse, pour la garantie réciproque de la propriété des œuvres d'esprit et d'art.*

Du 8 juillet 1865.

NAPOLÉON, etc.

AVONS DÉCRÉTÉ et DÉCRÉTONS ce qui suit :

Une convention relative à la garantie réciproque de la propriété des œuvres d'esprit et d'art ayant été conclue, le 14 juin 1865, entre la France et le Grand-Duché de Hesse, et les ratifications de cet acte ayant été échangées à Paris, le 3 juillet 1865, ladite convention, dont la teneur suit, recevra sa pleine et entière exécution.

Convention du 14 juin 1865.

Sa Majesté l'empereur des Français et Son Altesse Royale le grand duc de Hesse, également animés du désir d'adopter, d'un commun accord, les mesures qui leur ont paru les plus propres à garantir réciproquement la propriété des œuvres d'esprit et d'art, ont résolu de conclure une convention destinée à remplacer l'arrangement intervenu à cet effet entre la France et le Grand Duché de Hesse, le 18 septembre 1852, etc.

ART. 1, 2 ET 3.

(*Voir Bavière, convention du 24 mars 1865, art. 1, 2, 3, texte identique*, p. 171.)

Pour les ouvrages publiés en France, ce certificat sera délivré par le bureau de la librairie, au ministère de l'intérieur, et légalisé par la mission de la Hesse grand-ducale à Paris; pour les ouvrages publiés dans le Grand-Duché de Hesse, il sera délivré par le ministère de l'intérieur et légalisé par la mission de France à Darmstadt.

ART. 4, 5 ET 6.

(*Voir Bavière, loc. cit., art. 4, 5, 6*, p. 172.

ART. 7.

Lorsque l'auteur d'une œuvre spécifiée dans l'article 1er aura cédé son droit de publication ou de reproduction à un éditeur, dans le territoire de chacune des hautes parties contractantes, sous la réserve que les exemplaires ou éditions de cette œuvre ainsi publiés ou reproduits ne pourront être vendus dans l'autre pays, ces exemplaires ou éditions seront respectivement considérés comme reproductions illicites.

ART. 8, 9, 10 ET 11.

(*Voir Bavière, loc. cit., art. 8, 9, 10 et 11*, p. 173.)

ART. 12.

(*Voir Bavière, loc. cit., art. 13*, p. 174.)

ART. 13.

(*Voir Bavière, loc. cit., art. 14*, p. 174.)

Les livres d'importation licite venant de France à destination du Grand-Duché, seront admis par tous les bureaux de douane.

ART. 14 ET 15.

(*Voir Bavière, loc. cit., art. 14 et 15*, p. 174.

ART. 16.

Pour faciliter l'exécution de cette convention, les deux hautes parties contractantes se communiqueront respectivement les lois et ordonnances que chacune d'elles pourra promulguer pour garantir le commerce légitime contre la réimpression et la reproduction illicite.

ART. 17.

La présente convention sera mise en vigueur le 1er juillet de l'année courante.

Elle aura la même durée que les traités de commerce et de navigation conclus, le 2 août 1862, entre la France et les États du Zollverein.

ART. 18.

La présente convention sera ratifiée et les ratifications en seront échangées à Paris dans un délai de deux semaines, ou plus tôt si faire se peut.

En foi de quoi, etc.

(Bull. 1310, n° 13,451.)

NASSAU.

—

DÉCRET IMPÉRIAL *portant promulgation de la convention conclue, le 5 juillet 1865, entre la France et le duché de Nassau, pour la garantie réciproque de la propriété des œuvres d'esprit et d'art.*

Du 9 septembre 1865.

NAPOLÉON, etc.,

AVONS DÉCRÉTÉ et DÉCRÉTONS ce qui suit :

Une convention relative à la garantie réciproque de la propriété des œuvres d'esprit et d'art ayant été conclue, le 5 juillet 1865, entre la France et le duché de Nassau, et les ratifications de cet acte ayant été échangées à Paris, le 30 août 1865, ladite convention, dont la teneur suit, recevra sa pleine et entière exécution.

Convention du 5 juillet 1865.

Sa Majesté l'Empereur des Français et Son Altesse le Duc de Nassau, également animés du désir d'adopter, d'un commun accord, les mesures qui leur ont paru les plus propres à garantir réciproquement la propriété des œuvres d'esprit et d'art, ont résolu de conclure une convention destinée à renouveler et compléter l'arrangement du 2 mars 1853, etc.

ART. 1, 2, 3.

(Voir Bavière, convention du 24 mars 1865, art. 1, 2, 3, p. 171, texte identique, sauf :)

Pour les ouvrages publiés en France, ce certificat sera délivré par le bureau de la librairie, au ministère de l'intérieur, et légalisé par la mission de Nassau à Paris; pour les ouvrages publiés dans le duché de Nassau, il sera délivré par la régence ducale à Wiesbaden et légalisé par la mission de France à Darmstadt.

ART. 4 à 11.

(Voir Bavière. Loc. cit., art. 4 à 11, p. 172.)

ART. 12.

Les deux gouvernements prendront, par voie de règlements d'administration publique, les mesures nécessaires pour prévenir toute difficulté ou complication, à raison de la possession et de la vente, par les éditeurs, imprimeurs ou libraires de l'un ou de l'autre des deux pays, de réimpressions d'ouvrages de propriété des sujets respectifs et non tombés dans le domaine public, fabriqués ou importés par eux pendant la période comprise entre la date de l'expiration de l'arrangement du 2 mars 1853 (11 juillet 1859) et la mise en vigueur de la présente convention ou actuellement en cours de fabrication et de réimpression non autorisée.

Ces règlements s'appliqueront, etc., *pour la fin voir Bavière. Loc cit., art. 12, p. 174.)*

ART. 13 à 18,

(Voir Bavière. Loc. cit., art. 13 à 18, p. 174.)

En foi de quoi, etc.

Bull. 1336, nº 13653.

LUXEMBOURG.

—

DÉCRET IMPÉRIAL *portant promulgation de la convention conclue, le 16 décembre 1865, entre la France et le Grand-Duché de Luxembourg, pour la garantie réciproque de la propriété des œuvres d'esprit et d'art.*

Du 3 février 1866.

NAPOLÉON, etc.

AVONS DÉCRÉTÉ et DÉCRÉTONS ce qui suit :

Une convention ayant été signée, le 16 décembre 1865, entre la France et le Grand-Duché de Luxembourg, pour la garantie réciproque de la propriété des œuvres d'esprit et d'art, et les ratifications de cet acte ayant été échangées le 2 février 1866, ladite convention, dont la teneur suit, recevra sa pleine et entière exécution.

Convention du 16 décembre 1865.

Sa Majesté l'Empereur des Français et Sa Majesté le Roi des Pays-Bas, Grand-Duc de Luxembourg, également animés du désir d'adopter, d'un commun accord, les mesures qui leur ont paru les plus propres à garantir réciproquement la propriété des œuvres d'esprit et d'art, ont résolu de conclure une convention destinée à renouveler et compléter l'arrangement du 4-6 juillet 1856, etc.

ART. 1, 2 et 3.

(*Voir Bavière, convention du 24 mars 1865, art. 1, 2 et 3; p. 171, texte identique, sauf :*)

Pour les ouvrages publiés en France, ce certificat sera délivré par le bureau de la librairie, au ministère de l'intérieur, et légalisé par la mission des Pays-Bas à Paris; pour les ouvrages publiés dans le Grand-Duché, il sera délivré par le ministre d'État, président du gouvernement, et légalisé par la mission de France à La Haye.

ART. 4 et 5.

(*Voir Bavière, loc. cit., art. 4 et 5, p. 172.*)

ART. 6.

L'auteur de tout ouvrage publié dans l'un des deux pays, qui aura entendu réserver son droit de traduction jouira, pendant cinq années, à partir du jour de la première publication de son ouvrage autorisée par lui, du privilége de protection contre la publication dans l'autre pays de toute traduction du même ouvrage non autorisée par lui, et ce, sous les conditions suivantes :

1º Il faudra que l'auteur ait indiqué, en tête de son ouvrage, son intention de se réserver le droit de traduction;

2º Ladite traduction devra avoir paru, au moins en partie, dans le délai d'un an, à compter de la date de la publication de l'œuvre originale, et, en totalité, dans un délai de trois ans, à partir de la même date.

Pour les ouvrages publiés par livraisons, il suffira que la déclaration de l'auteur, qu'il entend se réserver le droit de traduction, soit exprimée sur la première livraison de chaque volume. Toutefois, en ce qui concerne le terme de cinq années assigné par le présent article pour l'exercice du droit privilégié de traduction, chaque livraison sera considérée comme un ouvrage séparé.

ART. 7 à 11.

Voir Bavière, loc. cit., art. 7 à 11, p. 173.

Art. 12.

Sont maintenues les dispositions de la convention du 4-6 juillet 1856, relatives à la possession et à la vente, par les éditeurs, imprimeurs ou libraires luxembourgeois ou français, de réimpressions d'ouvrages de propriété française ou luxembourgeoise, non tombés dans le domaine public, fabriqués, importés ou en cours de fabrication et de réimpression non autorisée, aux époques fixées par ladite convention.

Art. 13 à 16.

(Voir *Bavière*, art. 13 a 16, p. 175.)

Art. 17.

La présente convention sera mise en vigueur le 1er janvier de l'année 1866.

Elle aura la même durée que les traités de commerce et de navigation conclus, le 2 août 1862, entre la France et les États du Zollverein (12 ans).

Art. 18.

La présente convention sera ratifiée et les ratifications en seront échangées à Paris le plus tôt que faire se pourra.

En foi de quoi, etc.

(*Bull.* 1365, n° 13965.)

AUTRICHE.

Il n'y a point de convention avec ce pays.

Mais la loi autrichienne du 19 octobre 1846, par les articles 38 et 39, accorde aux auteurs étrangers, les mêmes droits que ceux assurés aux nationaux, à condition, ou que l'ouvrage ait été publié en Autriche, ou qu'il l'ait été dans un pays qui admettrait la réciprocité. Cette réciprocité a lieu en France, depuis le décret du 28 mars 1852 ; le dépôt n'étant pas exigé en Autriche, il suffit à l'auteur français, de reproduire le certificat, constatant le dépôt fait en France, pour les livres et gravures, et une constatation de l'époque de la première publication, pour les autres ouvrages.

Voici le texte des deux articles précités.

LOI AUTRICHIENNE DU 19 OCTOBRE 1846.

ART. 38.

La protection accordée par la présente loi, contre toute contrefaçon et toute reproduction illicite par des moyens mécaniques, s'étend à tous les ouvrages publiés dans le territoire de la Confédération germanique, mais il faut, pour en réclamer le bénéfice, rapporter la preuve que toutes les conditions et formalités prescrites, dans celui des Etats de la Confédération, où l'ouvrage a paru, ont été régulièrement remplies.

ART. 39.

La protection établie par la présente loi est garantie aux ouvrages publiés à l'étranger, hors du territoire de la Confédération germanique, dans la mesure de la protection accordée par les lois de chaque pays étranger aux ouvrages publiés dans les États autrichiens.

DANEMARK.

Une ordonnance de S. M. le roi de Danemark, en date du 6 novembre 1858, a étendu aux ouvrages publiés en France le bénéfice de la protection, résultant de la loi danoise du 23 décembre 1857, sur la contrefaçon des œuvres littéraires.

Une autre ordonnance, rendue le 5 mai 1866, étend également aux œuvres d'art de propriété française les garanties consacrées par les lois des 31 mars 1864 et 23 février 1866, au profit des artistes nationaux.

Voici le texte de ces ordonnances :

ORDONNANCE DU 6 NOVEMBRE 1858.

Nous, Frédéric VII, roi de Danemark, faisons savoir : attendu que par décret du gouvernement français, en date du 22 mars 1852, les sujets des pays étrangers jouissent en France, à l'égard des contrefaçons, de la même protection que les sujets du pays ; — vu l'art. 25 de la loi du 29 décembre 1857, relative aux contrefaçons, d'après lequel les dispositions de la loi pourront, par ordonnance royale basée sur la réciprocité, être appliquées en tout ou en partie aux ouvrages publiés en pays étrangers ;

Nous avons ordonné et ordonnons que les ouvrages publiés en France seront également admis au bénéfice des dispositions de la dite loi contre les contrefaçons.

Que chacun ait à s'y conformer. — Donné en notre château royal de Christiansborg, le 6 novembre 1858, sous notre sceau et seing royal. FRÉDÉRIC.

ORDONNANCE DU 5 MAI 1866.

Nous, Christian IX, etc., faisons savoir :

Considérant que, par un décret rendu par le gouvernement français, en date du 28 mars 1852, les sujets des États étrangers sont placés en France sur le pied de l'égalité parfaite à l'égard de la protection accordée aux sujets français contre la contrefaçon des œuvres littéraires et artistiques ;

Considérant que, par suite de ce décret, il a arrêté, par ordonnance royale du 6 novembre 1856, que les dispositions établies par la loi du 29 décembre 1857 sur les contrefaçons sont également applicables en faveur des œuvres publiées en France.

Nous avons pris la résolution :

Vu l'article 9 de la loi du 31 mars 1864 sur la contrefaçon des œuvres d'art, et l'article 10 de la loi du 23 février 1866, contenant des dispositions additionnelles aux dites lois du 29 décembre 1857 et du 31 mars 1864, d'ordonner par ces présentes que les règles contenues dans les lois du 31 mars 1864 et du 23 février 1866, sur la contrefaçon des œuvres artistiques et littéraires, seront également appliquées en faveur des œuvres artistiques et littéraires exécutées en France.

À quoi chacun aura à se conformer.

Fait au palais d'Amalienborg, le 5 mai 1866.

CHRISTIAN.

PORTUGAL.

Il existait avec le Portugal une convention du 12 avril 1851 ; elle était faite pour six années avec prolongation de la durée jusqu'à ce que l'une des parties contractantes ait annoncé à l'autre, un an à l'avance, l'intention d'en faire cesser les effets. Le gouvernement portugais a dénoncé à la France, le 24 août 1857, son intention de faire cesser la convention, et elle n'a pas été remplacée par une autre.

La loi de Portugal du 8 juillet 1851 admet le principe de la réciprocité, de telle façon que les ouvrages français n'en sont pas moins protégés en Portugal ; l'article 32 de cette loi est ainsi conçu :

« L'auteur ou le propriétaire d'un ouvrage imprimé originaire-
» ment en pays étranger, qu'il soit portugais ou étranger, sera
» considéré comme regnicole, en ce qui concerne le droit de pour-
» suivre judiciairement le contrefacteur de son œuvre, Portugais

» ou étranger, pourvu que le délit ait été commis sur le territoire
» portugais. La présente disposition ne s'appliquera qu'aux sujets
» des États qui, par les lois intérieures ou par des traités, assurent
» la même garantie aux ouvrages publiés en Portugal. »

GRÈCE.

Il n'y a point de convention avec ce pays; mais en 1833 son code
pénal (art. 433) ayant accordé le droit de réciprocité pour les
œuvres littéraires, les auteurs français en jouissent depuis le
décret impérial du 28 mars 1852.

Quant aux œuvres scientifiques ou artistiques, il n'est accordé
protection aux artistes français que s'ils ont obtenu un privilége.

SUÈDE ET NORWÉGE.

Il n'y a pas de convention spéciale avec ce pays; mais en 1844
la législation suédoise ayant adopté le système de réciprocité, les
auteurs français ont, depuis le décret du 28 mars 1852, le même
droit que les nationaux, mais seulement en ce qui concerne les
ouvrages d'esprit autres que les livres d'église et d'instruction.

Décret sur les dégrèvements de droits d'importation.
Du 14 juin 1865.

,Voir Angleterre, p. 100].   (Bull. 1297, n° 13318).

ROME.

Il n'y a pas de convention avec les États romains.

TURQUIE.

Il n'y a pas de convention avec ce pays.

TABLE ALPHABÉTIQUE

CONVENTIONS

INTERVENUES

ENTRE LES PAYS ÉTRANGERS.

————

ANGLETERRE. Anhalt. . . . .
»   Brunswick. . . . . .
»   Reuss-Greitz. . . . .
»   Reuss-Géra. . . . . .
»   Saxe. . . . .
»   Saxe-Altenbourg. . .   Accession du 14 juin 1855 à la convention
»   Saxe-Cobourg-Gotha. anglo-prussienne de la même date, conforme
»   Saxe-Meiningen . . . elle-même à la convention anglo-française du
»   Saxe-Weimar . . . . 3 novembre 1851 (*voir* p. 93).
»   Schwartzbourg - Ru -
        dolstadt. . . . . . .
»   Schwartzbourg-Son-
        derhausen. . . . .

»   Hambourg. . . . . . Convention du 16 août 1853, conforme à la convention anglo-française du 3 novembre 1851 (*voir* p. 93), sauf qu'elle ne s'applique qu'aux œuvres parues depuis la convention et qu'il n'y est pas question des journaux et écrits périodiques.

»   Hanovre. . . . . . . Convention du 4 août 1847, conforme à la convention anglo-française du 3 novembre 1851 (*voir* p. 93), sauf qu'il n'y est point question des journaux et écrits périodiques ni des traductions.

BELGIQUE . . Angleterre. . . . . . Convention du 12 août 1854, conforme à la convention anglo-française du 3 novembre 1851 (*voir* p. 93).

»   Oldenbourg. . . . . . Accession le 1er février 1864 à la convention belgico-prussienne du 28 mars 1863, conforme à la convention franco-russe du 6 avril 1861 (*voir* p. 120).

»   Pays-Bas. . . . . . . Convention du 30 août 1858, conforme à la convention franco-hollandaise du 29 mars 1855 (*voir* p. 109).

»   Russie. . . . . Convention du 18 juillet 1862, conforme à la convention franco-russe du 6 avril 1861 (*voir* p. 120).

ESPAGNE. . . . Angleterre . . . . Convention du 7 juillet 1857, conforme à la convention anglo-française du 3 novembre 1851 (*voir* p. 93), sauf qu'elle ne s'applique qu'aux œuvres parues depuis la convention.

» Belgique . . . . Convention du 30 avril 1859, conforme à la convention anglo-française du 3 novembre 1851 (*voir* p. 93), sauf la suppression de l'article 10 relatif aux droits d'importation.

· Portugal . . . . Convention du 5 août 1860, conforme à la convention franco-bavaroise du 24 mars 1865 (*voir* p. 171), sauf que l'enregistrement et le dépôt sont exigés dans les six mois.

ITALIE. . . . Angleterre . . . . Convention du 30 novembre 1860, conforme à la convention anglo-française du 3 novembre 1851 (*voir* p. 93), sauf qu'elle n'est applicable qu'aux œuvres parues depuis la convention.

» Autriche . . . . Convention du 22 mai 1840; la durée du droit est de 30 ans pour les ayants cause de l'auteur, de 40 ans quant aux œuvres posthumes, de 50 ans pour les œuvres des sociétés savantes; — la traduction doit être effectuée dans les 6 mois; la reproduction des articles de journaux dépassant 3 feuilles d'impression est défendue: — il n'y a ni enregistrement ni dépôt.

» Belgique . . . . Convention du 24 novembre 1859, conforme à la convention franco-belge du 1er mai 1861 (*voir* p. 125), sauf qu'elle ne s'applique qu'aux œuvres parues depuis le 25 mars 1860, et que les avantages accordés à un autre État ne sont pas de plein droit applicables aux contractants.

» Espagne . . . . Convention du 9 février 1860, conforme à la convention franco-anglaise du 3 novembre 1851 (*voir* p. 93), sauf qu'elle n'est conclue que pour six ans.

PRUSSE . . . Angleterre . . . . Convention du 14 juin 1855, conforme à la convention anglo-française du 3 novembre 1851 (*voir* p. 93).

» Belgique . . . . Convention du 28 mars 1863, conforme à la convention franco-prussienne du 2 août 1865 (*voir* p. 139).

ROME . . . . Autriche . . . . Accession du 22 mai 1840 à la convention austro-italienne (Sarde) de la même date.

J'avais l'intention, ainsi que je l'ai indiqué en note à la page 47, de placer ici les textes des lois de Bavière et d'Italie, qui sont les deux lois les plus complètes sur la matière; mais j'ai cru plus intéressant de les remplacer par les relations des congrès de Bruxelles et de Leipsig.

On trouvera ces deux lois dans les *Annales de la propriété industrielle*, *artistique et littéraire* de MM. Pataille et Huguet (livraisons d'août 1865 et de juin 1866).

CONGRÈS DE BRUXELLES

SUR LA

PROPRIÉTÉ LITTÉRAIRE ET ARTISTIQUE

tenu les 27, 28, 29 et 30 septembre 1858.

RÉSOLUTIONS DU CONGRÈS

I. — *Droit international.*

1° Le Congrès estime que le principe de la reconnaissance internationale de la propriété des œuvres littéraires et artistiques en faveur de leurs auteurs, doit prendre place dans la législation de tous les peuples civilisés.

2° Ce principe doit être admis de pays à pays, même en l'absence de réciprocité.

3° L'assimilation des auteurs étrangers aux auteurs nationaux doit être absolue et complète.

4° Il n'y a pas lieu d'astreindre les auteurs étrangers à des formalités particulières, afin qu'ils soient admis à invoquer et à poursuivre le droit de propriété. Il doit suffire, pour que ce droit leur appartienne, qu'ils aient rempli les formalités requises par la loi du pays où la publication originale a vu le jour.

5° Il est désirable que tous les pays adoptent pour la propriété des ouvrages de littérature et d'art une législation reposant sur des bases uniformes.

II. — *Propriété des ouvrages de littérature et d'art en général.*

1° Les auteurs d'œuvres de littérature et d'art doivent jouir, durant leur vie entière, du droit exclusif de publier et de reproduire leurs ouvrages, de les vendre, faire vendre ou distribuer, et d'en céder, en tout ou en partie, la propriété ou le droit de reproduction. — Le conjoint survivant doit conserver les mêmes droits, également durant toute sa vie, et les héritiers ou ayants droit de l'auteur doivent en jouir pendant cinquante ans à partir soit du décès de l'auteur, soit de l'extinction des droits du conjoint.

2º Il n'y a pas lieu de distinguer, pour l'application de ces droits, entre les diverses catégories d'ouvrages de littérature et d'art, œuvres littéraires, compositions musicales, production des arts du dessin. — Il n'y a pas de distinction à faire entre les œuvres pseudonymes et les œuvres signées du nom de l'auteur. — Il ne doit pas être non plus établi de distinction, pour la durée des droits, d'après la qualité des ayants cause, enfants, héritiers, donataires ou concessionnaires.

3º La durée du droit du premier éditeur, sur un ouvrage anonyme, doit être de trente ans à partir de la publication. — Si l'auteur se fait connaître avant l'expiration du terme légal, il doit rentrer dans les droits qui lui auraient appartenu, si l'ouvrage avait paru dès l'origine sous son nom.

4º En ce qui concerne les œuvres posthumes, si les droits du conjoint de l'auteur et de ses héritiers ou ayants cause ne sont pas éteints, l'ouvrage posthume doit leur appartenir pendant une durée égale à celle qui leur est accordée par la loi. — Si ces droits sont éteints, le propriétaire d'un ouvrage posthume doit avoir un droit exclusif, dont la durée doit être de trente ans à partir de la publication.

5º Le droit exclusif de l'auteur doit être garanti pour la publication des cours publics, sermons et autres discours prononcés publiquement, lesquels ne peuvent être publiés isolément, ni en corps d'ouvrage, sans le consentement des auteurs ou de leurs représentants. — A l'égard des plaidoyers et des discours prononcés dans les assemblées politiques, ce consentement ne doit être nécessaire que pour leur publication en recueil d'auteur.

6º Le droit de l'auteur sur la reproduction de son œuvre originale doit emporter le droit de traduction, avec la restriction suivante : — L'auteur aura pendant dix ans, à partir de la publication de la traduction, le droit exclusif de traduire ou de faire traduire son œuvre dans toutes les langues, à la condition d'exercer ce droit avant l'expiration de la troisième année de la publication de l'œuvre originale. — Si, à l'expiration de la troisième année, l'auteur n'a pas fait usage de ce droit, chacun pourra l'exercer concurremment, excepté dans le pays d'origine. — Après l'expiration des dix années, quoique l'auteur ait usé de son droit, chacun pourra traduire l'œuvre originale et la vendre dans tous les pays, excepté dans le pays d'origine.

7º Il n'y a pas lieu d'astreindre les auteurs d'ouvrages de littérature ou d'art à certaines formalités, à raison de leur droit. — Si des formalités particulières peuvent être utiles, soit comme mesure d'administration et d'ordre, soit comme moyen de constater et de prouver le droit de propriété ; s'il convient d'assurer l'accomplissement de ces formalités par une sanction quelconque, leur inobservation ne peut et ne doit jamais entraîner la déchéance du droit. — Il importe de rendre ces formalités aussi simples que possible; l'enregistrement et le dépôt d'un ou plusieurs exemplaires de l'ouvrage, entre les mains d'une autorité publique constituée à cet effet, paraissent le mode le plus avantageux.

III. — *Œuvres dramatiques et musicales.*

1° Le droit de représentation des œuvres dramatiques ou musicales doit être indépendant du droit exclusif de reproduction.

2° Il n'y a pas lieu de faire de distinction entre les deux droits pour la durée de la jouissance.

3° Le droit de propriété des compositions de musique doit mettre obstacle à l'exécution publique de toute partie de l'œuvre musicale sans le consentement de l'auteur, quelle que soit l'importance de l'ouvrage, et quel que soit le mode d'exécution. — On ne peut invoquer le droit de l'auteur pour soumettre à des entraves les séances musicales, particulières ou publiques, où aucun but de spéculation ne se mêle à l'intérêt de l'art.

4° Le droit de propriété des compositions musicales doit comprendre le droit de faire des arrangements sur les motifs de l'œuvre originale.

IV. — *Arts du dessin,*

1° L'auteur d'un dessin, d'un tableau, d'une œuvre de sculpture, d'architecture ou de toute autre œuvre artistique doit avoir seul le droit de la reproduire ou d'en autoriser la reproduction par un art semblable ou distinct, et sur une échelle analogue ou différente.

2° Le reproducteur non autorisé doit être passible des peines du contrefacteur, lorsqu'il y a usurpation du nom, sans préjudice des peines contre le faux en écriture privée, si la contrefaçon descend jusqu'à l'imitation de la signature.

3° Le droit de propriété sur les créations des arts du dessin doit embrasser aussi les applications qui seraient faites de ces créations par l'industrie.

4° Des formalités particulières ne doivent pas être exigées pour les œuvres d'art non plus que pour les productions littéraires, comme condition absolue de l'acquisition et de la conservation de la propriété. Cependant, dans un cas comme dans l'autre, des formalités peuvent être désirables comme mesure d'ordre et pour faciliter l'exercice régulier du droit. Les ouvrages pourraient être enregistrés, et le certificat d'enregistrement qui serait délivré à l'artiste permettrait à celui-ci de faire reconnaître, entre ses mains et entre celles de ses cessionnaires, l'authenticité de l'œuvre, et, le cas échéant, celle des copies.

V. -- *Questions économiques.*

Le Congrès demande :

1o L'abolition des droits de douane sur les livres et les œuvres d'art, ou du moins la réduction de ces droits au taux le plus modéré, et leur simplification là où le tarif établit des droits différents par catégorie pour les productions littéraires et des beaux-arts ;

2o La faculté de faire rentrer librement les ouvrages non vendus envoyés en commission à l'étranger ;

3o L'abaissement des taxes postales aux dernières limites possibles, sur toutes les voies, et l'augmentation des facilités pour le transport et la circulation des imprimés, des gravures et autres articles susceptibles d'être transportés par la voie postale ;

4o L'assimilation des épreuves avec corrections aux imprimés, dans les pays où les règlements établissent une différence ;

5o La suppression de toutes les formalités qui entravent le commerce de la librairie.

CONGRÈS DE LEIPZIG.

MÉMOIRE

SUR LA PROPRIÉTÉ DES ŒUVRES D'ESPRIT

*d'après la décision du Congrès des littérateurs allemands
tenu à Leipzig le 20 août 1865 (1).*

Commission de l'assemblée : Dr H. Wuttke, *président* ; Dr Fred. Frédéric, *vice-président*, à Leipzig ; *Assesseurs :* Dr Ch. Frenzel, à Berlin ; Dr Herm. Schmid, à Munich ; Dr Théd. Wehl, à Dresde.

I

La société ne peut continuer à exister que par le travail simultané des membres qui la composent. Chacun, pour pouvoir subsister, doit se procurer par son activité toutes les choses nécessaires à la vie, à moins qu'il ne soit encore en tutelle ou qu'il n'appartienne à la classe restreinte des riches. Tout travail est un effort, une fatigue, un fardeau ; si l'homme en supporte le poids c'est qu'il compte en retirer un avantage ; du moins, les cas dans lesquels il ne se préoccupe point de ses intérêts et en fait le sacrifice à la société, ne peuvent être regardés que comme des exceptions.

Ses moyens d'existence et son avoir, ainsi que ceux de sa famille, sont fournis par la valeur que son activité et les fruits de son travail ont sur le marché du monde ; ce sont ces produits qui lui procurent l'aisance et le bien-être. Par suite de la communauté d'existence, la propriété a besoin d'être protégée contre toute attaque et l'État est obligé de promulguer des lois, afin d'empêcher que l'un ne s'approprie les fruits du labeur de l'autre, et de sauvegarder les droits acquis par le travail ; de sorte que, si les lois manquent ou si elles sont mauvaises, il y a un préjudice pour ceux qui en sont privés.

Le travail, même quand il est corporel, reçoit son impulsion de l'intelligence, et il est d'autant plus noble que la part de l'esprit est plus grande et celle du corps plus petite. Quand il est au plus

---

(1) Ce mémoire a été publié en langue allemande à Leipzig en 1866. — Je n'autorise la reproduction partielle de cette traduction qu'à la condition d'indiquer qu'elle est tirée de cet ouvrage. *(Note du traducteur.)*

bas degré des productions humaines, il semble se confondre avec
la matière (1); mais, au plus haut degré, il s'en dégage jusqu'à
devenir une pure action de l'esprit ne se servant de la matière
que comme moyen de communication.

Ainsi, au plus bas degré, le laboureur, le bûcheron, le mineur,
le pâtre, le chasseur reçoivent de la nature la matière brute, dans
le sens le plus large du mot, et, à côté du travail de la nature, celui
de leur intelligence a très-peu d'importance; c'est, en effet, une
erreur de dire que l'homme des champs produit le blé; sa tâche
consiste seulement à suivre avec attention le travail de la nature
et à lui donner un peu d'aide pour le tourner à son profit. Une
autre sorte de travail consiste dans la préparation des matières
brutes pour les rendre propres à prendre plus tard certaines
formes; tel est celui du meunier, du tanneur, du teinturier, du
filateur et de l'ouvrier en métaux. Viennent ensuite les métiers qui
façonnent la matière pour la rendre propre à l'usage des hommes;
la valeur du travail commence déjà à dépasser celle de la matière;
l'intelligence donne à la matière une importance qu'elle n'a pas
par elle-même et transforme un objet de peu de valeur en une
marchandise d'un prix élevé. Au degré suivant, se place le travail
artistique, dans lequel la matière brute n'a aucune importance et
n'est qu'un simple moyen d'arriver à un but plus élevé; le nombre
de ces productions est illimité et ne se règle pas sur le chiffre des
demandes; ainsi, outre que le peintre n'emploie pas des matières
d'un grand prix, il peint d'après son inspiration, sans savoir quel
accueil sa marchandise trouvera au marché du monde, tandis que
l'ouvrier se conforme à la commande et aux besoins du moment;
le musicien ne consomme point les matières qu'il emploie; il ne
fait que s'en servir pour son travail, et l'artiste ne connaît d'autres
bornes que la richesse plus ou moins grande de son imagination.
En cinquième lieu, l'œuvre la plus noble est l'œuvre provenant entièrement de l'esprit, ou œuvre littéraire, qui, comme celle de
l'artiste, enrichit le monde d'une création nouvelle; elle a pour
fondement soit les conquêtes de la science, soit la création libre
des choses de l'imagination. C'est du travail de forme littéraire
que proviennent les connaissances pratiques et même l'instruction
nécessaire aux trois premiers groupes de travailleurs dont nous
avons parlé, de sorte que l'activité qui se produit dans la littérature a une certaine importance relativement à toutes les autres
espèces de travaux.

Telle est la part plus ou moins grande de l'intelligence dans la
production des œuvres; ainsi, au dernier degré, les travaux des
champs et la préparation des matières brutes n'exigent que peu
d'intelligence; mais dans les deux premières catégories d'œuvres

_____

(1) Le style de ce mémoire est partout très-imagé, et il est souvent difficile de le traduire exactement en français; le porte texte ici : *Beginnt mit der versenkung in den
stoff und schreitet fort.*   (*Note du traducteur.*)

les plus élevées, l'intelligence se meut, pour ainsi dire, sur elle-même ; c'est en elle que l'œuvre a son point d'appui, et elle n'est que la représentation extérieure de ce qui a été créé ; car, dans le monde sensible, il faut qu'il y ait un côté sensible ; c'est par l'effort le plus actif de l'intelligence, la tension la plus grande de l'esprit que s'obtient ce résultat. Tandis que, dans les deux dernières catégories d'œuvres, il n'y a qu'une augmentation de la richesse d'un objet, dans les deux plus élevées, il y a une augmentation de la richesse universelle par une création sortie du néant.

Il est naturel que toutes ces sortes de productions soient également traitées ; que l'auteur ait sur ses créations un droit aussi étendu que le laboureur et l'artisan ; que, comme tous les autres producteurs, lui-même et lui seul, ainsi que les siens et ses héritiers, puissent retirer, à l'exclusion de tous autres, la totalité du produit dont ses travaux sont susceptibles ; que personne ne puisse s'approprier ce bénéfice au préjudice de l'écrivain et de ses héritiers ; que personne ne puisse éditer ses œuvres, sans son consentement. En effet, on doit supposer que l'écrivain, comme tout autre travailleur, cherche à tirer des moyens d'existence des produits de son activité. On ne pourrait comprendre, on ne pourrait supposer que des ouvrages ne fussent pas rémunérés et qu'on dût les considérer comme une donation faite par l'auteur au public.

Il n'y a rien qui puisse faire fléchir cette égalité devant la loi au détriment de l'écrivain et de l'artiste. Il est inconcevable que de profonds penseurs aient trouvé justement dans la haute valeur qu'ont pour l'humanité des œuvres littéraires, un prétexte pour amoindrir l'usage que pourrait en faire l'héritier de l'auteur, et pour rendre la condition des écrivains, vis-à-vis de leur famille, plus mauvaise que celle du dernier des paysans ; tandis que les autres travailleurs sont assez heureux pour assurer, à l'aide de leurs œuvres, l'avenir de leurs héritiers, les enfants des écrivains se voient privés des moyens d'existence que leur père a créés ! Ils auraient droit de se plaindre que leur père n'ait pas choisi un métier plus infime ; car, à l'aide de ce métier, il aurait pu, si la fortune l'avait favorisé, leur assurer des moyens d'existence.

Il y a, au contraire, bien des raisons qui devraient faire assigner à l'écrivain et à l'artiste une position privilégiée ; je ne fais qu'en dire un mot, pour montrer l'injustice criante que l'on commet à leur égard. La mise de fonds semble être moindre pour ces œuvres que pour les autres ; cependant, en fait, elle est grande, car elle consiste dans le temps, l'argent et la fatigue nécessaires pour arriver à une grande perfection. L'écrivain, en tirant tout de lui-même, non-seulement ne porte préjudice à personne, mais encore augmente le fonds commun par un tout autre moyen que les travailleurs des trois catégories inférieures dont nous avons parlé. Il ajoute aux connaissances acquises de l'humanité, et, en livrant ses productions littéraires, il consume son temps et les forces de sa vie. Il a volontairement employé ses facultés pour obéir à une voix intérieure, pour créer quelque chose; et nous le faisons remarquer, pour qu'on n'attribue pas sa position précaire à la nécessité pour lui d'être écrivain; il pouvait embrasser une profession qui lui aurait donné plus de profit. En écrivant, il se trouve avoir acquis la position la plus défavorable; car il crée pour tout le monde sans pouvoir livrer à des clients connus, sans savoir quelles personnes achetteront ou liront ses livres. Il fait ordinairement une entreprise hasardeuse, à moins qu'il n'ait travaillé sur commande; contre son attente, beaucoup de ses ouvrages ne s'écoulent guère; plusieurs mêmes ne peuvent être publiés gratis par un éditeur, quoiqu'ils aient peut-être coûté beaucoup de travail et de temps; il en est peu qui plaisent et qui aient du succès. En vertu de quel droit, lorsqu'il fait connaître ses œuvres, c'est-à-dire lorsqu'il les livre au commerce, veut-on l'empêcher, immédiatement ou après un certain temps, de rester maître de la chose qu'il a formée lui-même et de retirer les produits que peuvent procurer ses écrits au point de vue pécuniaire? Il doit avoir tout à fait les mêmes avantages que le laboureur et l'artisan; de même que ceux-ci ont un droit de propriété sur leurs productions, de même il faut reconnaître ce droit à l'artiste et à l'écrivain.

On ne peut concevoir, en effet, que la propriété et les bénéfices qu'elle procure, soient assurés dans les cas où la production est le résultat de l'action commune, et de l'homme et de la nature, mais non dans les cas où la force de la nature n'a dans la production qu'une part minime d'action, la partie essentielle étant le travail d'esprit; il n'est point naturel que le profit soit d'autant moins grand que l'œuvre est plus indépendante de la nature et plus spécialement une libre création. Défendre la propriété de tous les citoyens est un devoir pour l'État, et les législateurs sont coupables lorsqu'ils n'accomplissent pas ce devoir.

II

Examinons quelle est la nature de l'œuvre qui doit son existence au travail de l'écrivain.

Chaque objet est pour ainsi dire la substance d'une idée; un corps sans forme est une masse insaisissable, car c'est dans la forme que se trouve l'idée. Au contraire, la pensée qui existe dans l'homme ne peut se communiquer qu'en se révélant aux sens, c'est-à-dire en prenant une forme dans laquelle elle s'incorpore; il faut nécessairement un intermédiaire quelconque, corporel ou saisissable par les sens, pour pouvoir communiquer ses pensées. Pour agir sur le monde extérieur, la conception doit sortir pour ainsi dire d'elle-même, se matérialiser et prendre une forme extérieure qui la transmette. La manière ou l'art d'opérer cette transformation, la représentation extérieure de la conception, c'est la forme que prennent les pensées; c'est à cette forme qu'est attachée leur existence extérieure; c'est elle qui donne à la pensée le moyen de se faire connaître aux autres et qui lui procure une existence spéciale. Si l'idée, après avoir cessé d'exister dans l'esprit de l'auteur, est fixée dans une forme qui la représente, il en résulte une œuvre qui vit détachée de son auteur; toutefois il peut encore à son gré la conserver pour lui-même ou la livrer à la société.

Une œuvre d'esprit est donc une réunion de pensées opérée par un travail propre à l'auteur, un corps d'idées qui fait partie du monde extérieur à l'aide d'une représentation ou apparence matérielle, un produit qui existe dans l'univers sous une certaine forme et ne peut en prendre une autre sans cesser d'exister.

Chaque œuvre d'esprit, c'est-à-dire chaque composition artistique ou littéraire, quelle que soit la forme qu'elle prenne, n'en est pas moins empreinte d'un caractère personnel; c'est le dépôt d'un certain esprit passant dans le monde; c'est plus ou moins un objet qu'un homme a créé et qui n'existait pas auparavant; c'est quelque chose de nouveau produit par lui. Cette formation est le résultat d'une force d'action qu'aucun autre homme ne possède au même degré que cet auteur. L'œuvre d'esprit porte donc à un bien plus haut degré que les productions matérielles, le cachet de la personnalité de son auteur, elle est à jamais sa chose tant qu'elle subsiste, elle est à lui plus que tout ce qui appartient au monde matériel.

Une œuvre d'esprit n'est pas simplement une simple pensée et une pure idée, c'est plutôt une forme substantielle au moyen de laquelle la pensée et l'idée sont devenues appréciables; c'est l'expression qui renferme cette pensée, c'est sa représentation à l'aide de mots qui permettent de la transmettre aux autres. Pour la communication des pensées il faut employer une forme qui les représente, mais cette forme n'est pas nécessairement celle que lui a donnée tel écrivain : *Duo quum faciunt idem, non est idem.* Quoique tout le monde sache cela, il faut pourtant le faire ressortir, car cette distinction a échappé à la sagacité d'un des plus récents défenseurs de la propriété littéraire (1). Quoique l'œuvre demeure immuable dans sa forme, un homme qui se met dans l'esprit l'œuvre littéraire d'un autre, ne peut jamais le faire en lui conservant exactement la même forme, mais il la changera et l'appropriera à son être, car il y a une véritable appropriation intérieure, non pas quand on apprend par cœur, mais quand on approfondit avec son propre esprit.

Ainsi, l'œuvre d'esprit est d'une nature immatérielle en tant qu'elle n'est pas fixée sur un manuscrit ou sur un livre; si elle est représentée dans un manuscrit, ce n'est qu'accidentellement que celui-ci la contient, elle pourrait être représentée tout aussi bien

(1) M. Richter. — *L'Art et la science et leurs droits dans l'État*, 1863, p. 105. *(Ouvrage allemand.)*

14

par des copies qui la multiplieraient. Ainsi, elle demeure toujours la même dans l'esprit du lecteur, quels que soient la forme et le nombre des livres qui ont servi à la multiplier en représentant le son des paroles par des signes. Par lui-même un livre est une chose inerte, ce n'est qu'une masse de papier noirci, les pensées ne s'en dégagent que quand un lecteur leur donne la vie par son intelligence. Susceptible d'être multipliée, l'œuvre d'esprit n'est représentée exclusivement par aucun exemplaire isolé, mais elle n'en est pas moins une certaine forme qui lui donne un corps et l'empêche de s'évanouir. Elle peut à jamais être ainsi représentée sous une apparence visible et saisissable, c'est-à-dire sous forme de manuscrit ou de livre; et nous possédons encore des ouvrages qui ont plus de trois mille ans.

Les profits que procure une œuvre d'esprit et qui en font une source de revenus, ne peuvent être réalisés si elle n'est multipliée; mais pour la livrer au commerce il faut employer d'autres procédés matériels; c'est cette multiplication qui procure la juste rémunération du travail, c'est elle qui permet d'en recueillir le fruit, car c'est dès lors seulement que l'œuvre d'esprit entre dans le domaine de la spéculation.

Il est clair qu'il faut décider ici conformément au principe universellement admis dans le commerce; il faut bien rechercher si l'œuvre ainsi multipliée et susceptible de procurer des profits appartient à tous, ou si l'exploitation doit appartenir exclusivement à un seul.

De ce que la fixation des pensées par un procédé matériel donne la possibilité d'utiliser l'œuvre d'esprit dans un but de gain et de la reproduire à volonté, il ne s'en suit pas que cette possibilité constitue un droit. Ainsi, le profit qui peut résulter de l'œuvre ne doit évidemment appartenir à aucun autre qu'à l'écrivain et à ses successeurs légitimes. L'auteur a un droit sur ce qu'il compose, il peut seul disposer de ce qui est son ouvrage et en retirer les profits qui y sont attachés; en cette qualité, ce bien doit également passer aux héritiers comme tous les autres objets de succession à moins qu'on n'indique un acte par lequel l'auteur se soit privé de son droit.

La publication d'une œuvre d'esprit n'est pas une renonciation au bénéfice qu'elle peut procurer ou au droit exclusif d'en faire des éditions. Seules, les pensées contenues dans cette œuvre sont mises à la disposition de tous ceux qui dans la suite voudront les employer dans leurs travaux; mais l'œuvre en elle-même forme un ensemble qui, une fois composé et constitué, est lié au nom de l'auteur et demeure d'une façon immuable sa propriété exclusive. Quant aux idées livrées à la publicité, elles tombent dans le domaine public. L'acheteur du livre se procure le moyen matériel qui lui permet de connaître l'ouvrage et de s'en servir; celui qui achette les fruits d'un fonds n'acquiert par là aucun droit sur le fonds lui-même; telle est, vis-à-vis l'auteur, la position du proprié-

taire du livre renfermant l'œuvre; en se procurant ce papier imprimé, il n'a acheté rien de plus que la possibilité de s'occuper de
l'ouvrage; tout ce qui est au-delà est immatériel et insaisissable
et n'a pu faire l'objet de son acquisition ; toutefois il lui est permis
de donner un autre arrangement et une autre forme aux idées et
d'en faire ainsi une œuvre nouvelle. L'auteur ou compositeur a
seul le droit de publier son ouvrage et ce droit est tel qu'il doit
rester dans sa famille comme tous les autres biens et les autres
objets qui composent son patrimoine.

III

Il y a propriété là où l'homme a acquis par son travail une chose
utile. Le but principal de la propriété, c'est de constituer des profits; elle est de nature telle, que le propriétaire ne souffre aucun
trouble apporté à sa jouissance. Il en résulte d'abord que chacun
a en propre la chose par lui faite, confectionnée, ou acquise. Je
puis déjà indiquer mes connaissances scientifiques comme étant
ma propriété. Personne ne le conteste, personne ne s'attaque à
cette propriété, car personne ne peut me l'enlever ; je pourrai la
communiquer moyennant rétribution. Dans le monde extérieur
l'objet de la propriété, c'est une valeur qui tombe sous les sens.

Le prix des choses ou des objets quelconques réglé suivant la
matière, voilà en quoi consiste la valeur de la propriété matérielle ;
de même le prix des choses de l'esprit est réglé proportionnellement à la valeur de l'idée, et c'est en cela que consiste la propriété
littéraire. La propriété qui naît des productions de l'esprit, est
inhérente à la forme dans laquelle l'idée est exprimée. L'avantage
que l'écrivain est en droit de retirer de son œuvre ne doit pas être
moins absolu que pour les autres choses susceptibles de propriété :
il doit pouvoir retirer de cette œuvre, comme de toutes les autres,
tous les profits qu'elle peut procurer et il a le droit de la léguer.
Celui qui vend sans autorisation la propriété d'autrui est puni d'un
emprisonnement ; on peut se prévaloir des droits que l'on a acquis,
et il y a dans l'intérêt commun des lois qui protègent la fortune de
chacun; comment donc concevoir qu'on laisse impuni celui qui
s'approprie l'œuvre d'un autre ou en tire profit? Si l'auteur, pour
publier son ouvrage et en tirer profit, a besoin de l'intervention
d'autres personnes, ce n'est là qu'un partage fait avec ceux qui
l'ont aidé et relatif au profit ; mais il était libre de faire avec
elles le traité qu'il jugeait convenable.

L'idée d'une *propriété littéraire* est repoussée par la plupart
des jurisconsultes allemands. Cela s'explique par cette remarque
que la science du droit allemand, tirant ses principes les plus
remarquables de l'ancien droit allemand et romain, est restée en
arrière des développements progressifs du droit, et demeure plon-
gée dans le formalisme romain qui sacrifie le côté moderne à la

scolastique. Les jurisconsultes français sont plus avancés que les Allemands dans le développement du droit; ils ont depuis long-temps, ainsi que les Anglais, accepté l'idée de propriété littéraire (1), ou de propriété des écrits, ou de propriété des œuvres d'esprit. Laissant de côté les discussions dont nous avons déjà exposé une partie en parlant des différentes opinions, et dont nous exposerons plus loin l'autre partie, les jurisconsultes allemands s'appuient sur deux points principaux :

1º La propriété est telle que plusieurs personnes ne peuvent en même temps exercer leurs droits sur une chose qui est indivisible, ni avoir une possession commune, suivant l'adage romain : *duorum quidem in solidum dominium vel possionem esse non posse.* Comment pourrait-il exister un droit de propriété sur une chose qui, comme l'œuvre d'esprit, est un bien général ?

2º La possession ne peut exister que sur un corps, sur une chose palpable d'après cette règle : les choses *quæ tangi possunt* sont les seules qui puissent faire l'objet de la propriété. En con-séquence les jurisconsultes allemands ne reconnaissent un vérita-ble droit de propriété que sur le manuscrit, œuvre corporelle, et sur les exemplaires imprimés.

L'erreur contenue dans le premier principe a été relevée dans le cours de la discussion précédente. Sans doute tout le monde peut prendre connaissance de la substance d'une œuvre d'esprit, mais un seul est propriétaire de la composition et de l'édition; il n'y a dans l'esprit de chaque lecteur qu'une reproduction de l'œuvre au moyen du regard, mais il n'y a aucune création. Autre est la situation de l'auteur vis-à-vis l'ouvrage, autre est la situation de celui qui en prend connaissance; il n'y a aucune similitude.

Rien n'est donc plus faux que cette opinion, plus absolue que vraie, consistant à ne point voir là un droit de propriété; opinion qui est soutenue à outrance dans les écoles des jurisconsultes alle-mands. La forme ordinaire du langage le démontre d'abord évi-demment, car on emploie le mot « *Eigenthum,* propriété » dans le sens de « *Vermögen,* fortune. » Recherchons l'avis des auteurs de dictionnaires allemands (quoique ce soit superflu ici où la vérité ressort de l'expression même); sans parler des frères Grimm, qui ne traitent pas ce point, le dictionnaire de Guillaume Hoffmann nous donne (II. 31) la définition suivante de la propriété :

« C'est ce qui, d'après la loi et le droit, est propre à un seul » exclusivement, ce qui est en sa juste et légitime possession, et » en général ce que quelqu'un a acquis et détient véritablement, » qu'il s'agisse des choses corporelles ou des choses de l'esprit. »

Même chez les Romains, les jurisconsultes qui ont précédé la domination impériale, n'avaient pas cette idée restreinte du droit

_____

(1) Cela n'est malheureusement plus exact depuis la loi française du 14 juillet 1866. (*Voir p.* 57 *et suiv.*)   (*Note du traducteur*).

de propriété, car un jurisconsulte qui nous donne l'interprétation de l'époque républicaine , Marcus Tullius Cicéron, écrivait : (*Epistolarum ad diversos*, L. VII, 30.) *Id enim est cujusque proprium, quo quisque fruitur atque utitur ;* ainsi, d'après l'ancienne interprétation romaine, l'utilité d'une chose était le point essentiel.

En effet, c'est dans la valeur même de la chose que consiste l'idée de propriété. Voilà pourquoi le mot « *Eigenthum*, propriété, » est employé pour désigner le droit à tous les profits que peut donner un objet ; voilà pourquoi la propriété des choses de l'intelligence appartient à une ou à plusieurs personnes. C'est toujours pour la même raison que le payement d'une dette ne se fait pas avec les mêmes pièces de monnaie que celles qui ont été prêtées ; la valeur en est remplacée par de l'argent ayant cours jusqu'à concurrence de la somme, et personne ne se plaint de n'avoir pas reçu les mêmes écus que ceux qu'il a donnés. Peut-être aux pièces d'argent, qui, réunies, forment une somme, pourrait-on comparer les mots qui, par leur nombre et leur réunion, forment une œuvre d'esprit ou représentent les matériaux dont l'artiste peut se servir pour la construire.

Il n'est pas facile de reconnaître ce qui est corporel de ce qui est incorporel. La possibilité de toucher avec la main n'est pas le seul indice de la nature corporelle d'un objet. Mais la perception par les sens et au moyen des sens, nous paraît être une condition nécessaire pour distinguer une chose d'une autre. La loi repose sur cette distinction. Supposons que quelqu'un ait préparé une odeur délicieuse que l'odorat pourrait distinguer facilement de tout autre parfum ; on ne pourrait nier que cet inventeur ne fût propriétaire des objets qu'il aurait arrosés avec ce nouveau parfum et livrés au commerce ; il peut, s'il le veut, se les faire payer un prix très-élevé, quoiqu'ils soient d'une valeur minime en eux-mêmes, sans causer à personne un préjudice énorme (*læsio enormis* ; cependant il est impossible de distinguer, ni par l'œil ni par la main, le parfum dont il s'agit.

Il ne manque pas certes de jurisconsultes allemands qui s'opposent à cette fausse détermination du droit de propriété ; ainsi, en 1774, le vieux Putter, homme éminent, disait : « Que chacun peut se considérer comme propriétaire de ce qui est le fruit de ses talents et son industrie. » Un auteur plus récent du même nom de Putter (Charles Théodore), qui, en 1831, fit paraître un ouvrage sur la propriété selon le droit allemand, déclare (p. 41 et 42), que d'après les termes ordinaires du langage, tout ce qui peut être attribué à la personne, voire même la science du droit, peut être appelé propriété, « laquelle comprend l'ensemble des droits civils. »

Il serait superflu de citer tous les jurisconsultes allemands ou étrangers qui ont parlé de la propriété littéraire ; mais il faut remarquer que, dans l'ancien temps, le ban, la redevance, les droits relatifs au moulin et à la fabrication de la bière, les corvées ma-

nuelles ou avec attelage, étaient considérés comme des droits de
propriété, et que, dans les temps modernes, des codes, tels que par
exemple le Code civil autrichien et le Code rural prussien, donnent aussi le nom de propriété à la possession et au droit d'usage
des choses incorporelles; et de plus depuis que la *Convention*, le
19 juillet 1793, a reconnu la propriété des œuvres d'esprit ou
œuvres littéraires (1), cette propriété a été aussi reconnue dans
les lois de beaucoup d'États, en Angleterre, en France, en Hollande, dans la loi du 2 décembre 1796, au Mexique dans celle du
10 juin, 1813, etc.; et aussi dans le protocole de clôture de Vienne
de 1834 (art. 36), et dans le Code allemand, § 32. (Loi de 1849,
§ 164.) Ces citations, sont autant de réfutations de l'opinion des
jurisconsultes qui veulent interdire l'expression de *propriété littéraire*.

S'il est incontestable que l'État soit obligé de protéger par une
loi la fortune de chacun de ses membres, les écrivains et les
artistes peuvent aussi exiger que l'État protège la propriété des
œuvres d'esprit comme les autres et de la même manière. De ce
que l'on n'a pas encore complétement proclamé cette conséquence
logique, il ne faut pas en conclure que le principe que nous
avons exposé est faux, mais que la loi allemande est insuffisante.

IV

La réfutation des objections les plus sérieuses présentées par les
adversaires de l'opinion que nous avons émise, en sera la consoli-
dation. Il est évident qu'ils n'avaient pas scruté assez profondé-
ment la question. Nous allons énoncer les sept opinions principales que nous avons recueillies :

1. On combat très-activement la propriété des œuvres d'esprit
en faisant remarquer quelles sont les conséquences de ce droit, et
quelle différence il y a entre la situation présente et celle qu'on
veut amener. Aucun écrivain, certes, ne considérera comme parfait
l'état de choses actuel; il ne faut pas qu'un abus invétéré dure
plus longtemps; si le nouveau principe, comme tous les autres,
a des inconvénients, on pourra y trouver remède, ce sera l'affaire
de la loi d'aplanir les difficultés. Les grands inconvénients que
redoutent ceux qui tremblent non pour les écrivains, mais pour
les livres, ne sont à craindre en aucune façon. Aussi est-il inutile
de parler des appréhensions chimériques que l'on a soulevées;

_____

(1) Chapelier dit dans son ouvrage sur la loi proposée par Lacanal :

« De toutes les propriétés, la moins susceptible de contestation, celle dont l'accroisse-
» ment ne peut, ni blesser l'égalité, ni donner d'ombrage à la liberté, c'est sans con-
» tredit celle des productions du génie; et si quelque chose doit étonner, c'est qu'il ait
» fallu reconnaître cette propriété, assurer son libre exercice par une loi positive, c'est
» qu'une si grande révolution que la nôtre, ait été nécessaire pour nous ramener, sur ce
» point comme sur tant d'autres, aux simples éléments de la justice la plus commune »

disons seulement qu'il y a plus de quarante ans on faisait l'objection suivante : « Si les pensées sont susceptibles de propriété, » pourquoi seulement les pensées écrites? pourquoi n'en est-il pas » ainsi des inventions de toutes sortes qui sont du domaine de » l'art et de l'industrie? » Et, faisons observer que, si cette difficulté pouvait autrefois empêcher de reconnaître la propriété des œuvres d'esprit, cette conséquence redoutable a été acceptée depuis bien longtemps, sans qu'il en soit résulté aucun dommage. Cela prouverait, si l'on voulait traiter ici cette question, que la société ne perdrait rien, mais gagnerait, à reconnaître la propriété des œuvres d'esprit, et qu'il est bien facile de détourner un danger purement imaginaire.

2. « En général, la propriété des objets est divisible, celle des » œuvres d'esprit jamais. » (Dr Braunfels, au congrès des journalistes du 22 mai 1864). On ne peut cependant contester la possibilité de diviser le produit des œuvres littéraires; quant à la divisibilité de l'œuvre même, c'est là une chose indifférente. Une société de chemin de fer est à proprement parler une entreprise de transports, elle est propriétaire, et cependant, elle ne se compose en réalité que de la masse des personnes qui ont des actions en leurs noms. Ces propriétaires sont pour toujours appelés à partager les profits communs.

3. « La propriété corporelle exige une activité personnelle qui » se renouvelle sans cesse; les œuvres d'esprit ne comportent rien » de semblable. » Cette observation n'est pas juste. Recueillir ses loyers ou intérêts, conserver de bonnes hypothèques, ne demande pas d'efforts; supposons même qu'il s'agisse du travail qu'un propriétaire exécute sur sa pièce de terre, ce n'est là qu'un travail d'un ordre très inférieur, car en général un autre pourrait le faire aussi bien ; comment expliquer alors qu'une chose qui ne demande pas un travail d'un ordre élevé, qui n'est pas une invention nouvelle, soit la propriété de celui qui l'introduit dans le commerce, tandis qu'il n'en est pas ainsi pour un temps illimité d'une œuvre supérieure et utile. D'ailleurs la vente et l'écoulement des ouvrages de l'esprit ne se font pas d'eux-mêmes; puis il faut de temps en temps y travailler plus ou moins pour les corriger. Il n'est pas essentiel pour qu'il y ait propriété, et autrefois on ne soulevait jamais cette difficulté, il n'est pas essentiel qu'il y ait un travail continuel. Que celui qui fait cette objection nouvelle se place à un autre point de vue et considère quelles conséquences en résulteraient pour les autres genres de propriété.

4. On a soutenu, (et encore en 1862 Ambroise Firmin Didot) : « qu'au moment où un écrivain publie son œuvre, il s'en dessaisit; » tandis que les autres ouvrages sont fabriqués pour être possédés » par une seule personne, l'écrit s'adresse à la société entière. » En énonçant cette objection, on oubliait entièrement qu'un livre doit être considéré sous deux points de vue différents, relativement à son contenu et relativement au profit qu'il peut procurer ;

même sous le premier point de vue cette objection n'a guère de valeur; quand un auteur publie un livre, son but est de faire connaître au public ce qui y est renfermé, cela est vrai, mais il est incontestable qu'il n'a pas travaillé pour que d'autres s'approprient les sommes que son œuvre peut rapporter.

5. L'objection suivante : « La propriété des œuvres d'esprit doit » être nécessairement la libre propriété de tous ; elle ne peut pas, » par conséquent, rester attachée à l'auteur et à ses successeurs, » repose sur une confusion. L'idée émise est effectivement livrée à tous, et de tout temps elle a été reconnue comme étant un bien commun dès son émission ; sans doute la pensée est libre, mais aussi ce n'est ni une œuvre littéraire, ni un livre, ni une composition, ni un monument artistique. Un écrit représente un tout composé d'un grand nombre de pensées disposées dans un ordre particulier ; ces pensées sont représentées dans un langage dont la forme est une propriété. Le livre est un bien commun, seulement en ce qu'il est permis à chacun d'en connaître le contenu en le lisant et de se servir pour son usage des pensées qu'il y a puisées, afin de leur donner une valeur nouvelle par un travail original. Elles perdent alors ce qu'elles avaient de propre à l'auteur ou, tout au moins, elles se trouvent modifiées par l'introduction d'une nouvelle personnalité. Tel est le caractère du livre, quel que soit celui qui le vend, qu'il en ait ou non le droit. Ainsi donc, c'est le contenu du livre qui passe en réalité dans le domaine public; mais la manière dont l'idée a été exposée n'en reste pas moins incontestablement la propriété de l'auteur, et le droit de vendre le livre, considéré au point de vue du profit, n'en est pas amoindri ou perdu. Louis Blanc a entièrement raison, lorsqu'il s'écrie : « L'idée » n'est pas une chose vénale, la pensée une marchandise ; » mais ce n'est pas là du tout la question, car il est certain que, dans le commerce, les écrits de grand ou de petit format sont également payés. Neustetel (*Considérations sur la Contrefaçon en droit romain*, 2e édition 1824), sur lequel s'appuient toujours les adversaires de la théorie de la propriété littéraire, reconnaît que la forme est, sans contredit, une condition essentielle ; cependant, il ajoute : « Mais, » comment la propriété peut-elle exister sur une chose commune? » Car la pensée ne peut, à proprement parler, être séparée de » l'expression et chacun est libre de choisir la même? » Il est évident que Neustetel emploie improprement les mots « choisir l'expression; » on est tenté de lui répondre ironiquement : le profit tiré du choix de l'expression est précisément le seul du *primum occupans*.

6. Les auteurs suivants pensent que les ouvrages des écrivains ne peuvent être la propriété de personne. Les Français Blanc, Portalis et Proudhon, l'Américain du Nord Carey et d'autres refusent à l'écrivain le droit de tirer profit de son œuvre, parce qu'il ne crée rien. Il ne fait que restituer ce qu'il a pris, tout son travail n'ayant consisté qu'à revêtir d'une forme indispensable ce

qu'il avait lu. « Toutes les bibliothèques, dit Portalis, ne contien-
» nent guère plus de dix volumes, et l'auteur de ces volumes c'est
» tout le monde. » – « Pitt et Fox eux-mêmes, selon Carey, ne firent
» pas autre chose que reproduire les pensées qui étaient dans le
» fonds commun? » Tous ont trouvé leur sujet et leurs pensées dans
la société, ont puisé dans les connaissances des anciens et (comme
le croit ce savant), n'ont rien ajouté à la science. Mais alors, on
peut se poser ce problème : D'où viennent les connaissances humaines? comment la société est-elle parvenue à former ce fonds
commun d'idées « auquel tout le monde puise? » Pour parler à
la Carey, Gœthe, par exemple, ne serait pas un inventeur de
choses nouvelles, mais un simple compilateur de pensées depuis
longtemps dans le domaine public. La forme de la pensée est
cependant de son invention, et quelle magnifique forme!

Laissons de côté ce paradoxe trop naïf, qui ne mérite pas d'être
réfuté, et remarquons seulement qu'il n'y a dans aucun acte de
l'homme de puissance créatrice, plus grande que dans les œuvres
de l'esprit; et que les artistes et les écrivains ne demandent pas
un droit exceptionnel, mais un droit égal pour tout ce qui est
apporté sur le marché du monde. Des suppositions aussi absurdes
montrent sous un jour peu favorable, la valeur des ouvrages de
ceux qui les émettent. Celui qui n'a ni cœur ni tête et qui n'est
qu'une masse inerte (1), devrait être assez modeste pour ne point
croire que les autres sont voués à la même infériorité.

7. Ceux qui confondaient le travail personnel avec celui de la
société (comme par exemple Louis Blanc) déclamaient contre
l'exploitation que l'auteur tire de son livre. Ils trouvaient cela
« déplorable » et ils s'écriaient : « Reconnaître un droit de pro-
» priété littéraire au profit de quelqu'un, ce n'est pas seulement
» nuire à la société, c'est la voler. » Ils se rencontraient ainsi
avec ceux qui désirent que les livres soient vendus le moins cher
possible sans s'inquiéter de l'auteur de l'ouvrage. Le 5 février
1841, il y eut dans le parlement anglais, une discussion importante. L'éminent M. Talfourt qui parla en faveur de l'extension
du droit des auteurs, eut pour contradicteur Macaulay, à qui l'on
a fait une trop grande réputation; les voix de la Chambre se
partagèrent; Macaulay l'emporta, mais seulement de quelques
voix. Dans son discours, riche en paradoxes et en sophismes, il
soutenait entre autres choses « qu'un droit semblable a pour
» conséquence déplorable d'établir un impôt sur le lecteur, au
» profit des écrivains, et que cet impôt est exagéré. » On aurait
tout aussi bien raison de reprocher aux compagnies de chemin
de fer leur habitude de faire payer leurs places aux voyageurs,
et de soutenir que c'est injustement que cette charge est imposée à
la Société. Quoique nous ayons besoin de pain, plus certainement
que de livres, il n'est encore venu à l'idée d'aucun jurisconsulte

(1) Le texte porte *Sitzfleisch*. (*Note du traducteur.*)

et d'aucun ami du peuple, de demander qu'il soit permis au premier venu de cultiver un champ et de s'en approprier les récoltes, et de soutenir que la culture y gagnerait si cette liberté existait. Ainsi l'écrivain doit travailler pour rien, considérer comme un grand honneur que le monde veuille bien lire ses ouvrages et attendre que la faveur des grands lui jette une aumône pour récompense. Certes les écrivains ont besoin, et d'une façon urgente, de pain et de viande, d'habits et de meubles; et toutes ces choses ils doivent les payer à ceux qui les leur livrent; mais leurs ouvrages ils doivent les donner pour rien; et si ceux qui n'écrivent pas ne reçoivent pas les livres tout à fait gratis, c'est tout simplement parce que le papetier, l'imprimeur et le libraire doivent en tous cas être rétribués de leurs peines! Personne n'a encore osé dire qu'un cultivateur en vendant les fruits de son fonds qui est une portion de la terre, propriété commune de l'humanité, commet un vol au préjudice de ses semblables; mais on a eu l'audace de soutenir hautement que l'écrivain, dont les créations proviennent de son propre esprit, vole la société lorsqu'il recueille pour lui, et veut conserver pour sa famille, le faible produit de ses peines!

En considération de l'intérêt de la société, on doit sans doute tendre à ce que le prix de vente, concernant toutes les productions de l'esprit, s'abaisse le plus possible, et la société en général ne doit pas laisser s'exercer tout à fait sans limites le droit exclusif de propriété. Toutefois la nécessité de poser des limites, doit se fonder sur le préjudice important et bien prouvé causé à d'autres hommes, et en ce moment les écrivains sont les seuls lésés.

Si la société a besoin, pour progresser librement, des ouvrages qui appartiennent encore d'après le droit à certaines personnes, qu'elle emploie, comme pour les autres propriétés, la voie de l'expropriation. Mais que l'Etat puisse s'autoriser à disposer de la propriété des citoyens sans leur donner pour cela une compensation, nous n'y croirons jamais, aussi longtemps que nous croirons à un droit général de propriété et de succession!

Les mesures protectrices de l'administration pour les droits des écrivains et des artistes n'en sont que la négation, et elles arrachent à nos sages économistes modernes de sérieuses mais inutiles demandes pour l'établissement d'une nouvelle loi protectrice. Si la diète fédérale, ou un gouvernement quelconque, avait le droit de fixer des limites de durée à la propriété littéraire, relativement aux héritiers, ne serait-elle pas tout autant autorisée à déclarer que la propriété est un bien commun?

Arrière donc les moyens termes, c'est-à-dire la simple « garantie » contre la contrefaçon, les périodes de protection » pour les ouvrages isolés ou pour les autres choses semblables. Qu'on reconnaisse dans le Code civil le droit de *propriété* des écrivains et des artistes sur leurs propres œuvres, que ce droit passe à leurs successeurs; alors la contrefaçon pourra, comme le vol, prendre dans le Code pénal la place qui lui convient. Nous ne demandons ni lois d'exception ni priviléges, mais un droit égal pour tous.

M. Brockhaus a publié dans la revue « *Ansere Zeit* » de Leipzig (n° du 1er juin 1866), un long article relatif à la même question ; les limites imposées à mon ouvrage ne m'ont pas permis d'en donner la traduction malgré tout l'intérêt qu'il présente, je me borne donc à y renvoyer le lecteur.

La revue anglaise « *The Reader* » a donné, dans son numéro du 27 octobre 1866, un discours de M. Anthony Trollope, prononcé au *Social-science congress* de Manchester en 1866 ; ce discours est relatif à la législation anglaise et à celle des États-Unis.

TABLE GÉNÉRALE

PAR ORDRE ALPHABÉTIQUE

DES MATIÈRES CONTENUES DANS CET OUVRAGE.

—

FIN DE LA TABLE.

www.ingramcontent.com/pod-product-compliance
Lightning Source LLC
Chambersburg PA
CBHW071658200326
41519CB00012BA/2559